Roland

Zeitschrift der genealogisch-heraldischen Arbeitsgemeinschaft Roland zu Dortmund e.V.

Sitz Dortmund, gegründet am 24.05.1961

Herausgegeben im Auftrag des
Roland zu Dortmund e.V.
von Christian Loefke

Band 31 / 32 • 2022 / 23

FSC
www.fsc.org
MIX
Papier aus verantwortungsvollen Quellen
Paper from responsible sources
FSC® C105338

Satz: Christian Loefke, Münster
Herstellung und Verlag: BoD – Books on Demand, Norderstedt

ISSN 2196-1697
ISBN 978-3-7578-9117-6

Inhalt

Roland zu Dortmund e.V.
Postfach 10 33 41, 44033 Dortmund
E-Mail: info@roland-zu-dortmund.de
Homepage: www.roland-dortmund.de

Schriftleitung: Christian Loefke, 48147 Münster

Jahresbeitrag für Einzelpersonen € 30,- (Ehepaare € 35,-)
fällig im 1. Quartal des Jahres. Der Verein ist vom Finanzamt Dortmund-West als gemeinnützig anerkannt.
Der Bezugspreis der Zeitschrift (Roland) ist im Mitgliedsbeitrag enthalten.

Bibliothek: Im Stadtarchiv Dortmund, Küpferstr. 3. – Öffnung auf Anfrage
☎ 01 76 – 51 25 10 29 oder unter bibliothek@roland-zu-dortmund.de

Spitzenahnen-Listen der Mitglieder und Freunde des Roland zu Dortmund e.V.

von Heiko Hungerige

„Spitzenahnen" sind die „Enden" unserer Vorfahren-Linien – die „toten Punkte" unserer Ahnentafeln. Mit dem neuen Roland-Projekt „Spitzenahnen" wollen wir diese toten Punkte bekannt machen und gemeinsam überwinden. Vorgestellt wurde das Projekt bereits auf dem Roland-Sommerfest am 23. August 2022 in Dortmund[1] und bei der Roland-Werkstatt[2] am 9. September 2022.

Ziel ist, in den nächsten Monaten Spitzenahnen-Listen von möglichst vielen Mitgliedern und Freunden des *Roland zu Dortmund e.V.* zu erstellen, die dann sukzessiv im Roland-Jahrbuch bzw. auf der TNG-Homepage[3] des Roland veröffentlicht werden können. *Dies ist natürlich nicht ohne die Hilfe der Mitglieder umzusetzen, weswegen wir alle Roland-Mitglieder bitten, sich an diesem Projekt zu beteiligen.*

„Spitzenahnen-Listen" ...

- können dabei helfen, „tote Punkte" in unseren Ahnentafeln zu überwinden.
- informieren andere darüber, wer in welchen geografischen Gebieten bzw. nach welchen Familiennamen forscht.
- vermeiden doppelte Forschungsarbeit bei der Durchsicht von Kirchenbüchern und Personenstandsregistern.
- fördern den Austausch von Familienforscher/-innen untereinander.
- können ganz einfach mit der kostenlosen Version 2.99 von „Ahnenblatt" aus einer GEDCOM-Datei erstellt werden.

1. Was sind „Spitzenahnen" eigentlich genau?

Jede Vorfahrenlinie in einer Ahnentafel (AT) kommt früher oder später an einen „toten Punkt": Die Eltern dieses „Spitzenahns" (Stammvater oder -mutter, *Progenitor*)[4] wurden bisher noch nicht gefunden oder können vielleicht (aufgrund fehlender Quellen) auch prinzipiell nicht ermittelt werden; im letzteren

1 Vgl. dazu den Roland-Blog-Beitrag „Große Teilnehmerzahl beim Roland-Sommerfest 2022" vom 24.08.2022. [Online: https://roland-zu-dortmund.weebly.com/aktuelles/grosse-teilnehmerzahl-beim-roland-sommerfest-2022].

2 Vgl. dazu den Roland-Blog-Beitrag vom 10.09.2022. [Online: https://roland-zu-dortmund.weebly.com/aktuelles/roland-werkstatt-fuer-familienforschung-ist-internationaler-treffpunkt-fuer-familienforschende-mit-deutschen-wurzeln].

3 https://tng.rolandgen.de/browsemedia.php?mediatypeID=documents.

4 Im Englischen sind u. a. die Begriffe *end-of-line ancestors, brick wall ancestors, patriarchs* bzw. *matriarchs* oder *family founders* geläufig.

Fall wird von einem „Schlussahn“ gesprochen. Ist eine Ahnentafel bis in die k = 4. Ahnengeneration (Ururgroßeltern) vollständig erforscht (aber nicht weiter), hat der Proband $2^k = 2^4 = 16$ Spitzenahnen. Spitzenahnen sind also „die jeweils ältesten Vorfahren in einer Ahnenreihe, zu denen Daten für die Eltern fehlen“[5].

Böttcher (2018) weist allerdings zu Recht darauf hin: „Da der letzte Namensträger in der Spitzenahnenliste oftmals nur noch namentlich bekannt ist, aber alle übrigen Daten, wie Geburtsort/-datum, Sterbeort/-datum, usw. unbekannt sind, ist diese wenig aussagekräftig (auch wenn nach Kekule nummeriert wird).“[6]

In den nachfolgenden Listen von Spitzenahnen (die auch als Beispiele dienen können) sind daher *die letzten 2 Generationen* angegeben (vgl. Abb. 1). Die Namen von Personen, die tatsächlich der *letzten* erforschten Generation angehören, sind in GROSSBUCHSTABEN gedruckt.

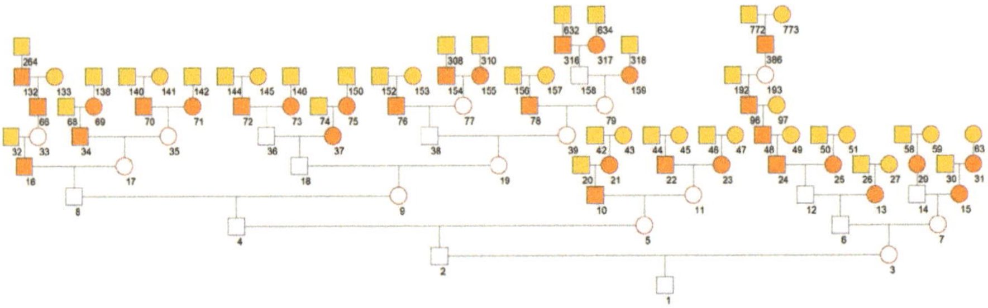

Abb. 1: Beispiel einer schematischen Ahnentafel; angegeben sind die Ahnennummern nach Kekule. Spitzenahnen sind gelb markiert, die „darunter liegende“ Generation orange.

2. Welche Daten sollen aufgenommen werden?

1. Die **üblichen genealogischen Basisdaten**, also Geburtsname, Vorname(n), evtl. Genannt-Name, Geburtsort/-datum, Taufort/-datum, Ort und Datum der Heirat(en), Sterbeort/-datum, Ort und Datum der Beisetzung.
2. **Ergänzende genealogische Angaben** wie Erstkommunion, Konfirmation, Firmung, Scheidung, Beruf, Kriegsteilnahme, Gefangenschaft, Auswanderung etc.
3. **Quellenangaben** sind erwünscht, jedoch nicht unbedingt notwendig, da die Spitzenahnen-Listen vor allem den Austausch unter Vereinsmitgliedern fördern sollen.

---

5 Eintrag „Spitzenahnen“ im GenWiki; https://genwiki.genealogy.net/Spitzenahnen.

6 BÖTTCHER, Dirk (2018), *Ahnenblatt Handbuch*, S. 49. [Online: https://www.ahnenblatt.de/handbuecher].

3. Wie kann eine Spitzenahnen-Liste erstellt werden?

Zur Erstellung von Spitzenahnen-Listen ist die kostenlose Version von „Ahnenblatt“ (Version 2.99) besonders geeignet; viele Roland-Mitglieder verwenden dieses Genealogieprogramm bereits. Es kann auf der Homepage des Entwicklers Dirk Böttcher heruntergeladen werden.[7]

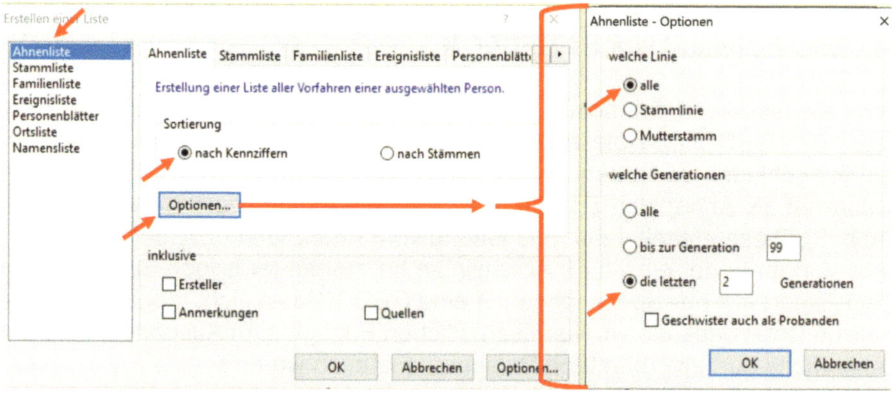

Abb. 2: Menüeinstellungen zur Erstellung einer Spitzenahnen-Liste in „Ahnenblatt“.

Unter dem Menüpunkt „Liste“ lässt sich als Darstellungsform eine „Ahnenliste“ auswählen, die nach Kennziffern (Kekule) sortiert werden kann. Unter „Optionen“ können „alle“ Linien ausgewählt werden. Wichtig ist, unter „welche Generationen“ die Einstellung „die letzten 2 Generationen“ zu markieren (vgl. Abb. 2): Damit wird eine Spitzenahnen-Liste (die formal ja ein Auszug aus einer Ahnenliste ist) erstellt, die für jede einzelne Vorfahrenlinie sowohl die jeweils höchste Ahnengeneration als auch die darunter liegende Generation ausgibt.

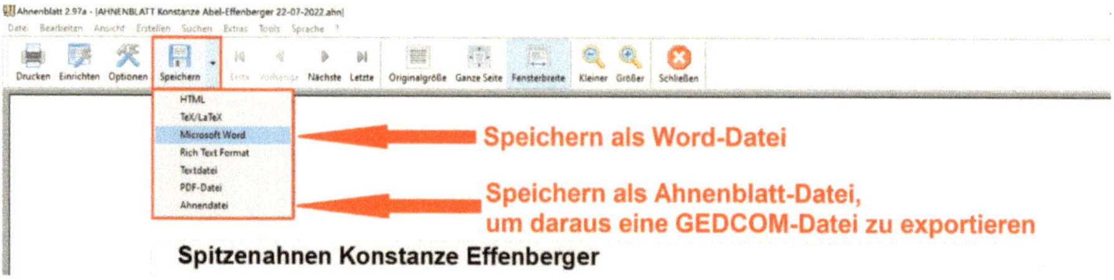

Abb. 3: Die angezeigten Spitzenahnen-Listen können in verschiedenen Formaten gespeichert werden, u. a. im Word-Form (.doc).

---

7 https://www.ahnenblatt.de/ahnenblatt-kostenlos/. Spitzenahnen-Listen können natürlich auch mit der kostenpflichtigen Programmversion von *Ahnenblatt* erstellt werden; die Menüführung ist dort etwas anders als hier dargestellt.

4. Spitzenahnen-Liste als Word-Dokument speichern

Die angezeigte Spitzenahnen-Liste kann dann mit „Speichern“ ins „Microsoft Word“-Format (Dateiendung: *.doc) exportiert und mit Textverarbeitungsprogrammen wie *Word* (Microsoft) oder *Writer* (OpenOffice bzw. LibreOffice) weiterverarbeitet werden (vgl. Abb. 3).

5. Spitzenahnen-Liste als GEDCOM

Wer möchte, kann aus seiner in Ahnenblatt angezeigten Spitzenahnen-Liste auch eine GEDCOM-Datei erzeugen, um diese dann z. B. in die Roland-Datenbank hochladen zu lassen. Hierzu muss die angezeigte Spitzenahnen-Liste zunächst als Ahnenblatt-Datei (Dateiendung: *.ahn) gespeichert werden (vgl. Abb. 3). Diese enthält dann, ausgehend vom Probanden bzw. der Probandin, alle Vorfahren der einzelnen Ahnenlinien bis zu den jeweiligen Spitzenahnen (ein Export *nur* der Spitzenahnen in eine GEDCOM ist nicht möglich, da eine solche Datei ohne die verwandtschaftlichen Bezüge zum Ausgangspunkt der Ahnentafel nur unverbundene Personen enthalten würde.)

Wer kein Genealogieprogramm verwendet, kann die Spitzenahnen einfach in eine Word-Datei eingeben; als Vorlage können die folgenden Spitzenahnen-Listen dienen.

Die fertiggestellten Spitzenahnen-Listen können dann im .doc-, .docx-, .ahn- oder .ged-Format per Email an den Roland-Vorstand geschickt werden. Wer Schwierigkeiten bei der Erstellung einer Spitzenahnen-Liste hat, kann sich natürlich an den Vorstand wenden; wir helfen gerne weiter. In Einzelfällen können wir auch aus einer zugeschickten vollständigen GEDCOM-Datei eine Spitzenahnen-Liste erstellen.

6. Wer Interesse hat, kann sich gerne melden bei:

Heiko Hungerige
info@roland-zu-dortmund.de

Spitzenahnen-Liste von Konstanze Abel-Effenberger

Die vollständige GEDCOM-Datei von Konstanze Abel-Effenberger ist in der Roland-Datenbank (TNG) verfügbar (978 Personen). Ein geografischer Schwerpunkt ist u. a. Niederschlesien.

In der nachfolgenden Liste ihrer Spitzenahnen sind *die jeweils letzten 2 Generationen einer Ahnenlinie* angegeben. Die Namen von Personen, die tatsächlich der *letzten* erforschten Generation angehören, sind in GROSSBUCHSTABEN gedruckt.

Verwendete Abkürzungen: rk = römisch-katholisch, ev = evangelisch, Lkr. = Landkreis, Kr. = Kreis, Bez. = Bezirk, OT = Ortsteil

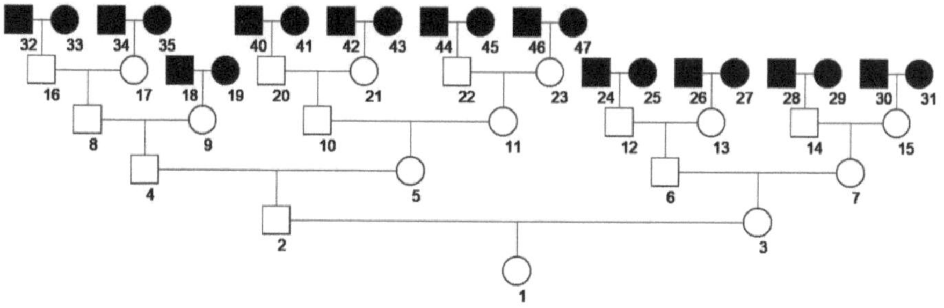

Schematische Darstellung der Ahnentafel von Konstanze Abel-Effenberger (erstellt mit „AhnenImplex"). Angegeben sind die jeweiligen Ahnennummern nach Kekule, Spitzenahnen sind schwarz markiert.

3. Ahnenreihe [8-11 / 12-15][1]

9. **Augsten**, Karolina, rk, * 20.09.1853 Haindorf, Kr. Friedland, ~ 21.09.1853 Haindorf, Kr. Friedland
∞ 11.07.1876 Haindorf, Kr. Friedland
Ferdinand **Effenberger**

---

12. **Kuhn**, August Julius, * 17.10.1833 Weißbach, † 24.05.1900 Johnsdorf, Kr. Landeshut, Schlesien

1 In Klammern sind die Ahnennummern (AN) nach Kekule aufgeführt, getrennt nach der mütterlichen und der väterlichen Seite.

∞ 05.11.1860 Landeshut, Schlesien

13. **Drescher**, Auguste Ernestine, * 28.03.1838 Altweißbach, Kr. Landeshut, Niederschlesien, † 15.08.1920 Altweißbach, Kr. Landeshut, Niederschlesien

14. **Ulber**, August Karl, ev, Sattlermeister, * 1841 Hohenhelmsdorf, Kr. Bolkenhain, Schlesien, † 11.08.1910 Johnsdorf, Kr. Landeshut, Schlesien
∞ I. 1869 Freiburg, Kr. Schweidnitz, Schlesien
Berta Karoline Emilie **Kliem**
∞ II. 07.1879 Domanze, Kr. Schweidnitz, Niederschlesien

15. **Roesner**, Marie Auguste Helene, ev, * 20.02.1854 Berkov, Kr. Schweidnitz, Niederschlesien, † 13.12.1931 Landeshut, Schlesien

4. Ahnenreihe [16-23 / 24-31]

16. **Effenberger**, Anton, rk, Häusler, Ferdinandstal No. 39
∞

17. **Lindner**, Maria Anna, rk, * Haindorf, Kr. Friedland

18. **AUGSTEN**, Wenzel, rk, Nr. 164, Tagarbeiter und Häusler
∞

19. **KRAUSE**, Theresia

20. **Klamt**, Florian, rk, Holzarbeiter, Nr. 142
∞

21. **Wildner**, Veronika, * Raspenau, Bez. Friedland

22. **Augsten**, Ferdinand, Nr. 54, Bauer, † vor 1913
∞

23. **Semdner**, Karolina, rk, * Raspenau, Bez. Friedland

---

24. **KUHN**, Carl Friedrich, * 12.03.1792 Altweißbach, Kr. Landeshut, Niederschlesien, † 28.09.1859 Johnsdorf, Kr. Landeshut, Schlesien
∞ 08.11.1814 Johnsdorf, Kr. Landeshut, Schlesien

25. **BEER**, Johanna Beathe, * 19.01.1793 Johnsdorf, Kr. Landeshut, Schlesien, † 19.02.1867 Johnsdorf, Kr. Landeshut, Schlesien

26. **DRESCHER**, Johann Gottfried, * 02.03.1806 Weißbach, † 27.01.1889 Altweißbach, Kr. Landeshut, Niederschlesien
∞ 23.02.1830 Weißbach

27. **HOFFMANN**, Johanne Julia Caroline, * 06.03.1807 Weißbach, † 08.08.1866 Altweißbach, Kr. Landeshut, Niederschlesien

28. **ULBER**, Karl August, Weber u. Stellenbesitzer, † 1910 Altweißbach, Kr. Landeshut, Niederschlesien
∞
29. **ENGLER**, N.N., † vor 1910

30. **ROESNER**, August, Verwalter, * vor 1812. Er erhielt 1877 eine 5-Mark-Goldmünze 1877 für 50 Jahre treue Dienste beim Grafen Schweidnitz in Berghof bei Mettkau (Mietków), Freiburg (Świebodzice), Niederschlesien.
∞ 1850
31. **KLIEM**, N.N.

5. Ahnenreihe [32-47 / 48-63]

32. **EFFENBERGER**, Philipp, Häusler, Ferdinandstal No. 39
∞
33. **SCHOLZ**, Magdalena, rk

34. **LINDNER**, Anton, rk, Nr. 24, Faßbinder
∞
35. **KRAUSE**, Magdalene, rk

40. **KLAMT**, Josef, Förster, Nr. 142
∞
41. **EFFENBERGER**, Veronika, * Raspenau, Bez. Friedland

42. **WILDNER**, Franz
∞
43. **SCHOLZ**, Apollonia

44. **AUGSTEN**, Josef, rk, Nr. 54, Gedingebauer
∞
45. **SEMDNER**, Magdalene

46. **SEMDNER**, Josef, rk, Nr. 175, Holzhändler
∞
47. **NEUMANN**, Theresia, rk, Nr. 36, Hausfrau

Spitzenahnen-Liste von Heiko Hungerige

Die vollständige GEDCOM-Datei von Heiko Hungerige ist in der Roland-Datenbank (TNG) verfügbar (3.040 Personen). Geografische Schwerpunkte sind (Ost-) Westfalen, die Gegend um Danzig (Westpr.), der Landkreis Neumark (Westpr.), Süd-Masuren (Ostpr.), das Eichsfeld und die Eifel.

In der nachfolgenden Liste von Spitzenahnen sind *die jeweils letzten 2 Generationen einer Ahnenlinie* angegeben. Die Namen von Personen, die tatsächlich der *letzten* erforschten Generation angehören, sind in GROSSBUCHSTABEN gedruckt. Sofern eine Person eine Ahnenposition mehrfach belegt (*Implex*) ist jeweils die *Ahnenhäufigkeit* z mit den zugehörigen Ahnennummern (AN) in Klammern angegeben.

Verwendete Abkürzungen: rk = römisch-katholisch, ev = evangelisch, Lkr. = Landkreis, Kr. = Kreis, Bez. = Bezirk, OT = Ortsteil

3. Ahnenreihe [8-11 / 12-15][1]

12. **Rechner**, Emil (bis 1920 **Grabowski**), ev, Steiger, Zeche Dannenbaum I, * 14.07.1890 Popowa Wola (Pfaffendorf), Warmińsko-Mazurskie (Ermland-Masuren), † 31.08.1922 Bochum

    Die Namensänderung von Emil **Grabowski** in Emil **Rechner** wurde am 27. Juli 1920 durch das Amtsgericht Bochum bewilligt.[2] Sie erfolgte 16 Tage nach der Volksabstimmung im Kreis Ortelsburg, durch die der Kreis Ortelsburg bei Ostpreußen verblieb. Als Emil **Grabowski** am 27. Juli 1920 seinen Nachnamen in **Rechner** änderte, wohnte er in Altenbochum auf der Wasserstr. 29. Für diese Anschrift ist noch 1926 sein Vater, der Invalide Wilhelm **Grabowski**, nachgewiesen.[3] Er wohnte im Haus der Eigentümerin und Witwe Franziska **Steinhoff**, zusammen mit dem Friseur Hugo **Steinhoff**, der Witwe Emma **Steinhoff**, dem Invaliden Wilhelm **Stock** und dem Bergmann Karl **Steinert**. Im *Bochumer Adressbuch 1928/1929* wird für die Wasserstr. 29 weder der Name **Grabowski** noch **Rechner** erwähnt.

    ∞ 15.07.1910 Bochum
    Auguste Karoline **Leyk**

1 In Klammern sind die Ahnennummern (AN) nach Kekule aufgeführt, getrennt nach der mütterlichen und der väterlichen Seite.

2 Az. 20 Xa 108 – 20.

3 Adreßbuch der Stadt Bochum für 1926.

4. Ahnenreihe [16-23 / 24-31]

18. **Reisdorf**, Gabriel, rk, Maurer, * 04.08.1844 Nickenich, Mayen-Koblenz, Rheinland-Pfalz, ~ 16.08.1844 Kempenich, Ahrweiler, Rheinland-Pfalz, † 09.04.1888 Bochum
∞ 29.09.1866 Bochum
Albertine **Rüter**

21. **Gdanietz [Gdannietz]**, Rosalia, rk, Glanzbüglerin, * 09.10.1849 Tczew (Dirschau), Pomorskie (Pommern), ~ 14.10.1849 Tczew (Dirschau), Pomorskie (Pommern), † 10.08.1939 Bochum
∞ 02.05.1875 Tczew (Dirschau), Pomorskie (Pommern)
Andreas **Galuski**

22. **Spedowski**, Johann Ignatz, rk, Eigenthümer; Maurer, * 25.01.1838 Gorzędziej (Gerdin), Pomorskie (Pommern), ~ 27.01.1838 Tczew (Dirschau), Pomorskie (Pommern), † 12.11.1914 Gorzędziej (Gerdin), Pomorskie (Pommern), □ 16.11.1914 Gorzędziej (Gerdin), Pomorskie (Pommern)
∞ vor 1878

23. **DZIENDZIELEWSKA**, Julianna Barbara, rk, * 08.07.1838 Mątowy Wielkie (Groß Montau), Pomorskie (Pommern), † zw. 1899 u. 1939

---

24. **GRABOWSKI**, Wilhelm, Hofmann, * 05.09.1848 Zalesie (Salleschen), Dzwierzuty (Mensguth), Warmińsko-Mazurskie (Ermland-Masuren), † nach 1929 Altenbochum, Bochum

    Wilhelm **Grabowski** lebte 1890 in Pfaffendorf (Popowa Wola), Kreis Ortelsburg, Ostpreußen. Als sein Beruf wird „Hofmann" angegeben (also Bauer, Erbpächter).[4] „Grabowski bzw. Götzendorf-Grabowski, auch Grafen v. Grabowski, ist der Name eines alten pommerellischen Adelsgeschlechts." (Wikipedia).[5] Ein Familienbezug ist noch nicht nachgewiesen.

∞ vor 1890 Popowa Wola (Pfaffendorf)

25. **SCHUSTER**, Wilhelmine, ev, Hofmannsfrau, * 03.10.1852 Popowa Wola (Pfaffendorf), † 27.02.1926 Altenbochum, Bochum. In der Sterbeurkunde[6] wird ihr Alter mit 73 Jahren und 4 Monaten angegeben.

---

4 Vgl. VERDENHALVEN, F. (2008). *Familienkundliches Wörterbuch. (Grundwissen Genealogie, Bd. 3).* (3., überarb. und stark erw. Aufl.) Insingen (bei Rothenburg o.d. Tauber): Verlag Degener & Co., S. 82.

5 Deutsche Grafen-Häuser der Gegenwart in heraldischer, historischer und genealogischer Beziehung, Bd. 3, Leipzig 1854, S. 150. Grafen v. Grabowski; Grabowski. In: *Pierer's Universal-Lexikon.* 4. Aufl., Altenburg 1857–1865.

6 StA Bochum II-Süd Altenbochum, Nr. 29-1926.

27. **Bahr [Baar]**, Wilhelmine, ev, Losmannstochter, * 25.09.1859 Przeździęk Wielki (Groß Dankheim), Warmińsko-Mazurskie (Ermland-Masuren), † nach 1942 Altenbochum, Bochum
∞ 28.09.1880 Kucbork (Kutzburg), Szczycieński (Lkr. Ortelsburg)
Gottlieb **Leyk [Leyck]**

30. **Lewalski**, Johann, rk, Landwirt, * 26.01.1851 Naguszewo (Nagelstal), Warmińsko-Mazurskie (Ermland-Masuren), † um 1920
∞ I. vor 1884 ? N.N. verh. Lewalski
∞ II. 13.11.1884 Wiśniewo (Kirschenau)

31. **Wieczerzycki**, Constantine, rk, * 12.12.1853 Grabowo (Grabau, Kr. Löbau, Westpreußen), Warmińsko-Mazurskie (Ermland-Masuren), † nach 1932

5. Ahnenreihe [32-47 / 48-63]

33. **Haase**, Catharina Maria, * um 1807 Feldrom, Lippe, † 16.11.1842 Feldrom, Lippe, □ 19.11.1842 Sandebeck, Höxter. Hinterlässt „Gatten und drei minorenne Kinder".
∞ 14.11.1830 Sandebeck
Johannes Franciscus **Hungerge**. Für ihn wurde 1843 auf dem Bickelberg in Feldrom (Horn-Bad Meinberg) ein Wegekreuz errichtet.[7]

36. **REISDORF**, Anton, Maurer, * vor 1817, † zw. 1854 u. 1866
∞ vor 1837

37. **BARTH**, Gertrud, Hebamme, * vor 1817 Merheim, † nach 1866

„Im Archiv der Verbandsgemeinde Brohltal gibt es eine Akte aus der Amtbürgermeisterei Burgbrohl, in der es ausschließlich um das Hebammenwesen geht. (...) Am 2. März 1837 war eine Gertrud Reisdorf, geborene Barth, aus Nickenich als Hebamme in Burgbrohl, Wassenach und Niederoberweiler tätig. ‚Als Gehalt erhält sie von Burgbrohl 5 Thaler, 26 Silbergroschen und 4 Pfennig, von Wassenach 5 Thaler, 20 Silbergroschen und 8 Pfennig und von Niederoberweiler 6 Thaler, 13 Silbergroschen und 8 Pfennig', heißt es in der Akte."[8]

38. **N.N.**, * um 1804, † vor 1874
∞ Sibilla Catharina **Rüter**

---

7 HUNGERIGE, H. & HUNGERIGE, H. (2020). Das Gedenkkreuz für Johannes Franciscus Hungerge (1799 – 1843) auf dem Bickelberg in Feldrom (Horn-Bad Meinberg). In: *Lippische Mitteilungen aus Geschichte und Landeskunde, Bd. 89*, S. 242-253.

8 Aus: SCHMITZ, A. (2000), „Wenn Krankheit eintritt, wird auf Gott vertraut": zum Medizinalwesen in der Bürgermeisterei Burgbrohl im 19. Jahrhundert. In: *Landkreis Ahrweiler: Heimat-Jahrbuch*, 57, S. 126-132. [Online unter: https://www.kreis-ahrweiler.de/kvar/VT/hjb2000/hjb2000.35.htm; 16.04.2019].

41. **KUSZEWSKA**, Barbara, * um 1813, † 20.02.1882 Tczew (Dirschau), Pomorskie (Pommern)
∞ 04.02.1838 Tczew (Dirschau)
Vinzent **Galuski [Galazki]**

42. **GDANIETZ [GDANNIETZ]**, Michael, Arbeiter, Czyżykowo (Klein Zeisgendorf); 1906 Wohnplatz, zur Landgemeinde Zeisgendorf gehörend. Ab 01.04.1908 zur Stadt Dirschau eingemeindet, * um 1822, † nach 1854
∞ 21.11.1847 Tczew (Dirschau)
43. **NEUMANN**, Maria, * um 1824, † nach 1854

44. **SPEDOWSKI**, Philipp Thomas, ev, * vor 1814, † nach 1848
∞ um 1833
45. **WIERZBIECKA**, Barbara, rk, * vor 1814, † nach 1848

---

52. **Leyk [Leyck]**, Johann, Einwohner, * 22.01.1832 Przeździęk Wielki (Groß Dankheim), Warmińsko-Mazurskie (Ermland-Masuren), † nach 1885 Przeździęk Wielki (Groß Dankheim), Warmińsko-Mazurskie (Ermland-Masuren)
∞ vor 1852
53. **Dybowsky**, Elise, * vor 1832, † zw. 1863 u. 1880 Przeździęk Wielki (Groß Dankheim), Warmińsko-Mazurskie (Ermland-Masuren)

54. **BAHR [BAAR],** Martin, Losmann (kl. Landpächter in Ostpr.), * vor 1839, † nach 1880 Przeździęk Wielki (Groß Dankheim), Warmińsko-Mazurskie (Ermland-Masuren)
∞ vor 1859
55. **BADEDA**, Elise, * vor 1839, † nach 1880 Przeździęk Wielki (Groß Dankheim), Warmińsko-Mazurskie (Ermland-Masuren)

57. **Richard**, Magdalena, * um 1821 Struth (OT der Gemeinde Rodeberg im (Süd-)Eichsfeld), Unstrut-Hainich-Kr., Thüringen, † 14.04.1864 Ershausen, Eichsfeld, □ 17.04.1864 Ershausen, Eichsfeld
∞ 11.11.1844 Ershausen
Johann <u>Peter</u> **Pudenz**

59. **Müller**, Juliane, * 09.08.1831 Sickerode, Eichsfeld, † 12.06.1921 Rüstungen, Eichsfeld
∞ 26.04.1858 Rüstungen
Johann <u>Hermann</u> **Döring**

60. **LEWALSKI**, Joseph, Einsasse (Vollbauer), * vor 1831, † vor 1884 Naguszewo (Nagelstal), Warmińsko-Mazurskie (Ermland-Masuren)

∞ vor 1851

61. **LEBEVATZKI**, Eva, * vor 1831, † vor 1884 Naguszewo (Nagelstal), Warmińsko-Mazurskie (Ermland-Masuren)

62. **WIECZERZYCKI**, Nikolaus, Einsasse (Vollbauer), * vor 1824, † vor 1884 Grabowo (Grabau, Kr. Löbau, Westpreußen), Warmińsko-Mazurskie (Ermland-Masuren)
∞ vor 1844

63. **BROZDOWSKY**, Marie, Einsassenwitwe, * vor 1824, † nach 1884

6. Ahnenreihe [64-95 / 96-127]

65. **Wittbecker [Witbecker]**, Anna Margaretha Elisabeth, * um 24.12.1761 Feldrom, Lippe, ~ 24.12.1761 Sandebeck, Höxter, † 11.05.1837 Feldrom, Lippe, □ 14.05.1837 Sandebeck, Höxter, „vom pad. Feldrom"
∞ 07.05.1797 Horn, Lippe
Alexander Dionysius Anton Maria **Hungern (Hungerige)**

66. **HAASE**, Franz Carl, Moldenhauer in Feldrom, * vor 1787 Feldrom, Lippe, † nach 1830
∞ vor 1807 Horn, Lippe

67. **N.N.**, * vor 1787, † nach 1830

69. **Brune gen. Huneke**, Anna Gertrud, * 11.12.1773 Körbecke, Soest
∞ 12.01.1791 Körbecke, Soest
Jo(hann)es Georg **Gröblinghoff gen. Knieps gen. Huneke**

71. **HIEGEMANN**, Catharina Elisabeth, * 01.10.1776 Kallenhardt, Soest, † 20.10.1849 Kallenhardt, Soest
∞ 30.11.1799 Kallenhardt, Soest
Franciscus Winoldus **Severin**

78. **Rüter [Rüther]**, Johann Diederich, „Packknecht unter dem Regiment Vom Bremer"[9], * um 30.04.1764 Wengern, Ennepe-Ruhr-Kr., ~ 30.04.1764 Wengern, Ennepe-Ruhr-Kr., † nach 1809
∞ vor 1792

79. **FRIEDHOFF**, Anna Sibilla Catharina, * vor 1772, † nach 1809

9 Johann Friedrich von Brehmer (1737-1802); preußischer Generalmajor und Chef des Infanterieregiments Nr. 9.

80. **Galazka**, Josephus Johannes, Eigentümer, * zw. 1786 u. 1787, † 18.05.1868 Tczew (Dirschau), Pomorskie (Pommern), □ 21.05.1868 Tczew (Dirschau), Pomorskie (Pommern), Polen
∞ II. zw. 1850 u. 1860 Dorothea **Remerowski**
∞ I. 15.11.1810 Tczew (Dirschau)

81. **CIMANOWSKA [ZIEHM; ZIEHN]**, Rosalia, * um 1786, † 18.02.1849 Tczew (Dirschau), Pomorskie (Pommern), □ 21.02.1849 Tczew (Dirschau), Pomorskie (Pommern)

----

104. **LEYK**, Johann sen., * vor 1812, † 23.05.1858

106. **DYBOWSKY**, Friedrich, * vor 1805
∞

107. **Beba**, Charlotte, * 31.05.1825, ~ 05.06.1825 Opaleniec (Flammberg), Mazowieckie (Masowien)

114. **RICHARDT**, Johannes Georg, * 28.10.1798 Struth (OT der Gemeinde Rodeberg im (Süd-)Eichsfeld), Unstrut-Hainich-Kr., † nach 1821
∞ 1821 Struth (OT der Gemeinde Rodeberg im (Süd-)Eichsfeld)

115. **DEGENHARDT**, Anna Margaretha, * 1796, † 1841

117. **Wehr**, Maria Magdalena, * 08.10.1809 Schwobfeld, Eichsfeld, † 21.06.1873 Rüstungen, Eichsfeld
∞ 03.02.1833 Schwobfeld
Anselm **Döring**

118. **MÜLLER**, Christoph, * vor 1811, † nach 1831
∞ vor 1831

119. **GUNKEL**, Elise Margarethe, * vor 1811, † nach 1831

7. Ahnenreihe [128-191 / 192-255]

128. **Hungerge [Hungerige, Hungrige, Hungern, Hunger, Hongere, etc.]**, Joan Conradt, * um 28.11.1726 Driburg, Höxter, ~ 28.11.1726 Driburg, † nach 1772.

Taufpaten sind Anna Maria **Drewes** und Berndt **Schlüter**, vermutlich ein Onkel. Um den Jahreswechsel 1767/68 zieht er zu seiner Braut Clara Anna Catharina **Berg** nach Feldrom, die dort geboren und am 29. September 1743 im benachbarten Sandebeck getauft worden war.

∞ 09.01.1768 Sandebeck
Clara Anna Catharina **Berg**

130. **WITBECKER [WITTBECKER],** Jürgen Henrich, * vor 1741, † nach 1761
∞ vor 1761 Feldrom, Lippe

131. **N.N.**, Maria Anastasia (verh. **Wittbecker**), * vor 1741, † nach 1761

136. **Gröblinghoff gen. Knieps**, Theodorus Antonius, * 1728 Allagen, Soest, † 11.05.1786 Mülheim, Soest
∞ II. 11.04.1780 Mülheim, Soest
Christina **Brockhoff**
∞ I. 18.01.1756 Mülheim

137. **Coers**, Clara, * 1737, † 04.09.1779 Mülheim, Soest

138. **BRUNE gen. HUNEKE**, Wennemarus, * vor 1752, † nach 1773
∞ 23.06.1772 Körbecke, Soest

139. **HUNEKE**, Maria Margaretha, * vor 1752, † nach 1773

140. **Severin**, Joannes Fridericus, * um 29.10.1747 Kallenhardt, Soest, ~ 29.10.1747 Kallenhardt, † 06.06.1806 Kallenhardt
∞ 06.04.1768 Kallenhardt

141. **RISSE**, Anna Angela Margaretha, * um 1747 Kallenhardt, Soest, † 04.11.1821 Kallenhardt, □ 07.11.1821 Kallenhardt

> „Im Jahre Christi achtzehnhundert ein und zwanzig den vierten November nachmittags vier Uhr starb plötzlich, wahrscheinlich am Schlagfluß, Anna Angela Maria Catharina Risse, Wittib Friderich Severin dahier, alt vier und siebenzig Jahre, und wurde den siebenten November morgens acht Uhr nach christlichem Gebrauch beerdigt. Zeugen waren Andreas Rüther und Joseph Schultheis Küster, welche nebst mir dem Pfarrer gegenwärtiges Protocoll unterschrieben haben. Schlünder Pfarrer.“ (OFB Kallenhardt)

156. **RÜTER**, Johann Henrich, * vor 1730 Wengern, † nach 1764
∞ vor 1750

157. **FREUDENWALD**, Catharina Margaretha, * vor 1730, † nach 1764

160. **GALAZKA [GALUSKI]**, * vor 1770, † nach 1787
∞ vor 1787

161. **N.N.**, * vor 1767

---

214. **Beba**, Michael, Wirth, * 1794 Wielbark (Willenberg), Warminsko-Mazurskie (Ermland-Masuren), † nach 1834
∞ um 1819

215. **Gromczyk [Gromtzik, Gromcik, Gronski, Gromeik]**, Ewe, * 1798 Wielbark (Willenberg), Warminsko-Mazurskie (Ermland-Masuren), † nach 1834

233. **Koch**, Anna Margaretha, * 21.09.1773 Rüstungen, Eichsfeld, † 10.04.1833 Rüstungen
∞ 12.05.1800 Rüstungen
Johannes **Döring**

234. **WEHR**, Nicolaus, Tagelöhner, Witwer, * vor 1789, † nach 1833
∞ vor 1809
235. **WEINRICH**, Maria Magdalena, * vor 1789, † vor 1833

8. Ahnenreihe [256-383 / 384-511]

256. **HUNGERIGE [HUNGRIGE, HUNGERGE, HUNGER, HUNGERN, HONGERE etc.]**, Gottschalck, rk, Ludimagister, * vor 1704 Herste, Höxter, † 22.11.1765 Altenbeken, Paderborn.

1732 wird Gottschalck Hungerige Bürger der Stadt Driburg. 1752 Rechtsstreit mit Johann Jürgen **Voss** in Schloss Neuhaus bei Paderborn. 1752 ist Gottschalck **Hungerige** noch in Driburg nachweisbar, später zieht er gemeinsam mit seiner Frau Angela Maria zu seinem Enkel, dem Pfarrer Wilhelm **Hungerge** (ca. 1767–1808), nach Buke bei Altenbeken, wo er am 22. November 1765 stirbt. Alter und Todesursache sind im Sterbeeintrag nicht vermerkt, als Beruf wird Schulmeister (Ludimagister) angegeben. Nur fünf Tage später, am 27. November 1765, stirbt auch seine Frau Angela Maria.[10]

∞ 21.04.1723 Driburg
257. **SCHLÜTER**, Angela Maria, rk, * vor 1704 Driburg, † 27.11.1765 Altenbeken

258. **Berg**, Henrich Theodor (Dirck), * um 21.12.1704, ~ 21.12.1704 Sandebeck, Höxter, † nach 1752
∞ vor 1731
259. **MIKUS**, Anna Margaretha, * zw. 1702 u. 1711, † nach 1752

272. **GRÖBLINGHOFF [GRÖBLINGHOF, GRÖPPINGHOFF]**, Georgius, * vor 1708, † nach 1728
∞ vor 1728
273. **MUSEKE**, Angela, * vor 1708, † nach 1728

274. **COERS gen. LUIG**, N.N., * vor 1717, † nach 1737

280. **SEVERIN**, Gerhardus, * um 1710, † 23.01.1782 Kallenhardt, Soest

---

10 Vgl. dazu HUNGERIGE, H. & HUNGERIGE, H. (2019): Bochum, Buke und Batavia: Die Nachfahren des Schulmeisters Gottschalck Hungerige aus Herste (Driburg). In: *Roland – Zeitschrift der genealogisch-heraldischen Arbeitsgemeinschaft Roland zu Dortmund e.V., Bd. 25/26 (2016/17)*, S. 5-44.

∞ II. 04.02.1758 Kallenhardt Clara Eva **Friderici**
∞ I.
281. **Beule**, Christina, * 20.09.1710 Altenrüthen, Soest, † 11.11.1757 Kallenhardt

---

451. **Jacob**, Anna Margaretha, * 1713 Pfaffschwende, Eichsfeld, † um 07.04.1772 Misserode, Eichsfeld, □ 07.04.1772 Misserode
∞ 23.11.1733 Misserode Lorenz **Döring**

455. **Müller**, Anna Martha, * 16.11.1723 Ershausen, Eichsfeld, † 28.10.1752 Rüstungen, Eichsfeld
∞ 11.05.1745 Ershausen Johann Georg **Hartleib**

465. **Wehr**, Anna Barbara, * um 29.05.1749 Rüstungen, Eichsfeld, ~ 29.05.1749 Rüstungen, † 04.04.1789 Rüstungen, □ 05.04.1789 Rüstungen
∞ 20.01.1772 Rüstungen Johannes **Döring**

466. **KOCH**, Franz Wilhelm, * vor 1749, † nach 1773
∞ 10.04.1769 Rüstungen
467. **SCHADE**, Anna Maria, * vor 1749, † nach 1773

9. Ahnenreihe [512-767 / 768-1.023]

516. **BERG**, Moritz, * zw. 1673 u. 1682, † nach 1723
∞ II. vor 1723 Catharina Elisabeth **Gottschalk**
∞ I. vor 1702
517. **AMELUNXEN**, An. Maria, * 1683, † vor 1723.
„Amelunxen ist der Name eines alten westfälisch-niedersächsischen Adelsgeschlechts." (Wikipedia) Ein Familienbezug ist noch nicht nachgewiesen.

562. **BEULE**, Hermann, * vor 1690, † nach 1710
∞ vor 1710
563. **MESKEDE**, Anna Catharina, * vor 1690, † nach 1710

---

896. **Pudens [Pudenz]** Johann Hermann, rk, Müllermeister, Grießmühle, Wilbich, * um 07.1658 Lehna, Eichsfeld, † um 13.03.1732 Ershausen, Eichsfeld, □ 13.03.1732 Ershausen. z = 2 (896, 1810)
∞ I. um 1680 N.N.
∞ II. 17.06.1686 Ershausen
Magdalena **Döring**

898. **Lins**, Johann Georg, * 1695 Wachstedt, Eichsfeld, † 07.09.1756 Wachstedt, Eichsfeld

∞ 1717 Dingelstädt
Maria Elisabeth **Schönefeld (Schönefeldt)**

902. **JACOB**, Nicolaus, * vor 1693, † 1761 Pfaffschwende, Eichsfeld
∞
903. **HILLE**, Anna Margarete, * vor 1693, † 1760 Pfaffschwende

907. **SCHADE**, Anna Barbara, * 08.05.1678 Rüstungen, Eichsfeld, † 17.10.1742 Rüstungen, Eichsfeld
∞ 09.02.1699 Rüstungen
Valentin **Döring**

910. **MÜLLER**, Peter, * vor 1703, † nach 1723
∞ 18.01.1723
911. **PUDENZ [PUDENS]**, Eva Magdalena, * 30.09.1691 Lehna, Eichsfeld, † 31.03.1727 Ershausen, Eichsfeld

930. **WEHR**, Peter, * vor 1717, † nach 1749
∞ 15.07.1737 Rüstungen
931. **Huschenbeth**, Maria Elisabeth, * 19.10.1717 Ershausen, † nach 1749

10. Ahnenreihe [1.024-1.535 / 1.536-2.047]

1792. **PUDENS**, Thomas, Müllermeister, Grießmühle, Wilbich, * um 1633, † nach 1679 Wilbich, Eichsfeld. z = 2 (1792, 3620)

Die Linie der Familie **Pudenz** (vom lat. Adjektiv *pudens*, ehrbar, schüchtern, sittsam, verschämt, zartfühlend) lässt sich bis in die Zeit des Apostels Paulus zurück verfolgen und wird auch im Neuen Testament erwähnt (2. Timotheus 4, 21). Bis zum Ende des Mittelalters liegen nur vereinzelte Hinweise auf die Familie **Pudenz** vor, sodass sich eine durchgehende Abstammungslinie nicht rekonstruieren lässt. 1599 wird ein Thomas **Pudennz** (geb. um 1543)[11] zu Breittenworbis (Gemeinde im Eichsfeld) erwähnt. Mit dem Beginn der Neuzeit und der Einführung der Kirchenbücher (in größerem Umfang erst nach Ende des Dreißigjährigen Krieges 1648) lassen sich jedoch mehrere Familienlinien bis in die heutige Zeit nahezu lückenlos dokumentieren. Ihren Ausgangspunkt nehmen diese Linien im Eichsfeld (Thüringen) bei dem Müllermeister Thomas **Pudenz** (geb. um 1633, gestorben nach 1664 in Wilbich, Thüringen) und dem Ackermann Conrad **Doringk** (= Döring, geb. zwischen 1480 und 1490 in Misserode, Thüringen, gestorben nach 1548).

---

11 Generalmusterung auf dem Eichsfeld, 1599-1600, LA Sachsen-Anhalt, Sign. A 37a, Nr. 1056, Dig. 0376.

Ihre Nachfahren wurden u. a. von Roland Pudenz (Erfurt), André Sieland (Oldenburg), Marcellinus Prien (Berlin) und Michael Döring (Berlin) intensiv recherchiert und sind ausführlich dokumentiert.[12]

Der um 1633 geborene Müllermeister Thomas **Pudenz**, ein Zeitgenosse von Nicolaus **Döring**, besaß 1664[13] 5 ½ Äcker „in den Windwehen Hecken" und weiteres Land an der Stelle, wo „[C]iriax [?][14] Keudelen und Thomas **Pudens** stoßen uff Michael **Fischern**". Nach den Kirchenrechnungen der Jahre 1677/1679 gab er jährlich zwei Pfund Wachs als Flachszins für ein Stück Kirchenwiese (Eselshof) bei der Grießmühle[15] bei Wilbich.

1796. **LINS**, Georg, * 1665, † 1710

1798. **Schönefeld [Schönefeldt]**, Hans (Johannes), * 1656 Dingelstädt, Eichsfeld, † nach 1699
∞ um 1688 Dingelstädt
1799. **DREBING [TRÄBING]**, Maria Elisabeth, * 1656 Wachstedt, Eichsfeld, † 21.01.1733 Dingelstädt, Eichsfeld. z = 2 (1799, 1819)

1801. **Hille**, Anna Barbara, * um 1640, † nach 22.03.1678 Rüstungen, Eichsfeld. (Starb 1676 in Misserode oder 1678 in Rüstungen?)
∞ um 1671 Rüstungen
Balthasar **Döring**

1803. **SANTROCK [SANDROCK]**, Christina, * vor 1659 Wiesenfeld, Eichsfeld, † 02.02.1711 Ascherode, Eichsfeld, ☐ 06.02.1711 Ascherode, Eichsfeld
Begräbnistext zu Christina Santrock: „Den 02.02.1711 ist die aschrödische Meyerin gestorben, nomine Christina Wehr und den 06.02. wegen Ihres Sohnes damaliger Hochzeit zu Rüstung allhier christlich beigesetzt worden. Die Leiche ist zu Ascherode angenommen worden."[16]
∞ 16.01.1679 Rüstungen
Valentin (Valtin) **Wehr**

---

12 Vgl. dazu Hungerige, H. (2020). Geschlossene Heiratskreise (Verwandtenehen) in der Ahnentafel von Katharina Pudenz (1914–1997) aus Bochum durch ihre Mehrfachahnen Conrad Döring (* um 1480), Hanns Rode (* vor 1522), Georg Schönefeld (* 1600) und Thomas Pudenz (* um 1633) aus dem Eichsfeld. In: *Roland – Zeitschrift der genealogisch-heraldischen Arbeitsgemeinschaft Roland zu Dortmund e.V., Bd. 27/28 (2018/19)*, S. 5-59.

13 Jurisdiktionalbuch des Amtes Bischofstein, 1664, LA Sachsen-Anhalt.

14 Ciriax ist ein eher seltener Vorname des 16. Jahrhunderts.

15 „Als Grieß werden Teilstückchen des Getreidekorns mit einer Größe von 0,3 bis 1 mm bezeichnet, die ähnlich hergestellt werden wie Mehl. Hierzu muss die Mühle jedoch anders eingestellt werden" (Wikipedia, Eintrag Grieß).

16 Quelle: Degenhard, N. (2017). *Familienbuch der katholischen Pfarrgemeinde Martinfeld 1601-1875. (Landkreis Eichsfeld, GOV: MARELD_O5631).* (Reihe Mitteldeutsche Ortsfamilienbücher, MOFB-011). (4. erw. Aufl.). Leipzig: Arbeitsgemeinschaft für mitteldeutsche Familienforschung e.V. (AMF), Nr. 1689.

1809. **KÖCKMANN**, Catharina Elisabeth, * um 1659 Mackenrode (Weidenbach), Eichsfeld, † um 01.04.1727, □ 01.04.1727 Misserode, Eichsfeld
∞ vor 05.1679 Misserode
Balthasar **Döring**

1810. = 896. **Pudens**, Johann Hermann

1813. **N.N.**, Catharine (verh. Döring), * 1640, † 10.04.1720 Rüstungen, Eichsfeld
∞ 1659 Rüstungen
Adam **Döring**

1816. **Hartleib**, Peter, * um 1632, † 22.03.1709 Rüstungen, Eichsfeld
∞ 1659 Rüstungen
1817. **Schade**, Elisabeth, * vor 1639, † 08.01.1686 Rüstungen, Eichsfeld

1818. = 1798. **Schönefeld (Schönefeldt)**, Hans (Johannes)
1819. = 1799. **DREBING (TRÄBING),** Maria Elisabeth

1857. **KÖNIG**, Anna Maria, * 1682 Lehna, Eichsfeld, † 08.04.1735 Rüstungen, Eichsfeld, □ 09.04.1735 Rüstungen, Eichsfeld[17]
∞ 1703 Rüstungen
Daniel **Döring**

1858. **Metz**, Adam, * um 19.06.1663 Rüstungen, Eichsfeld, ~ 19.06.1663 Rüstungen, Eichsfeld, † 09.06.1711 Rüstungen, Eichsfeld, □ 10.06.1711 Rüstungen, Eichsfeld
∞ vor 17.05.1699
1859. **N.N.**, Anna, * 1673, † 30.09.1747 Rüstungen, Eichsfeld, □ 01.10.1747 Rüstungen, Eichsfeld

1862. **HUSCHENBETH**, Johannes, * vor 1697, † nach 1717
∞ vor 1717
1863. **N.N.**, Barbara, * vor 1697 Ershausen, Eichsfeld, † nach 1717

11. Ahnenreihe [2.048-3.071 / 3.072-4.095]

3591. **DÖRING**, Anna Barbara, rk, ohne Beruf, * um 1610, † nach 1643 Rüstungen, Eichsfeld. z = 2 (3591, 7247)
∞ 1643 Matthias **Roth**

---

17 „Bei flüchtiger Durchsicht der Register wurde das Taufdatum in Lehna nicht gefunden, obgleich es zzt. dort eine Familie **König** gab. Ihr Bruder heißt vermutl. Johann Georg **König**." (Quelle: Michael Döring, 15.04.2018).

3596. **SCHÖNEFELD**, Georg, Müller, * 1600 Dingelstädt, Eichsfeld, † 1686 Dingelstädt, Eichsfeld. z = 2 (3569, 3636)

3602. **HILLE**, Georg Jörge, † 02.02.1677 Rüstungen, Eichsfeld

3605. **N.N.**, Barbara (Wehr), * vor 1635, † um 03.01.1684, ☐ 03.01.1684 Wiesenfeld, Eichsfeld
∞ vor 1655
Claus **Wehr** der Ältere

3620. = 1792. **PUDENS**, Thomas

3632. **HARTLEIB**, Valtin, * vor 1612, † um 1660

3634. **SCHADE**, Valentin, * vor 1619 Rüstungen, Eichsfeld, † 03.05.1691 Rüstungen, Eichsfeld
∞ vor 1639
3635. **KAUFHOLD**, Catharina, * vor 1619, † nach 1639

3636. = 3596. **SCHÖNEFELD**, Georg

3716. **METZE**, Jacob, * vor 1643, † vor 01.12.1680
Jacob **Metze** besitzt anno 1664 (*Lagerbuch der Vogtei Greifenstein*): „1 Hauß undt Hof am Anger zwischen Hanß **Kunckel**n undt Adam **Peter**n".[18]

12. Ahnenreihe [4.096-6.143 / 6.144-8.191]

7208. **Wehr**, Hans Claus, * um 1590, † nach 1616
Vermutlich der Claus **Wehr**, der im Jahr 1610 Haus und Hof in Rüstungen besitzt. Einziger seines Familiennamens in Rüstungen. Informationen von Roland Pudenz: Der Name „Wehr" kommt in den Lagerbüchern von 1609 oder im *Reuterschen Lagerbuch* von 1582 bis 1610 im Amt Greifenstein vor. (Die Generalmusterung von 1599 muss noch bearbeitet werden.)
∞ vor 1619
Barbara **Döring**

7247. = 3591. **DÖRING**, Anna Barbara

7427. = 3591. **DÖRING**, Anna Barbara

---

18 Quelle: Michael Döring, 15.04.2018.

13. Ahnenreihe [8.192-12.287 / 12.288-16.383]

14 352. **Döring [Doringk]**, Martin, rk, Ackermann in Rüstungen, * um 1520 Misserode, Eichsfeld, † zw. 1572 u. 1599 Rüstungen, Eichsfeld. z = 7

„Er kam zwischen den Jahren 1549 und 1554 als erster **Döring** nach Rüstungen. Anno 1559 gab er der Rüstungen Kirche Zins für 'eine Wiesen hinter dem Limperge'. Der Limberg ist noch heute als Flurbezeichnung gebräuchlich."[19]

„Mertin; Besitzer des Stammhofes in Rüstungen", „urkdl. gent. 1555 und 1572. 1548 (Türkensteuerregister) wird in Rüstungen noch kein **Döring** genannt, dagegen aber: ‚Clawes' (= Claus), Jorge, Jacob und Herolt **Dorringk** zu Volkerode; Wendel **Doringk** zu Wiesenfeld; Jacob **Dorringk** zu Wilbich. Ein Nachweis, dass Martin der Sohn von Konrad (Courdt) ist, konnte bisher nicht erbracht werden, es ist aber sehr wahrscheinlich. Geb. wohl nicht in Rüstungen ca. 1520-1525, gest. nach 1572, vor 1599. Anno 1555 gibt Mertin **Döring** der Rüstunger Kirche Zins für „eine Wiesen hinter dem Limperge" (NB: die Flurbezeichnung „Limberg" ist heute noch gebräuchlich). 1572 zahlt er 2 ½ (Albus) Erbzins für, eine Wiese hinter dem Limpperg, desgl. 2 (Albus) 18 (Heller) Erbzins für 2 Acker Land."[20]

14 360. **Roth**, Martinus, * 1525

14 400. = 14 352. **Döring**, Martin

14 416. **WEHR**, Hanns (oder Caspar), * vor 1570, † nach 1590

Der Name „Wehr" kommt in den Türkensteuerlisten von 1542/45 und in der Eichsfelder Landsteuer von 1548 in den Orten Dieterode und Geismar vor. Ob Hanns oder Caspar **Wehr** als Stammvater der Familie **Wehr** zu gelten hat, lässt sich heute nicht mehr feststellen.

14 464. = 14 352. **Döring**, Martin

14 496. = 14 352. **Döring**, Martin

14. Ahnenreihe [16.384-24.575 / 24.576-32.767]

28 704. **DÖRING [DORINGK, DORINNGK]**, Conrad, Ackermann in Misserode, * um 1480 Misserode, Eichsfeld, † nach 1548 Misserode, Eichsfeld. z = 7 (28704, 28800, 28928, 28992, 57672, 57952, 59392)

Courdt, Curdt wurde ca. 1480 in Döringsdorf oder Misserode geboren. Er

---

19 Quelle: André Sieland, 08.07.2000.
20 Quelle: Michael Döring, 15.04.2018.

war im Jahre 1542 Höchstbesteuerter und einziger seines Familiennamens in Misserode [Landeshauptarchiv Magdeburg]. Im Jahre 1545 zahlte er die Türkensteuer wiederum als einziger **Döring** ('Item vom Gesinde') in Misserode. Im gleichen Jahr zahlte er noch die Türkensteuer für den Gesindelohn und im Jahre 1548 die Landsteuer (LHA Magdeburg]. Hierbei wurde er unter dem Namen 'Curdt **Dorrinngk'** angeführt.[21]

28 720. **RODE [RODT, ROTH]**, Hanns, * 1490, † nach 1545. z = 3 (28720, 57968, 59408)

28 800. = 28 704. **DÖRING**, Conrad

28 836. = 14 352. **Döring**, Martin

28 928. = 28 704. **DÖRING**, Conrad

28 976. = 14 352. **Döring**, Martin

28 984. = 14 360. **Roth**, Martinus

28 992. = 28 704. **DÖRING**, Conrad

29 696. = 14 352. **Döring**, Martin

29 704. = 14 360. **Roth**, Martinus

15. Ahnenreihe [32.768-49.151 / 49.152-65.535]

57 672. = 28 704. **DÖRING**, Conrad

57 952. = 28 704. **DÖRING**, Conrad

57 968. = 28 720. **RODE**, Hanns

59 392. = 28 704. **DÖRING**, Conrad

59 408. = 28 720. **RODE**, Hanns

---

21 Quelle: André Sieland, 08.07.2000 und Michael Döring, 15.04.2018.

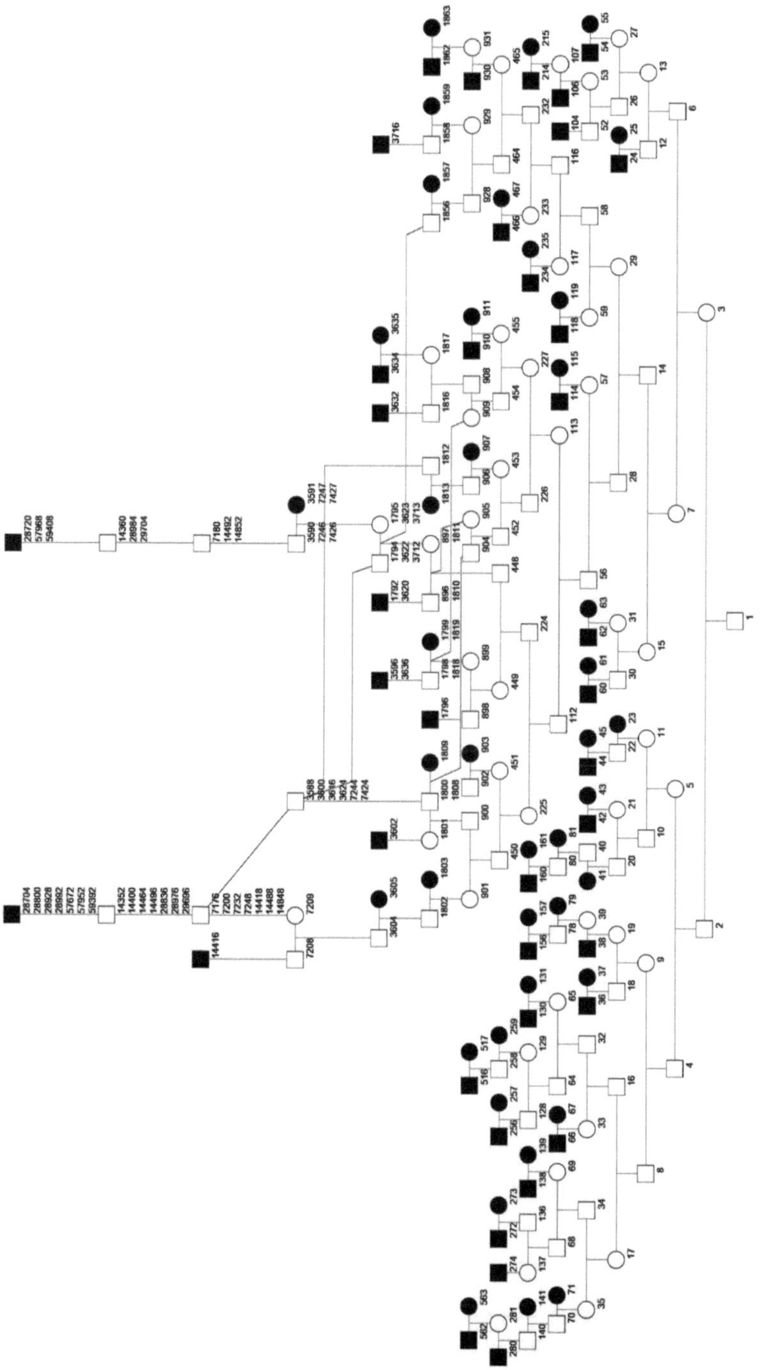

Schematische Darstellung der Ahnentafel von Heiko Hungerige (erstellt mit „AhnenImplex“).
Angegeben sind die jeweiligen Ahnennummern nach Kekule, Spitzenahnen sind schwarz markiert

Spitzenahnen-Liste von Hans-Joachim Tenschert

Die vollständige GEDCOM-Datei von Hans-Joachim Tenschert ist in der Roland-Datenbank (TNG) verfügbar (18.852 Personen). Ein geografischer Schwerpunkt ist Österreichisch-Schlesien, also die beiden Herzogtümer Ober- und Niederschlesien als Bestandteil der Habsburger Monarchie.

Diese Genealogie entstand zunächst aus einer Familiennamen-Wurzelsuche zu „Ten(t)schert“ und mündete dann in der Erfassung von acht katholischen Kirchenbüchern des Ortes Rausen im damaligen Österreichisch-Schlesien (Nordmährische Enklave, heute Tschechien, Grenzort zu Polen), weil sich dort der Name häufte, der Ort aber auch noch nicht forschungsmäßig erschlossen war. Über diese Filialkirche Rausen kamen dann noch deren Hauptkirche im westlichen Nachbarort Grosse und deren Kirchenbuchübertragungen hinzu. Heutige Namen der Orte sind Hrozová und Rusín, beide in Tschechien.[1]

In der nachfolgenden Liste seiner Spitzenahnen sind *die jeweils letzten 2 Generationen einer Ahnenlinie* angegeben. Die Namen von Personen, die tatsächlich der *letzten* erforschten Generation angehören, sind in GROSSBUCHSTABEN gedruckt.

Verwendete Abkürzungen: rk = römisch-katholisch, ev = evangelisch, Lkr. = Landkreis, Kr. = Kreis, Bez. = Bezirk, OT = Ortsteil

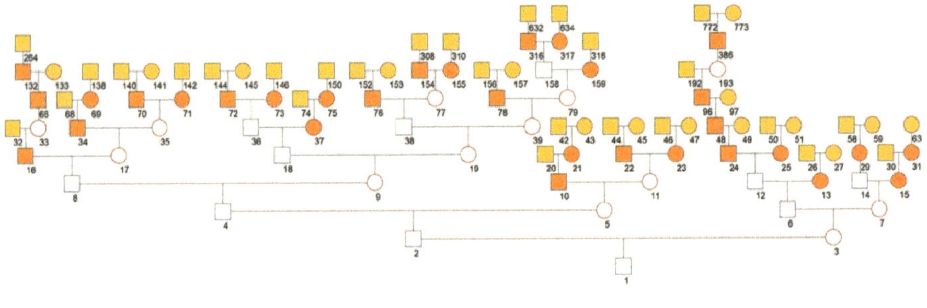

Schematische Darstellung der Ahnentafel von Hans-Joachim Tenschert (erstellt mit „AhnenImplex“). Angegeben sind die jeweiligen Ahnennummern nach Kekule. Spitzenahnen sind gelb, die darunter liegende Generation orange markiert.

1 Vgl. dazu den Roland-Blog-Beitrag vom 3. Mai 2021, „570 neue Personen in der TNG-Datenbank des ROLAND“, online: https://roland-zu-dortmund.weebly.com/aktuelles/570-neue-personen-in-der-tng-datenbank-des-roland.

3. Ahnenreihe [8-11 / 12-15][2]

10. **Elbin**, Joseph, rk, Jäger (1882), Schäfer (1886), Gutsverwalter in Oberglogau (1909), Privatier in Böhmischdorf (1918), Forstwart in Pension in Dobrau (1919), * 27.02.1856 Vorwerk Ellguth bei Krappitz, Kr. Oppeln, Preußisch-Schlesien, ~ 02.03.1856 Krappitz, (Taufpaten: Carl **Richter**, Häusler aus Zywodczütz (?) und Joh. (?) **Karzmarzik**, Häusler aus der Koloni (?) Czernowa), † 03.03.1936 Wildschütz 151
∞ 31.01.1882 Kammersfeld (Komornik), Kr. Neustadt, Bez. Oppeln, Preußisch-Schlesien
Agnes **Bochen**

---

13. **Dethloff**, Frieda Sophie (Sofie) Johanna, * 18.06.1877 Rostock, Mecklenburg, ~ 15.07.1877 Rostock, Mecklenburg, Firmung 05.02.1892 Rostock, Mecklenburg, † um 1945 Rostock (?)
∞ 23.12.1898 Rostock (St. Jacobi), Mecklenburg
Friedrich Franz Hermann Heinrich Helmuth **Randt**

4. Ahnenreihe [16-23 / 24-31]

16. **Tenschert**, Anton Johann, Sattlermeister (1837) und Häusler (1848), *23.05.1804 Rausen 24, † 22.12.1869 Rausen 24
∞ 27.11.1837 Rausen, Österreichisch-Schlesien
Klara Theresia **Jülge**

20. **ELBIN**, Johann, rk, Schäfer im Vorwerk Ellguth bei Krappitz (1883), * ca. 1820
∞ um 1850 Broschütz (?)

21. **Pelka**, Rosalia, rk, * 26.05.1820 Broschütz, Kr. Neustadt, Bez. Oppeln, Preußisch-Schlesien, ~ 28.05.1820 Broschütz, Kr. Neustadt, Bez. Oppeln, Preußisch-Schlesien, † vor 21.07.1883 Vorwerk Ellguth bei Krappitz, Kr. Oppeln, Preußisch-Schlesien

22. **Bochen**, Vincent, Häusler in Stiebendorf, Kr. Neustadt, Bez. Oppeln, Preußisch-Schlesien (Eintrag 1906), * um 1803 Stiebendorf (?), Kr. Neustadt, Bez. Oppeln, Preußisch-Schlesien, † 10.05.1876 Stiebendorf, Kr. Neustadt, Bez. Oppeln, Preußisch-Schlesien
∞ 06.02.1849 Kammersfeld (Komornik), Kr. Neustadt, Bez. Oppeln, Preußisch-Schlesien

2 In Klammern sind die Ahnennummern (AN) nach Kekule aufgeführt, getrennt nach der mütterlichen und der väterlichen Seite.

23. **Piosek**, Francisca, * 27.01.1825 Stiebendorf, Kr. Neustadt, Bez. Oppeln, Preußisch-Schlesien, ~ 27.01.1825 Komornik, Kr. Neustadt, Bez. Oppeln, Preußisch-Schlesien, † nach 12.01.1861 Stiebendorf (?)

---

25. **Bredwisch**, Karoline Elise Bertha, ev, * 03.06.1850 Rostock, Mecklenburg, ~ 19.07.1850 Rostock (ev. St. Petri), † nach 06.01.1872 Rostock (?)
∞ 20.10.1871 Rostock (ev. St. Petri)
Johann Wilhelm Carl **Randt**

26. **DETHLOFF**, Friedrich Heinrich Christian, Schiffszimmermann in Rostock (1877), * ca. 1850, † nach 18.06.1877 Rostock (?)
∞

27. **STEFFEN**, Mathilde Sofie, * ca. 1850, † nach 18.06.1877 Rostock (?)

29. **Hintze**, Maria Magdalena Christiane, ev, * 22.11.1851 Reinshagen, Retschow, Mecklenburg-Schwerin, ~ 30.11.1851 Retschow (luth. Kirche), † 15.04.1926 Rostock
∞ I. 28.11.1878 Doberan, Mecklenburg-Schwerin
Johann Helmuth Ludwig **Vick**
∞ II. 10.07.1888 Doberan
Johann Joachim **Klöcking**

30. **BEHN**, August Heinrich, * ca. 1844, † nach 1869
∞

31. **Freese**, Katharine Margarethe, ev, * 28.11.1844 (Fissau, heute OT von Eutin), ~ 26.12.1844 Eutin, † nach 1869

5. Ahnenreihe [32-47 / 48-63]

32. **TENSCHERT**, Joseph, Sattler (1792), Sattlermeister, * um 01.11.1767 Rausen?, † 01.04.1840 Rausen 24
∞ 06.11.1792 Grosse, Österreichisch-Schlesien
Johanna **Kunisch**

34. **Jülge**, Anton, Bauer (1833), Bauerauszügler in Rausen 49 (1852 und 1873), * um 20.04.1783 Rausen 49 (?), † 30.05.1873 Rausen 6
∞ I. 09.02.1807 Rausen, Österreichisch-Schlesien
Theresia **Tenschert**
∞ II. zwischen 1822 und 1827 Steindorf oder Piltsch
Theresia **Schöfer**
∞ III. 05.02.1828 Rausen
Klara **Blaschke**

37. **Habicht**, Magdalena, rk, * 09.10.1790 Böhmischdorf, † 25.02.1855 Freiwaldau, □ 27.02.1855 Freiwaldau
∞ 18.10.1813 Freiwaldau
Joseph Franz **Rother**

42. **PELKA**, Paul, * um 1795
∞ vor 1821
43. **KOSUBEK**, Clara, * um 1800

44. **BOCHEN**, Joseph, * ca. 1778, † nach 1803 Stiebendorf (?), Kr. Neustadt, Bez. Oppeln, Preußisch-Schlesien
∞ ca. 1802
45. **BIALEK**, Elisabeth, * ca. 1780, † nach 1803 Stiebendorf (?)

46. **PIOSEK**, Peter, Bauer in Stiebendorf, Kr. Neustadt, Bez. Oppeln, Preußisch-Schlesien, * ca. 1800 Stiebendorf (?), † nach 1825 Stiebendorf (?)
∞ vor 1825 Stiebendorf (?)
47. **KLIMEK**, Martha, * um 1800 Stiebendorf (?), † nach 1825 Stiebendorf (?)

---

49. **SELLMANN**, Friedericke Sophia, (Witwe Friedrich **Randt** nach 1867), * 1811 Lübz, † 1875 Lübz (?)
∞ 1834 Lübz
Johann Christian Friedrich **Randt**

50. **BREWISCH**, Karl Heinrich, Arbeitsmann in Rostock (1850), * ca. 1825, † nach 03.06.1850 Rostock (?)
∞ ca. 1849
51. **SOLLMANN**, Christina, * ca. 1825, † nach 1850 Rostock (?)

58. **HINTZE**, Heinrich, Kathenmann in Hof Reinshagen (1851), * ca. 1825, † nach 1851 Reinshagen, Mecklenburg-Schwerin
∞ ca. 1850
59. **KÖNIG**, Sophia, * ca. 1827, † nach 1851 Reinshagen (?)

63. **FREESE**, Margarethe Katharine, * ca. 1820, † nach 28.11.1844 (Fissau, heute OT von Eutin) (?)

6. Ahnenreihe [64-95 / 96-127]

68. **Jülge**, Michael (Johann), Anbauer in Rausen, * um 07.03.1740 Rausen 49 (?), † 07.09.1827 Rausen 49
∞ II. um 1786 Theresia **Steier**

∞ I.

69. **Haller**, Theresia, * um 1754 Liebenthal (?), † 14.04.1828 Rausen 49

70. **Tenschert**, Johann Georg, Bauerauszügler von Rausen (1825), * um 1747 Rausen 5?, † 08.02.1828 Rausen 5
∞ ca. 1778 Röwersdorf?

71. **Heisig**, Johanna, * um 04.05.1758 Röwersdorf (?), † 04.09.1824 Rausen 5

72. **Rotter**, Joann Nepomucen Joseph, rk, „Leinwäber" und Zeugmacher (1778), Webermeister (1791), Weber (1813) in Freiwaldau 190, * 03.06.1754 Weidenau, ~ 03.06.1754 Weidenau (Taufpaten: Andreas **Winckler**, Raths-Adjunctus und Maria Clara, des Johann Georg **Hoffmans**, Bürgers und Meister-Züchners Tochter), † 13.02.1827 Freiwaldau
∞ 26.10.1778 Freiwaldau

73. **Prießnitz**, Elisabeth, * um 1751, † 25.03.1830 Freiwaldau

74. **HABICHT**, Kasper, Häusler in Böhmischdorf 67 (1790), Gärtner dort (1810), Auszügler (1827), * um 24.05.1747, † 24.05.1827 Böhmischdorf
∞ ca. 1786 Böhmischdorf

75. **Hackenberg**, Anna Rosina, * um 15.09.1749, † 15.09.1810 Böhmischdorf

76. **Neugebauer**, Johann Joseph, rk, Wirtschafter (1790), Inwohner in Streitenhau 3, * 25.06.1757 Streitenhau, ~ 25.06.1757 (Taufpaten: Aus der Vorstadt „Freiheit" und aus Franckenhau), † 29.07.1839 Streitenhau
∞ 03.02.1783 Streitenhau
Anna Catharina **Streith**

78. **Neugebauer**, Franz Anton, Wirtschafter (1789) in Freiwaldau, * 28.10.1768, † 19.02.1810 Freiwaldau
∞ 26.10.1789 Freiwaldau
Elisabeth Johanna **Göbel**

---

96. **Randt**, Johann Jacob, ev, * 28.07.1776 Broock, Kirchspiel Barkow, Mecklenburg, ~ 28.07.1776 Broock, † 07.05.1850 Lübz
∞ 05.11.1805

97. **RIECK**, Anna Elisabeth, * ca. 1780, † nach 07.05.1812 Lübz (?)

7. Ahnenreihe [128-191 / 192-255]

132. **Kunisch**, Martin, Auszügler (1785), * 31.01.1705 Grosse 23, † 31.01.1785 Grosse 23
∞ 14.02.1731 Grosse (?)

133. **SCHÄFER**, Rosalia, * um 15.09.1707 Grosse, † um 14.02.1779 Grosse 23 (?)

138. **HALLER**, Josef, Anbauer in Liebenthal, * um 1735, † Liebenthal (?)

140. **TENSCHERT**, Georg, * um 1720, † Rausen 5 (?)
∞
141. **N.N.**, Elisabeth, * ca. 1720, † nach 1747 Rausen 5 (?)

142. **HEISIG**, Johann, Fleischhauermeister in Röwersdorf (Eintrag 1844), * ca. 1733, † Röwersdorf (?)

144. **ROTTER**, Frantz, „Bürger und Meister Züchner vor dem Werthor" (1754), „Wäbermeister" (1778), * um 1730, † nach 1754 Weidenau (?)
∞ vor 1754 Weidenau (?)
145. **ROTTER**, Anna Maria, * um 1730, † nach 03.06.1754 Weidenau (?)

146. **PRISSNITZ**, Casper, Zimmermann in Freiwaldau 82 (1778), * ca. 1725, † nach 1751 Freiwaldau (?)

150. **HACKENBERG**, Kasper, Häusler in Böhmischdorf (1790), * ca. 1742, † nach 1790 Böhmischdorf (?)

152. **NEUGEBAUER**, Friedrich, * ca. 1730 Streitenhau (?), † nach 25.06.1757 Streitenhau (?)
∞
153. **NEUGEBAUER**, Elisabeth

154. **Streith**, Hannß, * um 1713 Streitenhau (?), † 02.01.1783 Streitenhau
∞ 20.10.1742
155. **Geyer**, Catharina Anna, * um 1721 Buchelsdorf, † 07.10.1778

156. **NEUGEBAUER**, Johann Anton, (Bürger von Freiwaldau, Haus 202 ?) Taglöhner, * um 1740, † nach 1767 Freiwaldau (?)
∞ ca. 1767
157. **FRANKE**, Veronica, * ca. 1745, † nach 28.10.1768 Freiwaldau (?)

159. **Müldner**, Catharina, * um 1730, † nach 1763 Niederlindewiese (?)
∞ 22.01.1753 Freiwaldau
Johann **Göbel**

---

192. **RANDT**, Georg Christoph, * 1750 Broock, Kirchspiel Barkow, Mecklenburg, † 1819 Broock

∞ 05.11.1773 Broock
Maria Dorothea **Brockmann**

8. Ahnenreihe [256-383 / 384-511]

264. **KUNISCH**, Georg, * 1676 Grosse

308. **STREITH**, Georg, Bauer im Hau (gemeint: Haugemeinden von Freiwaldau), * ca. 1685 Streitenhau, † nach 1710 Streitenhau (?)

310. **GEYER**, Valentin, Bauer und Gerichtsgeschworener in Buchelsdorf, * ca. 1695, † nach 1721 Buchelsdorf (?)

316. **Göbel**, Caspar, Haußmann von Lindewiese (1753), * um 1710 Lindewiese?, † nach 17.02.1734 Lindewiese (?)
∞ 17.02.1734 Freiwaldau
317. **Niestler**, Elisabeth, * ca. 1710 Freiwaldau?, † nach 17.02.1734 Lindewiese?

318. **MÜLDNER**, Baltzer, gewesener Haußmann in Lindewiese (1753), * um 1710

---

386. **Brockmann**, Jacob Jürgen, ev, Hauswirth und Kirchjurat (1790) in Karow, * 1710 Broock, Kirchspiel Barkow, † 12.12.1790 Barkow, Dominial-Amt Lübz, Mecklenburg, □ 16.12.1790

9. Ahnenreihe [512-767 / 768-1.023]

632. **GÖBEL**, Tobias, Bauer, * ca. 1685, † nach 1710 Lindewiese (?)

634. **NIESTLER**, Caspar, Bürger in Freiwaldau (1734), * ca. 1685, † nach 1710 Freiwaldau (?)

---

772. **BROCKMANN**, Christian, * ca. 1680, † nach 1751 Broock
∞
773. **HINZPETER**, Elisabeth, * um 1686 Broock, † nach 1751 Broock

Die Familie Sandfort aus Rentrup

von Christian Loefke

Der Erbkotten Sandfort (Sandfurt) in der Bauerschaft Rentrup im Kirchspiel St. Vit gehörte ursprünglich zum Allodialbesitz der Familie Hachmeister und war zusammen mit deren Pfandbesitz Anfang des 16. Jahrhunderts durch Mauritz von Amelunxen für das Bistum Osnabrück, speziell für das Amtshaus Reckenberg eingelöst worden. Namentlich wird der Kotten 1528 in der Viehschatzung genannt, als der Aufsitzer für 3 Pferde, 1 Stoppe, 4 Kühe/Ochsen, 2 Kälber, 3 Schweine und 2 Schafe auf 18 ß geschatzt wurde.[1]

Die für die frühe Familiengeschichte der Reckenberger Eigenbehörigen maßgebliche und bereits in Teilen[2] publizierte Konskription von 1652/60 verzeichnet auf fol. 205v-206r die Familienangehörigen des Sandfort-Kottens. Dort werden als Kinder der namentlich nicht mehr bekannten Großeltern des 1652/60 aktuellen Aufsitzers vier Töchter genannt, deren jüngste, Ida, den Kotten geerbt haben soll. Ihr Vater soll von Rietberg, die Mutter von Münster angewechselt gewesen sein. Sie selbst, Ida Sandfort, hatte sich an Peter Claesimlohe verheiratet; deren Sohn Johann ist dann der Kötter von 1652.

Diese Aufzeichnungen stehen aber teilweise im Widerspruch zu den im Eingang der 1652er Konskription als Grundlage genannten Rentei-Akten und der Konskription von 1636.[3] Anhand der Rentei-Akten ließ sich ein Anton Sandfurt als der nicht namentlich genannte Vater der „vier" Töchter ausmachen, der um 1580 an der Pest verstorben war, da seine Witwe seinen Nachlass zwischen Ostern 1580 und Ostern 1581 auf 12 Thaler dingte. Im Jahr 1584 heiratete dann ein Peter Hakenkamp die Witwe des Anton Sandfurt und wurde Wehrfester auf dem Kotten. Hier ergibt sich bereits die erste Unstimmigkeit. Entweder ist Peter Claesimlohe oder Peter Hakenkamp der Nachfolger von Anton Sandfurt. Allerdings findet sich noch Mitte des 17. Jahrhunderts im Wiedenbrücker Kirchenbuch ein Taufeintrag des Batenhorster Kottens Claesimlohe, in dem dieser als „Claesimlohe alias Hakenkamp" bezeichnet wird.[4] Danach könnte es sich bei Peter Claesimlohe und Peter Hakenkamp um ein und dieselbe Person

1 Hansmerten, Viehschatzregister 1528, S. 44.

2 Erich Pott (1906-1987) hat in den 1980er Jahren in den Gütersloher Geschichtsquellen, Heft 4, die Höfe des nördlichen Teils des Amts Reckenberg, der sogenannten Wüstevogtei, publiziert. Das Kirchspiel St. Vit gehörte aber zur Langenberger Vogtei, somit harren diese Höfe noch der Veröffentlichung.

3 Auch die Konskription von 1636 ist bereits in Teilen von Erich Pott publiziert worden (Gütersloher Geschichtsquellen, Heft 1 und Heft 3), allerdings auch hier nur die Wüstevogtei und nicht auch die Langenberger Vogtei.

4 Flaskamp, Taufbuch Wiedenbrück 2, S. 10.

handeln. Bleibt die Frage nach der Ehefrau: war es die Witwe oder die Tochter des Anton Sandfurt?

Nach der Reckenberger Eigenbehörigen-Konskription hatte Anton Sandfurt neben der Erb-„tochter“ Ida noch drei weitere Töchter. Zwei von diesen lassen sich anhand weiterer Quellen belegen und müssten danach zwischen 1560 und 1570 geboren worden sein. Da im Amt Reckenberg häufig das Jüngsten-Erbrecht angewandt wurde, könnte Ida also die jüngste Tochter des Anton gewesen sein und wäre dann zwischen 1570 und 1580 geboren. Das passt jedoch nicht zu einer Heirat um 1580/84. Auch die Angaben zur nächsten Generation auf dem Hof wollen sich nicht so recht in ein Bild fügen. Die drei Brüder Peter, Engelbert und Johann Sandfort werden 1621 gebrüchtet, da sie eine Prügelei mit erheblichem Personenschaden angezettelt hatten. Sie dürften damals zwischen 18 und 25 Jahren alt gewesen sein. Der jüngste Bruder Johann wird – noch zu Lebzeiten seines Vaters – 1625 Erbe des Kottens, war nach Landessitte also volljährig, d. h. 27 Jahre alt und um 1598 geboren. Sollte also die Witwe des Anton Sandfurt, deren Töchter ab ca. 1560 geboren worden waren, im hohen Alter mit ihrem zweiten Ehemann noch mehrer Kinder gezeugt haben? Nicht unmöglich aber eher unwahrscheinlich.

Die schon erwähnte Konskription von 1636 zeigt ein etwas anderes Bild dieser Generation. Danach[5] war der Vater des Johann Sandfort, Peter, von Rietberg angewechselt worden, und die Mutter Ida ebenfalls auf den Hof gekommen! Mit dieser Nachricht fügt sich das Familienbild schon wesentlich besser zusammen: Anton Sandfurt hatte wohl zweimal geheiratet. Aus der ersten Ehe stammten mindestens zwei Töchter. Aufgrund der lückenhaften und sporadischen Quellenüberlieferung lässt sich seine zweite Ehe nicht nachweisen. Wahrscheinlich ist er aber seit den späten 1570er Jahren mit der nachfolgenden Ida verheiratet, die als Witwe den Peter Claasimlohe heiratete. Ob bereits Anton Sandfurt und seine (erste) Frau von Rietberg und Münster angewechselt wurden, muss offen bleiben. Der Hinweis auf diese Wechselung in der 1652er Konskription dürfte sich aber auf das nächste Wehrfesterpaar, Peter und Ida, beziehen, da Peter Claasimlohe sicher von Rietberg angewechselt wurde. Die Kinder aus dieser Ehe setzten die Hoffolge fort.

Die folgende Ausarbeitung basiert in Teilen auf den Zusammenstellungen und Kirchenbuchauszügen zu den Vorfahren Sandfort, die Klaus Grüning (†) im Jahr 2002 zur Verfügung stellte. Die Zusammenstellung folgt den verschiedenen Linien bis etwa zur Mitte des 19. Jahrhunderts. Allerdings ließen sich nicht alle in den Kirchenbüchern verzeichneten Namensträger in die Stammfolge einfügen. Wie schon zu Beginn der Stammfolge am Ende des 16. Jahrhunderts kommt in der Mitte des 18. Jahrhunderts eine ganz neue Familie auf den Sandfort-Kotten, sie wird im Folgenden am Schluß unter „Sandfort II (des Stammes Hütig)“ aufgeführt. Die Nummerierung der Generationen erfolgt in arabischen

5 OS-AR 137b, fol. 73v.

Zahlen (01 bis 07), denen eine generationsweise fortlaufende Zählung der den Stamm fortführenden Namensträger folgt. In der folgenden Zusammenstellung ist diese generationsweise Abfolge beibehalten.

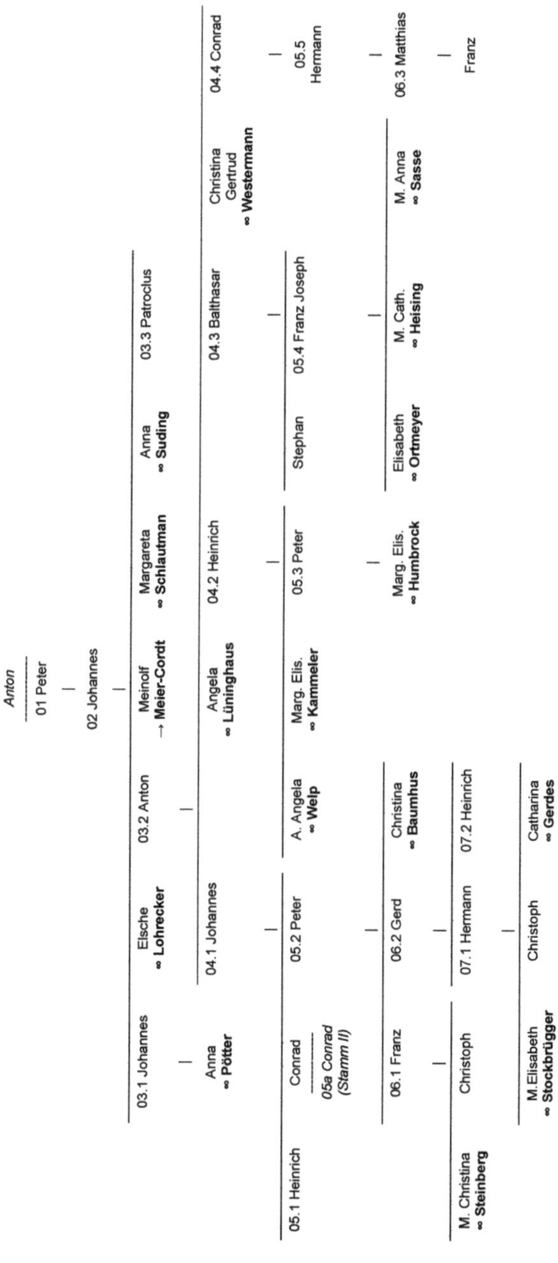

01 Anton (Tonies) **Sandfurt**
† um 1580 an der Pest,[6] Kötter in Rentrup;
∞ I. um 1550/55
NN,[7]
∞ II. um 1575
Ida **NN**, † vor 1630, wahrscheinlich von Münster angewechselt, dingt 1580/81 den Sterbfall ihres Mannes;[8]
(sie: ∞ II. um 1584[9]
Peter **Claesimlohe gen. Hakenkamp gen. Sandfurt**, * Batenhorst um 1555, † um 1627,[10] Kötter auf dem Amt Reckenberger Kotten Sandfurt in der Bauerschaft Rentrup im Ksp. St. Vit, S.d. Jasper Claesimlohe gen. Hakenkamp).

Kinder aus erster Ehe:[11]
1) Catharina **Sandfurt**, Dienstmagd, erhält 1588 ihren Freibrief für 3 Rt.[12]
2) Gertrud **Sandfurt**, † vor 1660, bürgert in Wiedenbrück 1590 ein;[13]
∞
NN **Wiemann**, 1599 in der Rauchschatzung nicht genannt,[14] ...
3) Margareta (Grete) **Sandfurt**, † vor 1660.

Kinder aus der Ehe Peter Claesimlohe gen. Sandfurt / Ida NN:
4) Engelbert **Sandfurt**, † vor 1636, wird 1617 auf 5 Rt gebrüchtet, weil er Strothtonies und dessen Frau sowie Kranes Sohn gefährlich verwundet hat.[15]
5) Peter **Sandfurt**, gebrüchtet 1621, wird gewechselt.[16]
6) Elsche **Sandfurt**, wird gewechselt, freigekauft und wohnt 1636 in Geseke.[17]
7) Johannes **Sandfurt**, Anerbe, → **02**.

---

6 OS-ZB 315; ob er auch von Rietberg angewechselt wurde, wie REC1652, fol. 205v angibt, lässt sich quellenmäßig bisher nicht weiter belegen.
7 Ihre Anwechslung von Münster (REC1652, fol. 205v) ist ebenfalls quellenmäßig nicht weiter belegbar. Wahrscheinlich bezieht sich dieser Hinweis auf die zweite Frau, Ida.
8 OS-ZB 315.
9 OS-ZB 315 (**1584**).
10 OS-ZB 331, Bd. 1, fol. 16v: Für seinen Nachlass mussten, da er den Kotten bereits übergeben hatte, nur 5 Thaler gezahlt werden.
11 Aufgrund der Überlegungen in der Einleitung ist hier die in REC1652, fol. 205v, genannte „Tochter“ Ida weggelassen.
12 OS-ZB 316 (**1588/89**).
13 Flaskamp, Bürgerlisten Wiedenbrück 1, S. 30 (**1590**).
14 Loefke, Rauchschatzung Wiedenbrück 1599.
15 OS-ZB 326, Bd. 2 (**1617**).
16 REC1652, fol. 205v; nach OS-AR 137b, fol.73v, ohne Leibeserben verstorben.
17 REC1652, fol. 205v; OS-ZB 137b, fol. 73v

02 Johannes **Sandfort**, S.d. Peter Claesimlohen gen. Sandfurt u.d. Ida NN (→ **01**)

* Rentrup um 1598, † St. Vit 4.2.1664, geschatzt 1630 als Erbkötter in der Bauerschaft Rentrup auf 10ß 6d, hatte in dem Jahr 1 Halbknecht und 1 Halbmagd bei sich auf dem Hof, 1651 mit Frau und 7 Kindern genannt;[18]

∞ I. um 1625[19]

Gertrud **Brökelmann**, † um 1632, geschatzt 1630 auf 5ß 3d;[20]

∞ II. NN;[21]

∞ III. um 1638[22]

Angela (Engel) **zur Wort gen. Strathenrich**, † Rentrup 21.3.1680, von Herzebrock angewechselt, T.d. Wiedenbrücker Schweinehirten Thonies Strathenrich.[23]

Kinder, alle geboren in Rentrup,
aus erster Ehe:

1) Johannes **Sandfurt**, * um 1627, → **03.1**.
2) Elisabeth (Elsche) **Sandfurt**, * um 1630, ☐ Wiedenbrück 19.1.1667;[24]
   ∞ Wiedenbrück 17.7.1658 (Tz: *Johan Kodinchaus et Kock Johan*)[25]
   Hermann **Lohrecker**, ☐ Wiedenbrück 23.5.1672, Anerbe des Reckenberger Lohrecker-Kottens in der Bauerschaft Lintel, S.d. Dietrich Lohrecker u.d. Anna Reker.[26]
   – Kinder Lohrecker, siehe Anhang –
3) Anton (Tonies) **Sandfort**, Anerbe, * um 1631, → **03.2**.

aus zweiter oder dritter Ehe(?):

---

18 Loefke, Kopfschatzregister 1630, S. 43 Nr. 289; Flaskamp, Totenbuch St. Vit 1, S. 12 (**1664**). – Halbknecht bzw. Halbmagd sind Bezeichnungen für Verwandte, die auf dem Hof lebten und arbeiteten. – In der Seelenstandsliste von **1651** werden Johannes Sandfort und seine Frau Angela sowie die Kinder Johannes und Elisabeth genannt. Die ebenfalls genannte Kinder Heinrich, Anton, Meinolf, Gertrud und Margareta waren angeblich noch jünger als 12 Jahre (Flaskamp, Seelenstandsliste, S. 42). Die Reihenfolge legt nahe, dass Heinrich älter als Meinolf war und evtl. aus der zweiten Ehe stammte.

19 OS-ZB 329, Bd. 2: Brökelmann gibt am 24. Januar 1625 für die Auffahrt seiner Tochter auf Sandforts Erbe 18 Thaler.

20 OS-ZB 332, Bd. 3: Für ihren Nachlass wurden 6 Rt gedungen (**1632/33**); Loefke, Kopfschatzregister 1630, S. 43 Nr. 289.

21 Ehe laut Aussage der Konskription von 1636, OS-AR 137b, fol. 74r.

22 OS-ZB 334, Bd. 2, fol. 19r: Strathenrich bestattet seine Tochter auf Sandforts Kotten für 8 Thaler (**1638**).

23 Flaskamp, Totenbuch Vit 1, S. 16 (**1680**); OS-ZB 334, Bd. 3, fol. 15r (**1639**): wird für 2 Thaler 10ß 6d als Angela zur Wort gegen Johann Maeses Tochter Elsche von Herzebrock an den Reckenberg gewechselt; REC1652, fol. 206r. – Zur Abstammung OS-AR 137b, fol. 74r.

24 Flaskamp, Totenbuch Wiedenbrück 2, S. 42 (**1667**).

25 Flaskamp, Traubuch Wiedenbrück 2, S. 20 (**1658**).

26 Flaskamp, Totenbuch Wiedenbrück 2, S. 55 (**1672**). – Zur Abstammung REC1652, fol. 10v-11r, und GGQ 4, S. 6, sowie Loefke, Eigenbehörige Wiedenbrück, S. 26.

4) Henrich **Sandfort**, * um 1638/40, † Rentrup 24.7.1666.[27]

aus dritter Ehe:

5) Meinolf (Nolte) **Sandfort gen. Moselage gen. Meyer-Cordt**, * um 1641, ☐ Wiedenbrück 8.8.1715 (*Arnold(!) Sandtfurt condictus Moselage, 80 annor(um)*),[28] dient um 1660 in Wiedenbrück, wird durch Heirat Bauer auf dem Hof Moselage (Meyer-Cordt) in der Bauerschaft Batenhorst;
∞ Wiedenbrück 25.10.1673 (Tz: *Tonies Santfort et Tonies Moselage*)[29]
Anna Elisabeth **Moselage gen. Meyer-Cordt**, ~ Wiedenbrück 11.6.1651 (Tp: *Otto Westerman, Anna Elisabet Schultzen et Elsa Maeses*), ☐ ebd. 24.12.1728 (*Elisabeth, vidua Meyer Cordts, 80 annor(um)*), Anerbin, T.d. Dietrich Moselage gen. Meyer-Cordt u.d. Elisabeth Gerling.[30]
– Kinder Moselage gen. Meyer-Cordt, siehe Anhang –

6) Gertrud **Sandfort**, * um 1643, ☐ Wiedenbrück 21.7.1693 (*Gerdrut Santvort condicta Schmidts*);[31]
∞ I. Wiedenbrück 11.10.1665 (Tz: *Johan Santfort et Henrich Volmer*)
Johannes **Rehorst**, ☐ Wiedenbrück 19.11.1681, S.d. Evert Rehorst u.d. Margareta Gerwin;
∞ II. Wiedenbrück 30.8.1683 (Tz: *Johan Santfort et Johan Otto Pötter*)[32]
Hermann **Schmidt**, Stricker, bürgert mit seiner Mutter aus Anröchte 9.11.1683 in Wiedenbrück ein,[33] S.d. NN Schmidt u.d. Gertrud Frerck.

7) Margareta (Gretike) **Sandfort**, * um 1646, ☐ Wiedenbrück 28.1.1716 (*Margaretha Santforth vidua Schlautmans, 70 annor(um)*);[34]
∞ Wiedenbrück 18.10.1671 (Tz: *Jaspar Schlautmann, Johann Sandfort*)[35]
Jaspar **Schlautmann**, ☐ Wiedenbrück 21.4.1675,[36] ... .
– Kinder Schlautmann, siehe Anhang –

8) Anna **Sandfort**, ~ St. Vit 23.7.1651 (Tp: *Johann zu Lümeren, Margareta Linzel, Anna Humme*), ☐ Wiedenbrück 12.3.1684;[37]
∞ St. Vit 27.11.1674 (Tz: –)[38]
Werner **Suding**, ☐ Wiedenbrück 27.9.1688,[39] Reiter, ...

---

27 Flaskamp, Totenbuch Vit 1, S. 12 (Jacobi-Abend **1666**).
28 KB WD To3, S. 35 (**1715**).
29 Flaskamp, Traubuch Wiedenbrück 2, S. 48 (**1673**).
30 Flaskamp, Taufbuch Wiedenbrück 2, S. 59 (**1651**); KB WD To3, S. 64 (**1728**).
31 Flaskamp, Totenbuch Wiedenbrück 2, S. 100 (**1693**).
32 Flaskamp, Traubuch Wiedenbrück 2, S. 66 (**1683**).
33 Flaskamp, Bürgerlisten Wiedenbrück 2, S. 43 (**1683**).
34 KB WD To3, S. 36 (**1716**).
35 Flaskamp, Traubuch Wiedenbrück 2, S. 44 (**1671**).
36 Flaskamp, Totenbuch Wiedenbrück 2, S. 60 (**1675**).
37 Flaskamp, Taufbuch Vit 1, S. 9 (**1651**); Flaskamp, Totenbuch Wiedenbrück 2, S. 81 (**1684**).
38 Flaskamp, Traubuch Vit 1, S. 12 (**1674**).
39 Flaskamp, Totenbuch Wiedenbrück 2, S. 90 (**1688**).

(er: ∞ II. Wiedenbrück 21.11.1684 (Tz: *Johan Schmiedt, Unterfogt, et Herman Schmiedt*)[40]
Margareta **Winkelmann**, ...).
– Kinder Suding, siehe Anhang –

9) Johann Patroclus **Sandfort**, ~ St. Vit 4.7.1655 (Tp: *Johan Rode aus Widenbrük und Patrocul Schönings und Craß von Hüttickes Dochter*),[41] → **03.3**.

10) Balthasar **Sandfort**, ~ St. Vit 18.5.1659 (Tp: *Balthasar Speilbusch, Jost Linsel, Margareta Nolcken*), † Rentrup 23.1.1660.[42]

03.1 Johann **Sandfort**, S.d. Johannes Sandfort u.d. Gertrud Brökelmann (→ **02**)

* Rentrup um 1627, ☐ Wiedenbrück 3.5.1713 (*Johan Sandfort, 92 annor(um)*), freigekauft, bürgert in Wiedenbrück 27.11.1660 ein;[43]

∞ Wiedenbrück 26.10.1660 (Tz: *Johan Veltman et Everdt Smiedt*)[44]

Elisabeth **von Ense gen. Basel**, * Stromberg um 1620, ☐ Wiedenbrück 21.1.1707 (*Elisabeth Bassels condicta Santforts, 96 annor(um)*), T.d. Heinrich von Ense u.d. Elisabeth Gröne;[45]

(sie: ∞ I. Wiedenbrück 31.5.1657 (Tz: *Johan Veltman et Henrich Volmer*)[46]
Otto **Nelling**, * Wiedenbrück um 1620, ☐ ebd. 26.5.1660,[47] S.d. Balthasar Nelling u.d. Elisabeth Hilthorst. – 1 Sohn Nelling –).

Kinder:[48]

1) Anna Elisabeth **Santfortt**, ~ Wiedenbrück 4.8.1661 (Tp: *Johan Santfort et Anna Barbara Oisterbroich*), ☐ ebd. 9.1.1751 (*Elisabeth Sandfort gen. Potters, 93 annor(um)*);[49]
∞ Wiedenbrück 24.10.1684 (Tz: *Christoph Pötter et Johan Santfort*)[50]
Otto **Pötter**, ~ Wiedenbrück 14.8.1661 (Tp: *Otto Dotte et Agnes Gröne*), ☐ ebd. 6.11.1708, Ratsherr in Wiedenbrück, S.d. Christopher Pötter u.d.

---

40 FLASKAMP, Traubuch Wiedenbrück 2, S. 69 (**1684**).
41 FLASKAMP, Taufbuch Vit 1, S. 12 (**1655**).
42 FLASKAMP, Taufbuch Vit 1, S. 14 (**1659**); FLASKAMP, Totenbuch Vit 1, S. 11 (**1660**).
43 KB WD To3, S. 30 (**1713**); REC1652, fol. 206r; FLASKAMP, Bürgerlisten Wiedenbrück 2, S. 34 (**1660**).
44 FLASKAMP, Traubuch Wiedenbrück 2, S. 24 (**1660**).
45 KB WD To3, S. 14 (**1707**). – Zur Familie von Ense vgl. STEINBICKER, von Ense, S. 64-66.
46 FLASKAMP, Traubuch Wiedenbrück 2, S. 18 (**1657**).
47 FLASKAMP, Totenbuch Wiedenbrück 2, S. 30 (**1660**); wird 1649 als Sohn des verstorbenen Balthasar Nelling und dessen Frau Elisabeth Hilthorst im Langenbrückenpfortenhof geschatzt (LOEFKE, Kopfschatzung Wiedenbrück 1649, S. 12).
48 Bei dem am 29.11.1667 begrabenen Kind (FLASKAMP, Totenbuch Wiedenbrück 2, S. 45) handelt es sich wahrscheinlich um den Stiefsohn Stephan Nelling (~ Wiedenbrück 11.12.1657).
49 KB WD Tf3, S. 36 (**1661**); KB WD To3, S. 140 (**1751**).
50 FLASKAMP, Traubuch Wiedenbrück 2, S. 68 (**1684**).

Anna Gerding.[51]
– Kinder Pötter, siehe Anhang –

2) Anton **Santfort**, ~ Wiedenbrück 27.1.1670 (Tp: *Johan Renhorst et Catharina Hellers*), □ ebd. 6.2.1670.[52]

03.2 Anton (Tonies) **Sandfort**, S.d. Johannes Sandfort u.d. Gertrud Brökelmann (→ **02**)
* Rentrup um 1631, † ebd. 23.3.1700, reckenbergisch-eigenbehöriger Erbkötter in der Bauerschaft Rentrup;[53]
∞ St. Vit 29.7.1668 (Tz: –)[54]
Elisabeth (Elsche) **Uckmann**, ~ Wiedenbrück 24.5.1649 (Tp: *Dirick thom Buxel et Elsa Emsmans et Sara Smelters*), † Rentrup 4.4.1721 (*Elisabeth Santfort*), T.d. Heinrich Uckmann, Kötter in der Bauerschaft Ems, u.d. Anna zur Wort.[55]

Kinder, alle getauft in St. Vit (kath.):

1) Maria **Sandfort**, ~ 24.6.1670 (Tp: *Anna Lusmeyersche, Maria Herbrüggersche, der alte Uckmann*).[56]
2) Johannes **Sandfort**, ~ 19.7.1673 (Zwilling; Tp: *Otto tor Wort et Johan Rehhorst, von Hodtfillker Anna*),[57] Anerbe, → **04.1**.
3) Angela **Sandfort**, ~ 19.7.1673 (Zwilling; Tp: *Catharina Otterpol und Angela Hüttickes et Cort Uckman*), □ Wiedenbrück 22.2.1733 (*65 annor(um)*), als 2. Zwilling von Geburt an frei(!), bürgert in Wiedenbrück 22.11.1701 ein;[58]
∞ I. Wiedenbrück 15.11.1701 (Tz: *Johan Santfort et Stephan Gröne*)[59]
Heinrich **Lüninghaus**, ~ Wiedenbrück 15.2.1660 (Tp: *Henrich Lüninghauß et Catharina Lüninghauß*), □ Wiedenbrück 16.5.1718 (*58 annor(um)*), Drillmacher 1701, wohnt Haus 15 (Lange Str. 4), S.d. Johannes Lüninghaus u.d. Catharina Schmidt;[60]
(er: ∞ I. um 1688

---

51 KB WD Tf3, S. 36 (**1661**); KB WD To3, S. 18 (**1708**). – Vgl. zu den Vor- und Nachfahren Pötter, Familie (passim).
52 KB WD Tf3, S. 104 (**1670**); Flaskamp, Totenbuch Wiedenbrück 2, S. 50 (**1670**).
53 Flaskamp, Totenbuch Vit 1, S. 21 (**1700**).
54 Flaskamp, Traubuch Vit 1, S. 11 (**1668**).
55 Flaskamp, Taufbuch Wiedenbrück 2, S. 37 (**1649**); Flaskamp, Totenbuch Vit 1, S. 24 (**1721**). Ossenbrink, Leibeigenthumbsbuch Rheda, S. 21f.
56 Flaskamp, Taufbuch Vit 1, S. 20 (**1670**).
57 Flaskamp, Taufbuch Vit 1, S. 21 (**1673**).
58 Flaskamp, Taufbuch Vit 1, S. 21 (**1673**); KB WD To3, S. 83 (**1733**); Flaskamp, Bürgerlisten Wiedenbrück 2, S. 50 (**1701**).
59 Flaskamp, Traubuch Wiedenbrück 2, S. 98 (**1701**).
60 KB WD Tf3, S. 26 (**1660**); KB WD To3, S. 41 (**1718**); Flaskamp, Bürgerlisten Wiedenbrück 2, S. 50 (**1701**); Temme, Häuser 1, S. 67.

Anna Catharina **Schmidt**, □ Wiedenbrück 13.5.1701);[61]

∞ II. Wiedenbrück 16.4.1720 (Tz: *Carl Heising et --- Turisus*),[62] kinderlos Johann Heinrich **Knöbel**, ~ Wiedenbrück 5.10.1692 (Tp: *Gerdt Knobel et Christina Uhrmeister*), □ ebd. 28.4.1740 (*48 annor(um)*), S.d. Heinrich Knöbel u.d. Catharina Uhrmeister.[63]

– Kinder Lüninghaus, siehe Anhang –

4) Anna Margareta **Sandfort**, ~ 5.5.1676 (Tp: *Brünickenhagesche und Steferische und Mollenbrock*),[64] ...

5) Henrich **Sandfort**, ~ 9.4.1679 (Tp: *Henrich Uckman und Johan Santfort undt Meyersche Cordt*), → **04.2**.[65]

6) Balthasar Hermann **Sandfort**, ~ 1.2.1682 (Tp: *Balthasar jetziger Lusmeyer und Herman Slottman und die Hülsman aus den Kespel Hertzebrock*), → **04.3**.[66]

7) Conrad **Sandfort**, ~ 24.2.1686 (Tp: *dei Stricker aus Widenbrügk und* [...] *Cort von Cortsen und dei Uckmansche*), → **04.4**.[67]

8) Anna Catharina **Sandfort**, ~ 30.1.1689 (Tp: *Dreises Frowe und von Künnens und dei Lütticke Rodische aus der Baur Battenhorst*), † Rentrup 14.2.1689.[68]

9) Christina Gertrud **Sandfort**, ~ 9.4.1690 (Tp: *Gerdrudt von Santfort undt Christina von Mollenbrock undt Johan von Kleinen Hüttick*);[69]

∞ I. Herzebrock 7.2.1717 (Tz: –)[70]

Fritz **Westermann**, ~ Herzebrock 27.9.1671 (Tp: *Fridericus Breische et Catharina Schemmens*), † um 1728, Anerbe des Herzebrocker Hofes Westermann in der Bauerschaft Pixel, S.d. Heinrich Westermann u.d. Lucia Cordt-Kocker;[71]

∞ II. Herzebrock 1.3.1729 (Tz: –)[72]

Heinrich **Sötebier gen. Westermann**, ...

10) Anton **Sandfort**, ~ 8.2.1693 (Tp: *der Herbrügger undt Baltes von Lümeren undt Ennicke von Brünickenhagen*),[73] ...

---

61 FLASKAMP, Totenbuch Wiedenbrück 2, S. 116 (**1701**).

62 KB WD Tr3, S. 29 (**1720**).

63 KB WD Tf3, S. 260 (**1692**); KB WD To3, S. 104 (**1740**). – In zweiter Ehe heiratete er um 1734 Anna Catharina Schröder, siehe unten S.50.

64 FLASKAMP, Taufbuch Vit 1, S. 24 (**1676**).

65 FLASKAMP, Taufbuch Vit 1, S. 26 (**1679**).

66 FLASKAMP, Taufbuch Vit 1, S. 27 (**1682**).

67 FLASKAMP, Taufbuch Vit 1, S. 30 (**1686**).

68 FLASKAMP, Taufbuch Vit 1, S. 31 (**1689**); FLASKAMP, Totenbuch Vit 1, S. 18 (**1689**).

69 FLASKAMP, Taufbuch Vit 1, S. 32 (**1690**).

70 KB Herzebrock, Heiraten 1692-1744, S. 16 (**1717**).

71 Zur Familie Westermann vgl. demnächst in diesem Jahrbuch OSSENBRINK, Jochen: Kleine Hof- und Familiengeschichte Westermann zu Pixel.

72 KB Herzebrock, Heiraten 1692-1744, S. 19 (**1729**), als „Henr. Niehuss et Getrudt.Westerman, Pixel"

73 FLASKAMP, Taufbuch Vit 1, S. 34 (**1693**).

03.3 Johann Patroclus **Sandfort**, S.d. Johannes Sandfort u.d. Angela zur Wort gen. Strathenrich **(→ 02)**
~ St. Vit 4.7.1655 (Tp: *Johan Rode aus Widenbrük und Patrocul Schönings und Craß von Hüttickes Dochter*), □ Wiedenbrück 19.2.1715 (*Patrocul Sandfort, 60 annor(um)*);[74]
∞ St. Vit 29.1.1697 (Tz: –)[75]
Elisabeth **Osterbrock**, * auf der Marburg bei Rheda um 1662, □ Wiedenbrück 6.1.1724 (*Elisabeth Öesterbrocks, vidua Santforths, 62 annor(um)*).[76]

Kinder, getauft in Wiedenbrück (kath.):
1) Johann Henrich **Santfort**, ~ 27.2.1701 (Tp: *Johan Sandtfort et Maria Hutingh*), □ Wiedenbrück 7.2.1703.[77]
2) Anna Elisabeth **Santfort**, ~ 31.8.1704 (Tp: *Johan Loher et Anna Elisabeth Merschmans*).[78]

04.1 Johannes **Sandfort**, S.d. Anton (Tonies) Sandfort u.d. Elisabeth (Elsche) Uckmann (→ **03.2**])
~ St. Vit 19.7.1673 (Tp: *Otto tor Wort et Johan Rehhorst, von Hodtfillker Anna*), † Rentrup 18.2.1723, reckenbergisch-eigenbehöriger Erbkötter in der Bauerschaft Rentrup;[79]
∞ St. Vit 24.11.1709 (Tz: *Henricus Brünckenhaigen et Henricus Winter*)[80]
Anna Christina **Lackmann**, ~ Stromberg 20.12.1676 (Tp: *Henrich Burman et Anna Christina Schulten*), † Rentrup 22.4.1746, T.d. Jobst Lackmann u.d. Maria Westhoff;[81]
(sie: ∞ II. St. Vit 2.6.1723 (Tz: *Herman Meintrup et Godfrid Witlage*)[82]
Steffen **Leimker gen. Sandfort**, † Rentrup und □ St. Vit 10.6.1737 (*Steffen Santfort*), gewinnt den Kotten Sandfort in der Bauerschaft Rentrup, kinderlos).[83]

Kinder, alle getauft in St. Vit (kath.):
1) Christina Elisabeth **Santfort**, ~ 25.10.1710 (Tp: *die alte Santfortsche, die Pöttersche und ihr* [d.i. Anna Christina Lackmanns] *Süster Sohn*), † St. Vit

74 Flaskamp, Taufbuch Vit 1, S. 12 (**1655**); KB WD To3, S. 34 (**1715**).
75 Flaskamp, Traubuch Vit 1, S. 15 (**1697**).
76 KB WD To3, S. 55 (**1724**).
77 KB WD Tf3, S. 311 (**1701**); KB WD To3, S. 5 (**1703**).
78 KB WD Tf4, S. 20 (**1704**).
79 Flaskamp, Taufbuch Vit 1, S. 21 (**1673**); Flaskamp, Totenbuch Vit 1, S. 25 (**1723**).
80 Flaskamp, Traubuch Vit 1, S. 17 und Flaskamp, Traubuch Vit 2, S. 7 (**1709**).
81 KB Stromberg, Taufen 1636-1802, S. 43a (**1676**); Flaskamp, Totenbuch Vit 1, S. 31 (**1746**).
82 Flaskamp, Traubuch Vit 1, S. 19 (**1723**).
83 Flaskamp, Totenbuch Vit 1, S. 29 (**1737**).

15.1.1747;[84]
o-o Gerdt **Hütig**.
Kind:
a) Anna Margaretha [**Hütig**], ~ St. Vit 27.3.1744 (Tp: *Anna Margareta Hüttig, Anna Brockmeyger, Johan Peter Santfort*).[85]

2) Johann Heinrich **Santfort**, ~ 8.10.1712 (Tp: *Limberg, Lackman und die Inkmansche*),[86] → **05.1**.

3) Johann Conrad **Santfort**, ~ 6.1.1715 (Tp: *Schulte to Lintzel, Hottfilcker und die Severinsche*), † Rentrup, ☐ St. Vit 15.3.1740, Erbkötter in der Bauerschaft Rentrup, kinderlos;[87]
∞ St. Vit 25.11.1736 (Tz: *Johan Henerich Santfort, Frans Bröntrup*)[88]
Anna Gertrud **Bröntrup**, ~ St. Vit 9.11.1719 (Tp: *Maria Winter, Unerhästische* [Underhorstische] *und Henrich Lücke*), † Rentrup 28.2.1744, T.d. Conrad Rentrup gen. Bröntrup u.d. Anna Christina Winter;[89]
(sie: ∞ II. St. Vit 18.6.1740 (Tz: *Henerich Hüttig, Philipp Witlake*)[90]
Conrad Johann **Hütig gen. Sandfort**, ~ Wiedenbrück 20.10.1709 (Tp: *Johan Stever et Margaretha Reckmeyer*), † Rentrup 22., † St. Vit 24.6.1787 (*85 Jahr alt*), gewinnt den Erbkotten Sandfort in der Bauerschaft Rentrup, gen. 1765 als Witwer, Leibzüchter (1787), S.d. Jobst Hütig u.d. Catharina Winter);[91]
weiter bei Sandfort II (des Stammes Hütig) → **05a**.

4) Peter **Santfort**, ~ 15.8.1719 (Tp: *Otto Hülsman, Peter Müllenbrock, Lackmans Togter*),[92] → **05.2**.

04.2 Heinrich **Sandfort**, S.d. Anton (Tonies) Sandfort u.d. Elisabeth (Elsche) Uckmann (→ **03.2**)
~ St. Vit 9.4.1679 (Tp: *Henrich Uckman und Johan Santfort undt Meyersche Cordt*), ☐ Wiedenbrück 17.1.1746 (*74 annor(um)*), bürgert mit Frau und Tochter 13.2.1711 in Wiedenbrück ein;[93]

---

84 FLASKAMP, Taufbuch Vit 1, S. 43 (**1710**); FLASKAMP, Totenbuch Vit 1, S. 31 und FLASKAMP, Totenbuch Vit 2, S. 21 (**1747**).
85 FLASKAMP, Taufbuch Vit 1, S. 65 (**1744**).
86 FLASKAMP, Taufbuch Vit 1, S. 45 (**1712**).
87 FLASKAMP, Taufbuch Vit 1, S. 46 (**1715**); FLASKAMP, Totenbuch Vit 1, S. 29 und FLASKAMP, Totenbuch Vit 2, S. 19 (**1740**).
88 FLASKAMP, Traubuch Vit 1, S. 21 (**1736**).
89 FLASKAMP, Taufbuch Vit 1, S. 49f. (**1719**); FLASKAMP, Totenbuch Vit 1, S. 30 (**1744**). – Vgl. zu ihr und ihren Vorfahren BONSE / LOEFKE, Meier zu Rentrup, S. 116 und 105.
90 FLASKAMP, Traubuch Vit 1, S. 22 (**1740**).
91 KB WD Tf3, S. 59 (**1709**); FLASKAMP, Totenbuch Vit 3, S. 5 (**1787**); OS-ZB 165, pag. 18v (**1765**).
92 FLASKAMP, Taufbuch Vit 1, S. 49 (**1719**).
93 FLASKAMP, Taufbuch Vit 1, S. 26 (**1679**); KB WD To3, S. 126 (**1746**); FLASKAMP, Bürgerlisten Wiedenbrück 2, S. 54 (**1711**).

∞ I. St. Vit 11.2.1709 (Tz: *Joannis Sanfort et Wilebrandi Brunckenhaigen*)[94]
Anna Margaretha **Borchard (Borchelts)**, * um 1673, ☐ Wiedenbrück 15.4.1721 (*Anna Margaretha Borchelts condicta Santvort, 49 annor(um)*).[95]
∞ II. Wiedenbrück 24.6.1721 (Tz: *Christian Bröker et Bals Santvorth*)[96]
Catharina Elisabeth **Kerckweger**, ~ Wiedenbrück 5.2.1688 (Tp: *Everdt Bröker et Cath(arina) Walkenfort*), ☐ ebd. 23.12.1745 (*Anna Cathar(ina) Kerckweeger gen. Sandtfohrt, 56 annor(um)*), bürgert aus dem Kirchspiel in die Stadt Wiedenbrück am 5.12.1721 ein, T.d. Christoph Bröker gen. Kerckweger u.d. Margareta Strothmann.[97]

Kinder, erster Ehe:

1) Maria Elisabeth **Santfort**, ~ St. Vit 2.4.1709 (Tp: *die Hottfilckersche und Große Roden Tochter und Stalp*), 13.2.1711 Einbürgerung in Wiedenbrück, ☐ Wiedenbrück 11.5.1716 (*Henrichen Sandfurts Kind, 7 annor(um)*).[98]
2) Johann Heinrich **Sandfurt**, ~ Wiedenbrück 10.7.1712 (Tp: *Henrich Lüninghauß et Catharina Lümeren condicta Moselagen*), ☐ ebd. 5.9.1714 (*Henrichen Sandforts kind, 2 ½ annor(um)*).[99]
3) Peter Heinrich **Santforth**, ~ Wiedenbrück 25.3.1716 (Tp: *Elisabeth Santforths et Johan Lumeren*), ☐ ebd. 6.6.1716 (*Hinrich Santforths Kindt, 11 septimanar(um)*).[100]

zweiter Ehe, alle getauft in Wiedenbrück (kath.):

4) Anna Angela **Sandfort**, ~ 18.7.1722 (Tp: *Angela Sandfort condicta Knöbbel*), ☐ Wiedenbrück 2.7.1784 (*62 annor(um)*);[101]
   ∞ Wiedenbrück 30.9.1752 (Tz: *Johan Gerd Welp et custos Crümpelman*)[102]
   Conrad Heinrich **Welp**, ~ Wiedenbrück 22.12.1720 (Tp: *Johan Henrich Lüninghausen et Elisabet Hölschers*), † ebd. 25., ☐ ebd. 26.4.1800 (*81 Jahr alt*), Weber, S.d. Heinrich Welp u.d. Anna Margareta Heising;[103]
   (er: ∞ I. Wiedenbrück 16.10.1742 (Tz: *Cord Welp et Otto Wolff*)[104]
   Maria Elisabeth **Wolff**, * um 1704, ☐ Wiedenbrück 26.6.1752 (*48 an-*

---

94 Flaskamp, Traubuch Vit 1, S. 17 und Flaskamp, Traubuch Vit 2, S. 7 (**1709**)
95 KB WD To3, S. 49 (**1721**).
96 KB WD Tr3, S. 31 (**1721**).
97 KB WD Tf3, S. 231 (**1688**); KB WD To3, S. 126 (**1745**); Flaskamp, Bürgerlisten Wiedenbrück 2, S. 59 (**1721**). – Zum Vater und seinen Vorfahren vgl. Loefke, Eigenbehörige Wiedenbrück, S. 67 mit Anm. 403.
98 Flaskamp, Taufbuch Vit 1, S. 42 (**1709**), nach Flaskamp, Taufbuch Vit 2, S. 24 (**1709**): Tp: *Elisabet Rode ex parochia Widenbrugensi et Joan Stalp ex Langenberg*; Flaskamp, Bürgerlisten Wiedenbrück 2, S. 54 (**1711**); KB WD To3, S. 37 (**1716**).
99 KB WD Tf4, S. 75 (**1712**); KB WD To3, S. 33 (**1714**).
100 KB WD Tf4, S. 94 (**1716**); KB WD To3, S. 37 (**1716**).
101 KB WD Tf4, S. 127 (**1722**); KB WD To3, S. 214 (**1784**).
102 KB WD Tr3, S. 81 (**1752**).
103 KB WD Tf4, S. 119 (**1720**); KB WD Tf4, S. 38 (**1800**).
104 KB WD Tr3, S. 64 (**1742**).

nor(um));[105]

sie: ∞ I. Wiedenbrück 25.5.1734 (Tz: *Hoffherr Carl Heising et Otto Wulff*)[106]

Anton **Brüggemann**, ...).

– Kinder Welp, siehe Anhang –

5) Margareta Elisabeth **Sandfort**, ~ 14.5.1724 (Tp: *Elisabet Kerckweg et Cord Ückman*), □ Wiedenbrück 4.9.1782 (*Elisabetha Sandfort g. Camler, 58 annor(um));*[107]

∞ Wiedenbrück 25.10.1750 (Tz: *Anton Büscher et Conrad Sandfort*)[108]

Jobst Heinrich **Kammeler**, ~ Wiedenbrück 2.6.1726 (Tp: *Johan Herman Büscher et Anna Sibilla Wessels*), bürgert am 14.3.1731 mit seinem Vater aus Warendorf in Wiedenbrück ein, S.d. Johann Heinrich Kammeler u.d. Anna Margareta Büscher.[109]

– Kinder Kammeler, siehe Anhang –

6) Johann Peter **Santforth**, ~ 23.2.1727 (Tp: *Peter Severin et Anna Margaretha Storckbaum*),[110] → **05.3**.

04.3 Balthasar Hermann **Sandfort**, S.d. Anton (Tonies) Sandfort u.d. Elisabeth (Elsche) Uckmann (→ **03.2**)

~ St. Vit 1.2.1682 (Tp: *Balthasar jetziger Lusmeyer und Herman Slottman und die Hülsman aus den Kespel Hertzebrock*), □ Wiedenbrück 1.11.1744 (*60 ann(orum)*), bürgert mit Frau am 5.12.1724 in Wiedenbrück ein, Nachtwächter und Kuhhirte;[111]

∞ I. St. Vit 16.11.1714 (Tz: *Henrico Brünckenhaigen et Adolpho Berckenmeyer*)[112]

Anna (Margaretha / Gertrud / Elisabeth) **Schelbrinck**, * um 1692, □ Wiedenbrück 30.1.1742 (*50 annor(um));*[113]

∞ II. Wiedenbrück 3.4.1742 (Tz: *Henrich et Cord Sandtforth, sponsi fratres*)[114]

Anna Maria **Schulte**, * um 1695, □ Wiedenbrück 12.2.1760 (*65 annor(um));*[115]

(sie: ∞ I. Wiedenbrück 22.4.1725 (Tz: *Peter Henrich Uhrmeister et Wilm Schulte*)[116]

Dirk **Markmann** (thor Marck), * Groppel, ~ Herzebrock 10.3.1686 (Tp: *Dirck*

---

105 KB WD To3, S. 143 (**1752**).
106 KB WD Tr3, S. 51 (**1734**).
107 KB WD Tf4, S. 137 (**1724**), KB WD To3, S. 209 (**1782**).
108 KB WD Tr3, S. 78 (**1750**).
109 KB WD Tf4, S. 148 (**1726**); FLASKAMP, Bürgerlisten Wiedenbrück 2, S. 65 (**1731**).
110 KB WD Tf4, S. 152 (**1727**).
111 FLASKAMP, Taufbuch Vit 1, S. 27 (**1682**); KB WD To3, S. 123 (**1744**); FLASKAMP, Bürgerlisten Wiedenbrück 2, S. 62 (**1724**); TEMME, Häuser 2, S. 328 (Hs-Nr. 129).
112 FLASKAMP, Traubuch Vit 1, S. 18 und FLASKAMP, Traubuch Vit 2, S. 8 (**1714**).
113 KB WD To3, S. 110 (**1742**).
114 KB WD Tr3, S. 62 (**1742**).
115 KB WD To3, S. 166 (**1760**).
116 KB WD Tr3, S. 36 (**1725**).

Storck, Trineke Wietermanß, testis Henrich Dircks), ☐ Wiedenbrück 19.5.1736 (*50 annor(um)*), bürgert als ehemaliger Rhedaer Eigenbehöriger am 17.10.1721 aus Herzebrock in Wiedenbrück ein, S.d. Ernst thor Marck u.d. Anna ...).[117]

Kinder, alle getauft in Wiedenbrück (kath.),
aus 1. Ehe:

1) Angela Maria **Sandfurt**, ~ 8.12.1715 (Tp: *Maria Schelebrinck et Johan Herman Büscher*).[118]
2) Johann Conrad **Santforth**, ~ 14.5.1719 (Tp: *Johan Öehlker et Margaretha Elisabeth Santforth*), ☐ Wiedenbrück 21.8.1724 (*Baltzer Sandforts Kind, 3 annor(um)*).[119]
3) Maria Gertrud **Sandfurth**, ~ 3.5.1722 (Tp: *Walter Moselage et Maria Sandfurt*), ☐ Wiedenbrück 17.9.1724 (*Baltzer Sandfurts Kind, 2 ½ annor(um)*).[120]
4) Catharina Maria **Sandfort**, ~ 24.6.1725 (Tp: *Catharina Kerckweger condicta Sandfort et Henrich Brieling*), ☐ Wiedenbrück 9.11.1757 (*27 annor(um)*).[121]
5) Johann Stephan **Sandfort**, ~ 17.8.1727 (Tp: *Johan Henrich Knöbbel et Anna Maria Rentrup*), † Wiedenbrück 20., ☐ ebd. 22.2.1788 (*mercenarius, 65 Jahr alt*),[122] Taglöhner, kinderlos;
   ∞ Wiedenbrück 1.9.1772 (Tz: *Frans Santforth et Bernd Rahlenkötter*)[123]
   Catharina Margaretha **Vosmer**, * um 1730, † Wiedenbrück 23., ☐ ebd. 25.2.1795 (*65 Jahr alt*),[124]
   (sie: ∞ I. Wiedenbrück 3.11.1761 (Tz: *Johan Henrich Vosmar et Christopffer Naber*)[125]
   Johann Heinrich **Otterpohl**, * um 1733, ☐ Wiedenbrück 27.6.1772 (*39 ann(orum)*);[126]
   er: ∞ I. Wiedenbrück 12.2.1760 (Tz: *Bernard Ralenkötter et custos Oreim*)[127]
   Elisabeth **Verhoff**, * um 1724, ☐ Wiedenbrück 13.8.1761 (*37 annor(um)*);[128]
   sie: ∞ I. Wiedenbrück 6.10.1750 (Tz: *Herm(an) Stuer et Anton*

117 FLASKAMP, Taufbuch Herzebrock 1, S. 106 (**1686**); KB WD To3, S. 95 (**1736**); FLASKAMP, Bürgerlisten Wiedenbrück 2, S. 59 (**1721**).
118 KB WD Tf4, S. 93 (**1715**).
119 KB WD Tf4, S. 111 (**1719**); KB WD To3, S. 56 (**1724**).
120 KB WD Tf4, S. 126 (**1722**); KB WD To3, S. 56 (**1724**).
121 KB WD Tf4, S. 143 (**1725**); KB WD To3, S. 155 (**1757**).
122 KB WD Tf4, S. 153 (**1727**); KB WD To4, S. 4 (**1788**).
123 KB WD Tr3, S. 107 (**1772**).
124 KB WD To4, S. 25 (**1795**).
125 KB WD Tr3, S. 95 (**1761**).
126 KB WD To3, S. 188 (**1772**).
127 KB WD Tr3, S. 92 (**1760**).
128 KB WD To3, S. 170 (**1761**).

Wertinghoff)[129]

Christoph **Ortkemper**, * um 1729, □ Wiedenbrück 16.10.1759 (*30 annor(um)*)[130]).

6) Johann Peter **Santforth**, ~ 12.10.1730 (Tp: *Johan Pötter et Elisabeth Schlüppenbaum*), □ Wiedenbrück 22.4.1737 (*Balß Santvorhts Kindt, 6 annor(um)*).[131]

aus 2. Ehe:

7) Franz Josef **Sandtforth**, ~ 19.3.1743 (Tp: *Jacob Kalthues et Elis(beth) Nagell*),[132] → **05.4**.

04.4 Conrad **Sandfort**, S.d. Anton (Tonies) Sandfort u.d. Elisabeth (Elsche) Uckmann (→ **03.2**)

~ St. Vit 24.2.1686 (Tp: *dei Stricker aus Widenbrügk und* [...] *Cort von Cortsen und dei Uckmansche*), □ Wiedenbrück 2.1.1761 (*80 annor(um)*), bürgert in Wiedenbrück am 7.12.1728 ein;[133]

∞ I. Wiedenbrück 21.11.1728 (Tz: *Henrich Sandtforth et custos Johan Henr(ich) Krümpelman*)[134]

Anna Maria **Schröder**, ~ Wiedenbrück 11.6.1702 (Tp: *Johan Henrich Schröder et Anna Maria Thorwordt gen. Kocks*), □ ebd. 12.7.1741 (*Anna Maria Schröder genannt Santforth, 41 annor(um)*), T.d. Conrad Schröder u.d. Margareta Koch;[135]

∞ II. Wiedenbrück 1.11.1741 (Tz: *Henrich Sandtforth et Johan Berend Buck*)[136]

Anna Dorothea Elisabeth **Rose**, ~ Wiedenbrück 24.8.1715 (Tp: *Elisabeth Schröder condicta Nelling et Diederich Bierman*), □ ebd. 12.2.1772 (*Anna Maria Dorothea Rose gen. Rape, 60 ann(orum)*), T.d. Christoph Rose u.d. Anna Elisabeth Biermann;[137]

(sie: ∞ II. Wiedenbrück 9.6.1761 (Tz: *Johan Henrich Knöbel et Herman Sandfort*)[138]

Christian **Rape**, * um 1715, □ Wiedenbrück 9.1.1765 (*50 annor(um)*), bürgert am

---

129 KB WD Tr3, S. 78 (**1750**).

130 KB WD To3, S. 165 (**1759**).

131 KB WD Tf4, S. 172 (**1730**); KB WD To3, S. 97 (**1737**).

132 KB WD Tf4, S. 261 (**1743**).

133 FLASKAMP, Taufbuch Vit 1, S. 30 (**1686**); KB WD To3, S. 168 (**1761**); FLASKAMP, Bürgerlisten Wiedenbrück 2, S. 64 (**1728**).

134 KB WD Tr3, S. 41 (**1728**).

135 KB WD Tf4, S. 4 (**1702**); KB WD To3, S. 107 (**1741**). – Die Mutter stammte vom Stadt Wiedenbrücker Kotten Kochheinrich in der Bauerschaft Lintel, vgl. LOEFKE, Eigenbehörige Wiedenbrück, S. 48.

136 KB WD Tr3, S. 61 (**1741**).

137 KB WD Tf4, S. 92 (**1715**); KB WD To3, S. 187 (**1772**). – Anna Elisabeth Biermann heiratete in zweiter Ehe am 30.10.1718 Bernard **Buck** (KB WD Tr3, S. 26).

138 KB WD Tr3, S. 95 (**1761**).

7.12.1740 in Wiedenbrück ein;[139]

er: ∞ I. Wiedenbrück 5.11.1740 (Tz: *Peter Welp et Everd Rape*)[140]

Anna Catharina **Schröder**, * um 1710, □ Wiedenbrück 16.11.1760 (*50 ann(orum)*);[141]

sie: ∞ I. vor 1734

Johann Henrich **Knöbel**, ~ Wiedenbrück 5.10.1692 (Tp: *Gerdt Knobel et Christina Uhrmeister*), □ Wiedenbrück 18.4.1740 (*48 annor(um)*), S.d. Heinrich Knöbel u.d. Catharina Uhrmeister).[142]

Kinder, alle getauft in Wiedenbrück (kath.),
aus erster Ehe:

1) Anna Catharina **Santforth**, ~ 12.1.1730 (Tp: *Anna Catharina Santforth et Herm(an) Kockhinrich*), □ Wiedenbrück 19.5.1730 (*Cord Santvorths Kind, medii anni*).[143]
2) Johann Henrich **Sandtforth**, ~ 6.11.1732 (Tp: *Henrich Sandtforth et Anna Xtina Schröder*), □ Wiedenbrück 28.1.1764 (*propter deum*).[144]
3) Johann Hermann **Sandvorth**, ~ 14.3.1737 (Tp: *Herman Balß Sandtvord et Anna Maria Schröders*),[145] → **05.5**.

aus zweiter Ehe:

4) Johann Christoph **Sandtforth**, ~ 11.10.1742 (Tp: *Berend Buck et Margaretha Elisabeth Sandtfort*), □ Wiedenbrück 26.12.1742 (*Cord Sandtforths Kindt, 3 mensium*).[146]

05.1 Johann Heinrich **Santfort**, S.d. Johannes Sandfort u.d. Anna Christina Lackmann (→ **04.1**)

~ St. Vit 8.10.1712 (Tp: *Limberg, Lackman und die Inkmansche*), □ Wiedenbrück 25.8.1781 (*69 annor(um)*),[147] wird 1772 im Neupfortenhof als Tagelöhner genannt;

∞ I. St. Vit 22.1.1747 (Tz: *Johan Herman Recker et Henrich Poll*)[148]

---

139 KB WD To3, S. 172 (**1765**); Flaskamp, Bürgerlisten Wiedenbrück 2, S. 70 (**1740**).

140 KB WD Tr3, S. 60 (**1740**).

141 KB WD To3, S. 168 (**1760**).

142 KB WD Tf3, S. 260 (**1692**); KB WD To3, S. 104 (**1740**). – Johann Heinrich Knöbel war in erster Ehe seit 1720 mit Angela Sandfort (→ **03.2-3**), verheiratet. Die Besitzfolge im Haus Lange Straße 54 (Temme, Häuser 2, S. 40, Hs.-Nr. 81) ist so nachvollziehbarer, die Angaben bei Temme entsprechend zu korrigieren.

143 KB WD Tf4, S. 168 (**1730**); KB WD To3, S. 75 (**1730**).

144 KB WD Tf4, S. 186 (**1732**); KB WD To3, S. 176 (**1764**).

145 KB WD Tf4, S. 220 (**1737**).

146 KB WD Tf4, S. 257 (**1742**); KB WD To3, S. 117 (**1742**).

147 Flaskamp, Taufbuch Vit 1, S. 45 (**1712**); KB WD To3, S. 206 (**1781**).

148 Flaskamp, Taufbuch Vit 1, S. 24 (**1747**).

Anna Margaretha **Erling** (Eierling?), * um 1711, ☐ Wiedenbrück 1.9.1759 (*Anna Margareta Elges gen. Sandforth, 48 annor(um)*);[149]

∞ II. Wiedenbrück 22.1.1760 (Tz: *N. Sandfort, frater sponsi, et col(onus) N. Narman, frater sponsae*)[150]

Catharina Maria **Narman**, ...

Sohn:

1) Johann Hermann **Santfort**, ~ St. Vit 24.2.1747 (Tp: *Johan Otto Feldman, Peter Santfort, Elisabeth Rodden*), ☐ Wiedenbrück 26.1.1756 (*Henrich Sandforts K(indt), 8 ann(orum) 11 mens(ium)*).[151]

05.2 Peter **Sandfort**, S.d. Johannes Sandfort u.d. Anna Christina Lackmann **(→ 04.1)**

~ St. Vit 15.8.1719 (Tp: *Otto Hülsman, Peter Müllenbrock, Lackmans Togter*), ☐ Wiedenbrück 23.8.1783 (*62 annor(um)*), bürgert in Wiedenbrück am 16.12.1758 ein;[152]

∞ I. Wiedenbrück 10.10.1758 (Tz: *Conrad Sandfort et custos Crümpelman*)[153]

Catharina Margareta **Wiemeyer** (auch Diding oder Dircks), * um 1713, ☐ Wiedenbrück 28.6.1760 (*Catharina Maria Diegens gen. Sandforth, 47 annor(um)*), bürgert am 6.2.1749 mit ihrem Ehemann in Wiedenbrück ein;[154]

(sie: ∞ I. Langenberg 15.10.1748 (Tz: –)[155]

Anton **Bertling**, * um 1707, ☐ Wiedenbrück 3.8.1757 (*Anton Berckling(!), 50 ann(orum)*), bürgert am 6.2.1749 in Wiedenbrück ein);[156]

∞ II. Wiedenbrück 20.4.1762 (Tz: *Jobst Kammler et custos Oreim*)[157]

Anna Margareta **Funcke**, ~ Wiedenbrück 4.9.1731 (Tp: *Anna Maria Söesters genant Gröne et Jobst Henrich Funcke*), † ebd. 25., ☐ ebd. 27.12.1801 (*70 Jahr alt*), T.d. Hermann Funcke u.d. Anna Maria Plaß.[158]

Kinder zweiter Ehe, alle getauft in Wiedenbrück (kath.):

1) Johann Hermann **Sandfort**, ~ 4.8.1763 (Tp: *Johan Herman Funcke et Anna Maria Kammeler*), † Wiedenbrück 7., ☐ ebd. 9.10.1811 (*43 Jahr*

---

149 KB WD To3, S. 164 (**1759**)

150 KB WD Tr3, S. 92 (**1760**).

151 FLASKAMP, Taufbuch Vit 1, S. 67 (**1747**); KB WD To3, S. 151 (**1756**).

152 FLASKAMP, Taufbuch Vit 1, S. 49 (**1719**); KB WD To3, S. 211 (**1783**); FLASKAMP, Bürgerlisten Wiedenbrück 2, S. 75 (**1758**).

153 KB WD Tr3, S. 89 (**1758**).

154 KB WD To3, S. 167 (**1760**); FLASKAMP, Bürgerlisten Wiedenbrück 2, S. 72 (**1749**).

155 KB Langenberg, Heiraten 1651-1786, fol. 22r (**1748**).

156 KB WD To3, S. 154 (**1757**); FLASKAMP, Bürgerlisten Wiedenbrück 2, S. 72 (**1749**).

157 KB WD Tr3, S. 96 (**1762**).

158 KB WD Tf3, S. 178 (**1731**); KB WD To4, S. 43 (**1801**).

alt), Knecht bei Wilhelm Schwenger.[159]

2) Johann Heinrich Franz **Sandfort**, ~ 6.12.1767 (Tp: *Johan Henrich Sandfort et Maria Cathar(ina) Welp*),[160] → **06.1**.

3) Johann Gerd **Santforth**, ~ 11.11.1770 (Tp: *Johan Henr(ich) Surman et Anna Eliesabeth Santforth*),[161] → **06.2**.

4) Maria Christina **Sandforth**, ~ 14.2.1774 (Tp: *Anna Maria Naurman et Caspar Wöhler*), † Wiedenbrück 3., ☐ ebd. 6.4.1844;[162]

∞ Wiedenbrück 10.5.1808 (Tz: *Bernard Dönnewalt und Hermann Sandfurth*)[163]

Johann Bernard **Baumhus**, ~ Wiedenbrück 25.2.1781 (Tp: *Joan Bernard Dönnewald*), † ebd. 10., ☐ ebd. 13.1.1858 (*77 Jahre alt, [hinterlässt] 1 großj(ähriges) Kind*), Taglöhner, S.d. Johan Heinrich Baumhus u.d. Anna Angela Althaus.[164]

05.3 Johann Peter **Sandfort**, S.d. Heinrich Sandfort u.d. Catharina Elisabeth Kerckweger **(→ 04.2)**

~ Wiedenbrück 23.2.1727 (Tp: *Peter Severin et Anna Margaretha Storckbaum*), ☐ ebd. 13.10.1782 (*56 annor(um)*);[165]

∞ Wiedenbrück 23.1.1753 (Tz: *Andreas Uhrmeister et Johan Christoph Welp*)[166]

Catharina Elisabeth **Außel gen. Meiners**, * um 1722, ☐ Wiedenbrück 17.4.1783 (*61 annor(um)*), bürgert in Wiedenbrück am 12.10.1753 ein.[167]

Kinder, alle getauft in Wiedenbrück (kath.):

1) Maria Elisabeth **Sandfort**, ~ 26.12.1753 (Tp: *Maria Elisabeth Meyners gen. Kocks et Herman Henrich Sandfort*), ☐ Wiedenbrück 6.8.1775 (*20 annor(um)*).[168]

2) Johann Hermann **Sandfort**, ~ 18.9.1756 (Tp: *Jobst Herman Kammler et Anna Maria Dorpffs*), ☐ Wiedenbrück 27.3.1758 (*Johan Petern Sandforths K(indt), 1½ annor(um)*).[169]

3) Anton Henrich **Sandfort**, ~ 28.4.1758 (Tp: *Anton Uhrmeister et Anna*

---

159 KB WD Tf4, S. 395 (**1763**); KB WD To4, S. 78 (**1811**).
160 KB WD Tf4, S. 416 (**1767**).
161 KB WD Tf4, S. 428 (**1770**).
162 KB WD Tf4, S. 444 (**1774**); KB WD To5, S. 91 (**1844**).
163 KB WD Tr4, S. 56 (**1808**).
164 KB WD To5, S. 202 (**1858**).
165 KB WD Tf4, S. 152 (**1727**); KB WD To3, S. 209 (**1782**).
166 KB WD Tr3, S. 81 (**1753**).
167 KB WD To3, S. 210 (**1783**); Flaskamp, Bürgerlisten Wiedenbrück 2, S. 73 (**1753**).
168 KB WD Tf4, S. 344 (**1753**); KB WD To3, S. 195 (**1775**).
169 KB WD Tf4, S. 362 (**1756**); KB WD To3, S. 157 (**1758**).

Catharina Pötter gen. Winckelman), ☐ Wiedenbrück 26.5.1758 (*Peter Sandforts K(indt), 1 mensis*).[170]

4) Margareta Elisabeth **Sandfort**, ~ 23.5.1760 (Tp: *Margareth Elisab(eth) Sandfort gen. Kammeler et Stephan Sandfort*), † Wiedenbrück 24., ☐ ebd. 26.5.1814 (*54 Jahre alt*);[171]
   ∞ Wiedenbrück 19.8.1783 (Tz: *Reinerus Humbrock et Franciscus Außel*)[172]
   Johann Otto **Humbrock**, ~ Wiedenbrück 10.1.1751 (Tp: *Johan Otto Stroth et Anna Cath(arina) Schlüter*), † ebd. 2., ☐ ebd. 5.3.1827 (*81 Jahr alt*), Taglöhner, S.d. Jobst Humbrock u.d. Anna Margareta Schantz.[173]
   – Kinder Humbrock, siehe Anhang –

5) Johann Gerhard **Sandforth**, ~ 4.11.1766 (Tp: *Johan Henr(ich) Kerckweger et Anna Margaretha Funcke genandt Sandforth*), ☐ Wiedenbrück 29.1.1767 (*civis Sandforth Kind, 2 mens(ium)*).[174]

05.4 Franz Josef **Sandfort**, S.d. Balthasar Hermann Sandfort u.d. Anna Maria Schulte **(→ 04.3)**

~ Wiedenbrück 19.3.1743 (Tp: *Jacob Kalthues et Elis(beth) Nagell*), † ebd. 28., ☐ ebd. 30.11.1814 (*74 Jahr alt*), erhält 1760 in Warendorf einen Geburtsbrief, Hutmacher 1772;[175]

∞ Wiedenbrück 24.4.1770 (Tz: *Conrad Schlüter et Stephan Sandfort*)[176]

Maria Catharina **Schlüter**, ~ Wiedenbrück 14.12.1745 (Tp: *Maria Catharina Gerings genand Bartscher et Jo(ann)es Bernardus Disselhof*), † ebd. 9., ☐ ebd. 11.9.1817 (*73 Jahr alt, plötzlich am Schlagflusse*), T.d. Johann Heinrich Schlüter u.d. Anna Benedikta Gerding.[177]

Kinder, alle getauft in Wiedenbrück (kath.):

1) Maria Catharina <u>Elisabeth</u> **Santforth**, ~ 19.3.1771 (Tp: *Catharina Marie Santforth gen. Rolf*), † Wiedenbrück 2., ☐ ebd. 3.5.1815 (*43 Jahre alt*)];[178]
   ∞ Wiedenbrück 16.10.1799 (Tz: *Bernard Orthmeyer und Werner Sandfurth*)[179]

---

170 KB WD Tf4, S. 370 (**1758**), KB WD To3, S. 159 (**1758**).

171 KB WD Tf4, S. 381 (**1760**); KB WD To4, S. 104 (**1814**).

172 KB WD Tr4, S. 121 (**1783**).

173 KB WD Tf4, S. 323 (**1751**); KB WD To4, S. 232 (**1827**).

174 KB WD Tf4, S. 411 (**1766**); KB WD To3, S. 180 (**1767**).

175 KB WD Tf4, S. 261 (**1743**); KB WD To4, S. 108 (**1814**); NIESERT / WALLMEIER, Geburtsbriefe Warendorf, S. 253 Nr. 3467 (**1760**), die Mutter wird hier „Maria Elisabeth Kuchtrup" genannt.

176 KB WD Tr3, S. 105 (**1770**).

177 KB WD Tf4, S. 284 (**1745**); KB WD To4, S. 129 (**1817**).

178 KB WD Tf4, S. 430 (**1771**); KB WD To4, S. 111 (**1815**).

179 KB WD Tr4, S. 32 (**1799**); Dimissorial in Herzebrock am 22.10.1799(!) (KB Herzebrock, Heiraten 1744-1809, S. 110). – Die Namensform wechselt zwischen Ortmeyer, Ortjohan und Orthus.

Johann Heinrich **Ortmeyer**, * Groppel, ~ Herzebrock 1.3.1776 (Tp: *Joannes Henricus Ortjohan*), † Wiedenbrück 14., ☐ ebd. 17.3.1840 (*73 [Jahre alt, hinterlässt] Witwe und 3 Kinder 1. und 7 Kinder 2. Ehe*), Bäcker, S.d. Johann Hermann Ortmeyer u.d. Maria Elisabeth Kuhlmann;[180]

(er: ∞ II. Wiedenbrück 21.11.1815 (Tz: *Bernard Ortmeyer und Christoph Petermann, Schuster*)[181]

Maria Sybilla **Verhoff**, aus Lintel ...).

– Kinder Ortmeyer, siehe Anhang –

2) Johann Conrad **Santforth**, ~ 5.1.1773 (Tp: *Joan Conrad Schlüter et Eliesabeth Santforth*), ☐ Wiedenbrück 2.12.1773 (*Francisci Sandfort filius, ¾ anni*).[182]

3) Franz Wilhelm **Sandfort**, ~ 20.9.1774 (Tp: *P.R. dominus Frans Wilhelm Schem, ecclesiae nostrae collegiatae et parochialis canonicus*), ☐ Wiedenbrück 29.4.1779 (*4 annor(um)*).[183]

4) Leopold Werner **Sandfort**, ~ 14.10.1776 (Tp: *Leopoldus Bekel*).[184]

5) Maria Agnes **Sandfort**, ~ 7.5.1778 (Tp: *Maria Agnes Schlüter gen. Goldkuhle*), ☐ Wiedenbrück 29.4.1779 (*1 anni*).[185]

6) Maria Elisabeth **Sandfort**, ~ 7.11.1779 (Tp: *perhonesta virgo Maria Elis(abeth) Hanebrinck*), ☐ Wiedenbrück 1.6.1784 (*infans Francisci Sandfort, 4 annor(um)*).[186]

7) Johann Werner **Sandfort**, ~ 7.12.1781 (Tp: *Joan Werner Brüggeman et Maria Cath(arina) Crümpelman*).[187] † nach 1799.

8) Maria Gertrud **Sandfort**, ~ 3.11.1783 (Tp: *Christina Gertrudis Perdeick gen. Schröder*), ☐ Wiedenbrück 13.6.1784 (*infans Francisci Sandfort, 8 mens(ium)*).[188]

9) Maria Catharina **Sandfort**, * 2., ~ 4.2.1787 (Tp: *Maria Catharina Ewersman gen. Schlüter*), † Wiedenbrück 15., ☐ ebd. 18.2.1864 (*77 Jahr alt, hinterläßt Witwer und 5 großjährige Kinder*);[189]

∞ Wiedenbrück 1.1.1818 (Tz: *Joh(an) Peter Heissing et Franciscus Orthmeyer*)[190]

Johannes **Heising**, * Wiedenbrück 20., ~ ebd. 21.3.1794 (Tp: *Joannes Henricus Thöle*), † ebd. 29.3.1878, Sattler, später Küster, S.d. Franz

---

180 KB Herzebrock, Taufen 1744-1784, S. 553 (**1776**); KB WD To5, S. 55 (**1840**).

181 KB WD Tr4, S. 92 (**1815**).

182 KB WD Tf4, S. 438 (**1773**); KB WD To3, S. 191 (**1773**).

183 KB WD Tf4, S. 447 (**1774**); KB WD To3, S. 202 (**1779**).

184 KB WD Tf4, S. 458 (**1776**).

185 KB WD Tf4, S. 467 (**1778**); KB WD To3, S. 202 (**1779**).

186 KB WD Tf4, S. 474 (**1779**); KB WD To3, S. 214 (**1784**).

187 KB WD Tf4, S. 485 (**1781**).

188 KB WD Tf4, S. 494 (**1783**); KB WD To3, S. 214 (**1784**).

189 KB WD Tf5, S. 2 (**1787**); KB WD To5, S. 250 (**1864**).

190 KB WD Tr4, S. 102 (**1818**).

Wilhelm Heising u.d. Maria Catharina Thöle.[191]
– Kinder Heising, siehe Anhang –

10) Maria Anna **Sandfort**, * 11., ~ 12.5.1789 (Tp: *Maria Elisabeth Bekel, uxor chirurgi Döring*),[192] † Dörnhagen 29.7.1876, 87 Jahre alt;
∞ Wiedenbrück 4.5.1812 (Tz: *custos Hesse und Henrich Ortmeyer*)[193] Johann Nicolaus Gerhard **Sasse**, ~ Coesfeld (Jacobi) 9.11.1789 (Tp: *Joan Nicolaus Rump, Anna Xtina Hillers*),[194] † Dörnhagen 15.12.1868, 79 Jahre alt, Knopfmacher und Posamentier, S.d. Johannes Sasse u.d. Maria Ursula Rump.
– Kinder Sasse, siehe Anhang –

05.5 Johann Hermann **Sandfort**, S.d. Conrad Sandfort u.d. Anna Maria Schröder **(→ 04.4)**

~ Wiedenbrück 14.3.1737 (Tp: *Herman Balß Sandtvord et Anna Maria Schröders*), † ebd. 18., □ ebd. 20.5.1797 (*65 Jahr alt*),[195] Weber;
∞ Wiedenbrück 7.10.1760 (Tz: *Gerhard Grafflage et custos Oreim*)[196]
Anna Christina **Kybrig** (Kieberich), ~ Wiedenbrück 22.11.1733 (Tp: *Anna Christina Heckers et Johan Henrich Forstman*), † ebd. 20., □ ebd. 22.12.1792 (*64 Jahr alt*), T.d. Andreas Kibrich u.d. Elisabeth Hecker.[197]

Kinder, alle getauft in Wiedenbrück (kath.):

1) Maria Elisabeth **Sandfort**, ~ 24.2.1762 (Tp: *Maria Elis(abeth) Kütner*[198] *gen. Graflage et Franz Lüerwald*), □ Wiedenbrück 31.1.1771 (*Hermannen Sandfordt Kind, 9 annor(um)*).[199]
2) Johann Bernhard **Sandfort**, ~ 11.9.1764 (Tp: *Christian Deters et Maria Clara Nolte*), □ Wiedenbrück 24.12.1764 (*Hermanni Sandfort K(indt)*).[200]
3) Johann Henrich **Sandfort**, ~ 18.10.1765 (Tp: *Johan Henr(ich) Sandfort et Anna Maria Kammeler*), □ Wiedenbrück 2.11.1765 (*Hermanni Sandfort Kind, 2 septim(anarum)*).[201]
4) Friedrich Matthias **Sandfort**, ~ 9.4.1767 (Tp: *d(ominus) Fridericus Matthias*

---

191 KB WD Tf5, S. 77 (**1794**); KB WD To6, S. 105 (**1878**).
192 KB WD Tf5, S. 31 (**1789**).
193 KB WD Tr4, S. 70 (**1812**).
194 KB Coesfeld (Jacobi), Taufen 1738-1805, S. 269 (**1789**).
195 KB WD Tf4, S. 220 (**1737**); KB WD To4, S. 32 (**1797**).
196 KB WD Tr3, S. 93 (**1760**).
197 KB WD Tf4, S. 192 (**1733**); KB WD To4, S. 19 (**1792**).
198 Stiefmutter der Anna Christina Kybrig.
199 KB WD Tf4, S. 390 (**1762**); KB WD To3, S. 185 (**1771**).
200 KB WD Tf4, S. 401 (**1764**); KB WD To3, S. 178 (**1764**).
201 KB WD Tf4, S. 406 (**1765**); KB WD To3, S. 176 (**1765**).

Greve et Maria Gertrud Berckemeyer),[202] → **06.3**.

5) Jobst Heinrich **Sandfort**, ~ 18.1.1770 (Tp: *Jobst Kammeler et Maria Catharina Welp*), □ Wiedenbrück 26.9.1781 (*Joseph(us) Henric(us) Sandfort, dijsentericus, 13 annor(um)*).[203]

06.1 Johann Heinrich Franz **Sandfort**, S.d. Peter Sandfort u.d. Anna Margareta Funcke **(**→ **05.2**)

~ Wiedenbrück 6.12.1767 (Tp: *Johan Henrich Sandfort et Maria Cathar(ina) Welp*). † ebd. 29.4., □ ebd. 1.5.1834 (*Zehrung, [hinterlässt] 2 Kinder maj(oren) und min(oren)*), Taglöhner;[204]

∞ Wiedenbrück 24.5.1803 (Tz: *Hermann Sandfurth und custos Strathmann*)[205]

Elisabeth **Helling**, * um 1770, † Wiedenbrück 9., □ ebd. 11.4.1827 (*57 Jahr alt, [gestorben] an der Zehrung, [hinterlässt] 2 min. Kinder und den Wittwer*).[206]

Kinder, alle geboren und getauft in Wiedenbrück (kath.):

1) Johann Hermann **Sandfort**, * 18., ~ 19.12.1807 (Zwilling; Tp: *Joan Herman Sandfort*);[207]

2) Maria Christina **Sandfort**, * 18., ~ 19.12.1807 (Zwilling; Tp: *Maria Christina Sandfort*), † Wiedenbrück 4.11.1874;[208]

   ∞ Wiedenbrück 8.10.1833 (Tz: *Christopher Sandfort und Conrad Steinberg*)[209]

   Hermann **Steinberg**, * 1.3.1804, S.d. Colon Wilhelm Steinberg in Lintel (Pfr. Neuenkirchen) u.d. Agnes Brehmer.

3) Christopher **Sandfort**. * 3., ~ 4.8.1810 (Tp: *Christophor Helling*), † Wiedenbrück 5., □ ebd. 8.5.1858 (*46 Jahr alt, [hinterlässt] Witwe und 6 minderjährige Kinder*), Bäcker;[210]

   ∞ Wiedenbrück 8.4.1845 (Tz: *Florenz Elmer und Hermann Baumhus*)[211]

   Catharina **Elmer** gen. Wietegger, * um 1817, † Wiedenbrück 9., □ ebd. 12.2.1863 (*Zehrung, im 47 Jahr, [hinterlässt] 6 Kinder*), T.d. Kötters Jacob Elmer u.d. Maria Neuhaus in Lintel.

---

202 KB WD Tf4, S. 414 (**1767**).
203 KB WD Tf4, S. 424 (**1770**); KB WD To3, S. 207 (**1781**).
204 KB WD Tf4, S. 416 (**1767**); KB WD To5, S. 4 (**1834**).
205 KB WD Tr4, S. 42 (**1803**).
206 KB WD To4, S. 233 (**1827**).
207 KB WD Tf5, S. 264 (**1807**)
208 KB WD Tf5, S. 264 (**1807**)
209 KB WD Tr4, S. 228 (**1833**).
210 KB WD Tf5, S. 312 (**1810**); KB WD To5, S. 204 (**1858**).
211 KB WD Tr5, S. 11 (**1845**).

06.2 Johann Gerd **Sandfort**, S.d. Peter Sandfort u.d. Anna Margareta Funcke (→ **05.3**)

~ Wiedenbrück 11.11.1770 (Tp: *Johan Henr(ich) Surman et Anna Eliesabeth Santforth*), † ebd. 17., □ ebd. 19.5.1827 (*57 Jahr alt, an der Zehrung, [hinterlässt] Wittwe und 3 minor. Kinder*), Taglöhner;[212]

∞ Wiedenbrück 19.10.1802 (Tz: *Herman Sandfurth und Bernard Ortmeyer*)[213]

Anna Catharina Elisabeth **Ortmeyer**, ~ Wiedenbrück 15.10.1780 (Tp: *Anna Xtina Ortmeyer et Joan Theodor Ortkamp*), † ebd 27., □ ebd. 29.1.1830 (*58 Jahr alt*), T.d. Gerhard Ortmeyer u.d. Maria Elisabeth Schmidt.[214]

Kinder, alle geboren und getauft in Wiedenbrück (kath.):

1) Johann Hermann **Sandfurt**, * 16., ~ 17.12.1803 (Tp: *Hermannus Sandfurt*),[215] → **07.1**.
2) Johann Heinrich **Sandfurt**, * 30.9., ~ 1.10.1805 (Tp: *Joan Henrich Ortmeyer*),[216] → **07.2**.
3) Franz Heinrich **Sandfurth**, ~ 25., ~ 26.8.1809 (Tp: *Franciscus Henricus Sandfurth*), † Wiedenbrück 25., □ ebd. 27.3.1811 (*1 Jahr 7 Monath alt*).[217]
4) Stephan **Sandfurt**, * u. † u. □ 16.6.1812 (einige Stunden alt).[218]
5) Margareta Elisabeth **Sandfurt**, * 25., ~ 26.9.1815 (Tp: *Margareth Elisabeth Schwenger gebohrene Pötter*).[219]

06.3 Friedrich Matthias **Sandfort**, S.d. Johann Hermann Sandfort u.d. Anna Christina Kybrig (→ **05.5**)

~ Wiedenbrück 9.4.1767 (Tp: *d(ominus) Fridericus Matthias Greve et Maria Gertrud Berckemeyer*), † ebd. 4., □ ebd. 6.1.1806,[220] Weber;

∞ I. Wiedenbrück 16.4.1793 (Tz: *Everhard Pickert und Stephan Deters*)[221]

Maria Catharina **Pickert**, * um 1761, † Wiedenbrück 13., □ ebd. 15.3.1797 (*36 Jahr alt*);[222]

∞ II. Wiedenbrück 6.6.1797 (Tz: *Christian Deders und custos Oreme*)[223]

---

212 KB WD Tf4, S. 428 (**1770**); KB WD To4, S. 234 (**1827**).
213 KB WD Tr4, S. 40 (**1802**).
214 KB WD Tf3, S. 479 (**1780**); KB WD To4, S. 269 (**1830**).
215 KB WD Tf5, S. 198 (**1803**).
216 KB WD Tf5, S. 229 (**1805**); KB WD To4, S. 302 (**1832**).
217 KB WD Tf5, S. 295 (**1809**); KB WD To4, S. 75 (**1811**).
218 KB WD To4, S. 83 (**1812**).
219 KB WD Tf5, S. 45 (**1815**).
220 KB WD Tf4, S. 414 (**1767**); KB WD To4, S. 56 (**1806**).
221 KB WD Tr4, S. 16 (**1793**).
222 KB WD To4, S. 31 (**1797**).
223 KB WD Tr4, S. 26 (**1797**).

Catharina **Winters**, † nach 1822, freien Standes, bürgert in Wiedenbrück 20.6.1797 ein.[224]

Sohn, aus zweiter Ehe:

1) Franz **Sandfurth**, * Wiedenbrück 23., ~ ebd. 25.2.1798 (Tp: *Frans Meyer Große Lümeren und Margar(etha) Kammeler*), † ebd. 13.10.1877, Taglöhner;[225]

∞ I. Wiedenbrück 12.11.1822 (Tz: *Hermann Bresser und Arnold bei Nölke*)[226]

Catharina **Bresser**, * Mastholte um 1792, † Wiedenbrück 30.7., ☐ ebd. 2.8.1844 (*52 Jahre alt, [hinterlässt] Witwer und 2 min. Kinder*),[227] T.d. Conrad Bresser u.d. Margareta Storp;

∞ II. Wiedenbrück 21.1.1845 (Tz: *Franz Ebbers, Schreiner, und Wilhelm Krümpelmann, ehem. Bäcker, beide in Wiedenb(rück)*)[228]

Anna Catharina **Tönsbolte**, * Delbrück um 1816, T.d. Kötters Henrich Tönsbolte u.d. Anna Clara Voss in Delbrück.

07.1 Hermann **Sandfort**, S.d. Johann Gerd Sandfort u.d. Anna Catharina Ortmeyer (→ **06.1**)

* Wiedenbrück 16., ~ ebd. 17.12.1803 (Tp: *Hermannus Sandfurt*), † ebd. 15., ☐ ebd. 17.6.1851, Taglöhner, später Nachtwächter;[229]

∞ Wiedenbrück 1.10.1833 (Tz: *Christopher Sandfort und Gerhard Birwes*)[230]

Margareta **Birwes**, * um 1805, † nach 1863, T.d. Henrich Birwes, Heuerlings bei Schledde in Bokel, u.d. Margareta Wiekjohann.

Kinder, alle geboren und getauft in Wiedenbrück (kath.):

1) Catharina **Sandfort**, * 2., ~ 4.10.1834 (Tp: *Catharina Birwes in Bokel*), † Wiedenbrück 21.5.1835.[231]

2) Maria Elisabeth **Sandfort**, * 4., ~ 7.2.1837 (Tp: *Maria Elisabeth Sandfort*);[232]

∞ Wiedenbrück 15.5.1861 (Tz: *Heinrich Stockbrügger und Christopher Sandfort*)[233]

Emil **Stockbrügger**, * Rheda 30.1., ~ ebd. (kath.) 4.2.1831, Seiler bei

---

224 FLASKAMP, Bürgerlisten Wiedenbrück 2, S. 90 (**1797**).
225 KB WD Tf5, S. 116 (**1798**).
226 KB WD Tr4, S. 138 (**1822**).
227 KB WD To5, S. 94 (**1844**).
228 KB WD Tr5, S. 10 (**1845**).
229 KB WD Tf5, S. 198 (**1803**); KB WD To5, S. 155 (**1851**).
230 KB WD Tr4, S. 228 (**1833**).
231 KB WD Tf6, S. 42 (**1834**).
232 KB WD Tf6, S. 65 (**1837**).
233 KB WD Tr5, S. 77 (**1861**).

Drexel in Wiedenbrück, S.d. Peter Heinrich Stockbrügger, Taglöhner in Rheda, u.d. Maria Anna Margareta Reithegger.

3) Gerhard **Sandfort**, * 1., ~ 2.5.1839 (Tp: *Gerhard Birwes*), † Wiedenbrück 11.5.1839.[234]

4) Christopher **Sandfort**, * 13., ~ 16.7.1840 (Tp: *Christopher Sandfort*), Seiler;[235]

∞ Wiedenbrück 8.9.1863 (Tz: *Christian Nauerman und Wilhelm Sandfort*)[236]

Anna Maria Elisabeth **Peitzmeier**, * Kaunitz 29.7.1838, T.d. Johannes Peitzmeier u.d. Theresia Bresselhaus.

5) Anna Maria Theresia **Sandfort**, * 3., ~ 5.1.1843 (Tp: *Maria Theresia Niemann, Ehefrau Bern(hard) Heising, pro qua levavit Anna Dünnewald aus d. S. Vithschen*), † 2.11.1844.[237]

6) Catharina **Sandfort**, * 29.6., ~ 1.7.1846 (Tp: *Catharina Birwes*), † Wiedenbrück 20., □ ebd. 24.2.1879;[238]

∞ I. Wiedenbrück 25.4.1875 (Tz: *Christoph Sandfort, Emil Stockbrügger, beide in Wiedenbrück*),[239] Ehe kinderlos

Gerhard Heinrich Bernard **Wesemann**, * 15., ~ 17.8.1818, Taglöhner in Oelde, S.d. Johann Heinrich Wesemann, Holzschuhmacher in Oelde, u.d. Catharina Schmechtelkamp;

∞ II. Wiedenbrück 15.1.1878 (Tz: *Elisabeth Sandfort, Ehefrau Stockbrügger*)[240]

Peter Bernard **Gerdes**, * 9.7.1848, † nach 1879, Schuhmacher, S.d. Johann Bernhard Gerdes, Taglöhner in Enniger, u.d. Anna Elisabeth Henke.

07.2 Johann Heinrich **Sandfort**, S.d. Johann Gerd Sandfort u.d. Anna Catharina Elisabeth Ortmeyer (→ **06.2**)

* Wiedenbrück 30.9., ~ ebd. 1.10.1805 (Tp: *Joan Henrich Ortmeyer*), † ebd. 26., □ ebd. 27.6.1832 (*27 Jahr alt, an der Zehrung, [hinterlässt] Wittwe und 1 min. Kind*), Schuster;[241]

∞ Wiedenbrück 13.7.1828 (Tz: *Franz Buck und Hermann Sandfort*)[242]

234 KB WD Tf6, S. 88 (**1839**).
235 KB WD Tf6, S. 100 (**1840**).
236 KB WD Tr5, S. 87 (**1863**).
237 KB WD Tf6, S. 122 (**1843**).
238 KB WD Tf6, S. 155 (**1846**); KB WD To6, S. 109 (**1879**).
239 KB WD Tr5, S. 149 (**1875**).
240 KB WD Tr5, S. 157 (**1878**).
241 KB WD Tf5, S. 229 (**1805**); KB WD To4, S. 302 (**1832**).
242 KB WD Tr4, S. 183 (**1828**).

Anna Elisabeth **Buck**,* Wiedenbrück 9., ~ ebd. 10.9.1804 (Tp: *Anna Elisabeth Menze*), † ebd. 21., □ ebd. 24.2.1857 (*Zehrung, [hinterlässt] Witwer und 1 major. Kind der Vorehe und 1 minderjähr. Kind der 2. Ehe*), T.d. Hermann Henrich Buck, Weber in Wiedenbrück u.d. Maria Catharina Mentze;[243]

(sie: ∞ II. Wiedenbrück 5.2.1833 (Tz: *Franz Buck und Hermann Sandfort*)[244]
Moritz Theodor **Clemens**, * 5.8.1807, soll in Spanien im Krieg getötet worden sein, S.d. Christoph Clemens, Wundarzt in Bochum, u.d. Anna Gertrud Passmann;
∞ III. Wiedenbrück 7.10.1856 (Tz: *Franz Buck und custos Joannes Heising*)[245]
Philipp **Haiss**, * um 1814, S.d. Wilhelm Heiss, Seiler in Bochum, u.d. Catharina Stüber).

Kinder, alle geboren und getauft in Wiedenbrück (kath.):

1) Hermann Heinrich **Sandfort**, * 6., ~ 7.4.1829 (Tp: *Hermann Henrich Buck*).[246]
2) Hermann **Sandfort**, * 29., ~ 30.12.1830 (Tp: *Hermann Sandfort*), † Wiedenbrück 2., □ ebd. 4.4.1832 (*1 $^{3}/_{12}$ Jahr alt*).[247]

Sandfort II
(des Stammes Hütig)

05a Conrad

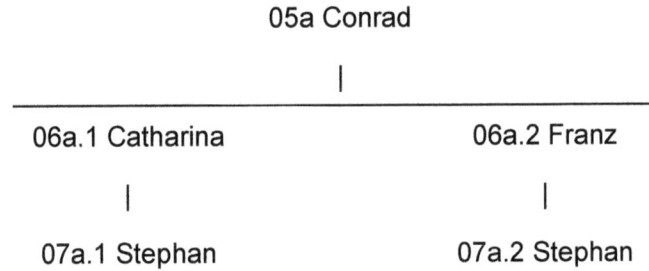

06a.1 Catharina — 06a.2 Franz

07a.1 Stephan — 07a.2 Stephan

243 KB WD Tf4, S. 211 (**1804**); KB WD To5, S. 195 (**1857**).
244 KB WD Tr4, S. 221 (**1833**).
245 KB WD Tr5, S. 56 (**1856**).
246 KB WD Tf5, S. 196 (**1829**).
247 KB WD Tf6, S. 9 (**1830**): Im KB sind Geburts- und Tauftag vertauscht! KB WD To4, S. 297 (**1832**).

05a Conrad Johann **Hütig gen. Sandfort**, S.d. Jobst Hütig u.d. Catharina Winter

~ Wiedenbrück 20.10.1709 (Tp: *Johan Stever et Margaretha Reckmeyer*), † Rentrup 22., † St. Vit 24.6.1787 (*85 Jahr alt*), gewinnt den Erbkotten Sandfort in der Bauerschaft Rentrup, gen. 1765 als Witwer, Leibzüchter (1787);[248]

∞ I. St. Vit 18.6.1740 (Tz: *Henerich Hüttig, Philipp Witlake*)[249]

Anna Gertrud **Bröntrup**, ~ St. Vit 9.11.1719 (Tp: *Maria Winter, Unerhästische* [Underhorstische] *und Henrich Lücke*), † Rentrup 28.2.1744, T.d. Conrad Rentrup gen. Bröntrup u.d. Anna Christina Winter;[250]

(sie: ∞ I. St. Vit 25.11.1736 (Tz: *Johan Henerich Santfort, Frans Bröntrup*)[251]

Johann Conrad **Sandfort**, ~ St. Vit 6.1.1715 (Tp: *Schulte to Lintzel, Hottfilcker und die Severinsche*), † Rentrup, □ St. Vit 15.3.1740, Erbkötter in der Bauerschaft Rentrup, kinderlos;[252] S.d. Johannes Sandfort u.d. Anna Christina Lackmann (→ **04.1**));

∞ II. St. Vit 25.8.1744 (Tz: *Henrich Hüttig, frater sponsi, et Johan Henrich Dönnewald, frater sponsae*)[253]

(Anna) Elisabeth **Dönnewald**, ~ St. Vit 11.2.1725 (Tp: *Ida Catharina Rüdenklo, Anna Dönnewalt, Steffan Aufderheide*), † Rentrup, □ St. Vit 7.4.1760 (*aetatis 35*), T.d. Anton Dönnewald u.d. Gertrud Aufderheide;[254]

∞ III. St. Vit 11.11.1760 (Tz: *Johan Gerdt Hüttig, Henerich Ernst Westbumck*)[255]

Maria Gertrud **Westbumck**, * um 1725, † Rentrup, □ St. Vit 26.9.1765 (*aetatis 40 annorum*);[256]

∞ IV. St. Vit 3.6.1767 (Tz: *Philipp Witlacke, Johan Gerdt Hütig*)[257]

(Maria) Elisabeth **Gronhorst**, * Liesborn um 1718, † Rentrup, □ St. Vit 28.5.1780 (*62 annorum*),[258] kinderlos.

Kinder, alle geboren in Rentrup und getauft in St. Vit (kath.),
aus erster Ehe:

---

248 KB WD Tf3, S. 59 (**1709**); Flaskamp, Totenbuch Vit 3, S. 5 (**1787**); OS-ZB 165, pag. 18v (**1765**).

249 Flaskamp, Traubuch Vit 1, S. 22 (**1740**).

250 Flaskamp, Taufbuch Vit 1, S. 49f. (**1719**); Flaskamp, Totenbuch Vit 1, 30 (**1744**). – Vgl. zu ihr und ihren Vorfahren Bonse / Loefke, Meier zu Rentrup, S. 116 und 105.

251 Flaskamp, Traubuch Vit 1, S. 21 (**1736**).

252 Flaskamp, Taufbuch Vit 1, S. 46 (**1715**); Flaskamp, Totenbuch Vit 1, S. 29 und Flaskamp, Totenbuch Vit 2, S. 19 (**1740**).

253 Flaskamp, Traubuch Vit 1, S. 23 (**1744**).

254 Flaskamp, Taufbuch Vit 1, S. 53f. (**1725**); Flaskamp, Totenbuch Vit 1, S. 35 und Flaskamp, Totenbuch Vit 2, S. 26 (**1760**).

255 Flaskamp, Traubuch Vit 1, S. 27 (**1760**), aber Flaskamp, Traubuch Vit 2, S. 19 (**1760**): Tz: *Jürgen Henrich Westbomcke et Philip Wittlake*.

256 Flaskamp, Totenbuch Vit 1, S. 38 und Flaskamp, Totenbuch Vit 2, S. 30 (**1765**).

257 Flaskamp, Traubuch Vit 1, S. 29 und Flaskamp, Traubuch Vit 2, S. 21 (**1767**): *Joan Gerhart Hüttig et Philip Wittlacke*.

258 Flaskamp, Totenbuch Vit 1, S. 41 und Flaskamp, Totenbuch Vit 2, S. 35 (**1780**).

1) Anna Christina **Sandfort**, ~ 23.2.1744 (Tp: *Christina Bröntrup, Anna Cathrina Witlake, Johan Gerdt Hüttig*), Anerbin, → **06a.1**.[259]

aus zweiter Ehe:

2) Anna Maria **Sandforth**, ~ 22.1.1747 (Tp: *Anna Margaretha Brockers, Anna Maria Donnewald et Stephan Henrich Aschoff*), † Rentrup, ☐ St. Vit 19.5.1747.[260]

3) Anna Margaretha **Santfort**, ~ 9.8.1749 (Tp: *Anna Maria Winters, Anna Margaretha Dönnewalt, Johan Otto Dönnewalt*), † Rentrup, ☐ St. Vit 17.10.1759 (*infans, 9 annorum*).[261]

4) Johann Henrich **Santfort**, ~ 2.3.1751 (Tp: *Johan Dönnewalt, Henerich Hüttig, Anna Funcken*), gen. 1765.[262]

5) Johann Anton **Santfort**, ~ 4.1.1753 (Tp: *Johan Henerich Ostberg, Johan auff der Heide, Anna Maria Winters*), † Rentrup, ☐ St. Vit 13.3.1754 (*ist alt 1 Jahr 2 Monate*).[263]

6) Franz Henrich **Santfort**, ~ 16.2.1755 (Tp: *Frans Lühmeren, Johan Henerich Dönnewalt, Anna Margretha Hüttig*), → **06a.2**.[264]

7) Anna Maria Clara **Santfort**, ~ 2.12.1759 (Tp: *Anna Maria Dreyer, Clara Brünckenhegen, Gerdt Henerich Witlacke*), gen. 1765 auf dem Sandfort-Kotten;[265]
∞ um 1784
Hermann **Kranenfuß**, * um 1760

aus dritter Ehe:

8) Maria Catharina **Santfort**, ~ 25.1.1762 (Tp: *Maria Cathrina Westbumck, Anna Maria Hüttig, Dirck Jacob Winter*), gen. 1765 auf dem Sandfort-Kotten.[266]

9) Maria Elisabeth **Santfort**, ~ 15.7.1764 (Tp: *Elisabeth Lühnig, Anna Maria*

---

259 Flaskamp, Taufbuch Vit 1, S. 65 (**1744**).

260 Flaskamp, Taufbuch Vit 1, S. 67 und Flaskamp, Taufbuch Vit 2, S. 45 (**1747**): *Steffen Henrich Aschof et Anna Margareta Bröckers*; Flaskamp, Totenbuch Vit 1, S. 31 und Flaskamp, Totenbuch Vit 2, S. 21 (**1747**).

261 Flaskamp, Taufbuch Vit 1, S. 69 und Flaskamp, Taufbuch Vit 2, S. 47 (**1749**): *Joan Otto Donnewald et Anna Maria Winters*; Flaskamp, Totenbuch Vit 2, S. 26 aber Flaskamp, Totenbuch Vit 1, S. 35 (**1759**): Cathrina Margretha(!).

262 Flaskamp, Taufbuch Vit 1, S. 70 und Flaskamp, Taufbuch Vit 2, S. 47 (**1751**). – Möglicherweise später Kötter im Stadtfeld von Wiedenbrück.

263 Flaskamp, Taufbuch Vit 1, S. 71, aber Flaskamp, Taufbuch Vit 2, S. 48 (**1753**): 28.1.1753, Tp: *Joan Henrich Ostberg ex parochia Strombergensi et Anna Maria Müllenbroick, Meyrsche Winter*; Flaskamp, Totenbuch Vit 1, S. 33 und Flaskamp, Totenbuch Vit 2, S. 24 (**1754**).

264 Flaskamp, Taufbuch Vit 1, S. 72 und Flaskamp, Taufbuch Vit 2, S. 50 (**1755**).

265 Flaskamp, Taufbuch Vit 1, S. 75 aber Flaskamp, Taufbuch Vit 2, S. 52 (**1759**): Tp: *Christopher Gerd Henrich Wittlacke et Anna Maria Dregger*; OS-ZB 165, pag. 18v (**1765**).

266 Flaskamp, Taufbuch Vit 1, S. 76 und Flaskamp, Taufbuch Vit 2, S. 53 (**1762**), OS-ZB 165, pag. 18v (**1765**).

Hüttig, Johann Schürman), gen. 1765 auf dem Sandfort-Kotten.[267]

06a.1 Anna Christina **Sandfort**, T.d. Johann Conrad Hütig gen. Sandfort u.d. Anna Gertrud Bröntrup **(→ 05a)**

~ St.Vit 23.2.1744 (Tp: *Johan Gerd Hütig et Christina Brentrup*), † Rentrup 3.1., † St. Vit 6.1.1809 (*65 Jahr alt*), Anerbin, gen. 1765;[268]

∞ St. Vit 13.7.1779 (Tz: *Hennericus Santfort et Clara Santfort*)[269]

Johann Christian **Strodt gen. Sandfurt**, ~ Wiedenbrück 15.10.1738 (Tp: *Johan Stroth et Elisabeth Stinens*), † Rentrup 30.6., □ St. Vit 3.7.1823 (*85 Jahr alt*), gewinnt den Erbkotten Sandfort in der Bauerschaft Rentrup, Leibzüchter (1823), S.d. Christian Stroth u.d. Anna Sophia Hagenbröcker.[270]

Kinder, alle geboren in Rentrup und getauft in St. Vit:

1) Anna Sophia Elisabeth Charlotta **Stroith** [gen. Sandfort], Anerbin, ~24.2.1780 (Tp: *Joannes Stephanus Hotfilcker et Anna Sophia Elisabetha Charlotta Stroith*),[271] Anerbin, → **07a.1**.
2) Conrad Friedrich **Stroth nunc Sandfurth**, ~ 11.2.1781 (Tp: *Joannes Conradus Sandfurth et Elisabeth Westhuß ex parochia Widenbrugensi*), † Rentrup, □ St. Vit 25.2.1783 (*infans 2 annorum*).[272]
3) Ernst Henrich **Stroth nunc Sandfurth**, ~ 13.2.1783 (Tp: *Ernestus Henricus Stroth ex parochia Widenbrugensi et Anna Maria Rentrup*), † Rentrup, □ St. Vit 22.2.1783 (*infans 11 dierum*).[273]
4) Johann Henrich **Stroth nunc Sandfurth**, ~ 13.1.1785 (Tp: *Joannes Henricus Sandfurth et Clara Große-Aschoff*), † Rentrup 24., □ St. Vit 25.3.1793 (*8 Jahr alt*).[274]
5) Franz Heinrich **Stroth jetz Sandfurth**, * 22., ~ 24.5.1787 (Tp: *Franciscus Henricus Sandfurth und Margaretha Hütig*).[275]

---

267 FLASKAMP, Taufbuch Vit 1, S. 78 und FLASKAMP, Taufbuch Vit 2, S. 55 (**1764**), OS-ZB 165, pag. 18v (**1765**).

268 FLASKAMP, Taufbuch Vit 2, S. 43 (**1744**); FLASKAMP, Totenbuch Vit 3, S. 11 (**1809**); OS-ZB 165, pag. 18v (**1765**).

269 FLASKAMP, Traubuch Vit 1, S. 30, aber FLASKAMP, Traubuch Vit 2, S. 24 (**1779**): Tz: *Joannes Henricus Sandfurth et Ernestus Stroet*.

270 KB WD Tf4, S. 232 (**1738**); FLASKAMP, Totenbuch Vit 3, S. 17 (**1823**).

271 FLASKAMP, Taufbuch Vit 2, S. 67 (**1780**).

272 FLASKAMP, Taufbuch Vit 2, S. 68 (**1781**); FLASKAMP, Totenbuch Vit 1, S. 42 und FLASKAMP, Totenbuch Vit 2, S. 37 (**1783**).

273 FLASKAMP, Taufbuch Vit 2, S. 71 (**1783**); FLASKAMP, Totenbuch Vit 1, S. 42 (**1783**).

274 FLASKAMP, Taufbuch Vit 2, S. 72 (**1785**); FLASKAMP, Totenbuch Vit 3, S. 6 (**1793**).

275 FLASKAMP, Taufbuch Vit 4, S. 11 (**1787**).

06a.2 Franz Henrich **Sandfort**, S.d. (Johann) Conrad Hütig gen. Sandfort u.d. (Anna) Elisabeth Dönnewald **(→ 05a)**

~ St. Vit 16.2.1755 (Tp: *Frans Lühmeren, Johan Henerich Dönnewalt, Anna Margretha Hüttig*), † Wiedenbrück 26., ☐ ebd. 28.2.1820 (*65 Jahr alt, hinterläßt Frau und 5 minorenne Kinder*), gen 1765 auf dem Sandfort-Kotten, bürgert mit Frau am 11.11.1788 in Wiedenbrück ein, Tagelöhner;[276]

∞ I. Wiedenbrück 9.9.1788 (Tz: *Joan Henrich Sandfort, Joan Henrich Surman*)[277]

Gertrud **Dreyer**, * um 1754, † Wiedenbrück 23., ☐ ebd. 24.1.1799 (*45 Jahr alt*), bürgert mit Ehemann 1788 in Wiedenbrück ein;[278]

∞ II. Wiedenbrück 9.4.1799 (Tz: *Joan Henrich Sandfort und Wilhelm Scheiper, subcustos*)[279]

Anna Maria Catharina **Dreyer**, * um 1775, † Wiedenbrück 10., ☐ ebd. 12.9.1804 (*im 30 Jahre*);[280]

∞ III. Wiedenbrück 6.11.1804 (Tz: *Joan Henrich Sandfurth und custos Strathmann*)[281]

Maria Gertrud **Hülsmann**, * Rheda um 1786, † vor 1837, bürgert in Wiedenbrück am 9.11.1804 ein.[282]

Kinder, alle geboren und getauft in Wiedenbrück (kath.),
erster Ehe:

1) Anna Maria Clara **Sandfort**, * 2., ~ 3.2.1789 (Tp: *An(na) Maria Clara Sandfort und Ferdinand Mollenbrock*), † Wiedenbrück 16., ☐ ebd. 18.9.1791 (*2 ½ jahr alt, weiblichen Geschlechts*).[283]
2) Anna Maria Christine **Sandfort**, * 10., ~ 12.9.1792 (Tp: *An(na) Christin Knipping et Anton Heckkemper*).[284]
3) Franz Hermann **Sandfurt**, * 6., ~ 7.10.1795 (Tp: *Franciscus Hermannus Heising*), † Wiedenbrück 30.11., ☐ ebd. 1.12.1796 (*1 Jahr 2 Monathe alt*).[285]
4) Johann Heinrich **Sandfort**, * u. ~ 18.12.1798 (Tp: *Joan(nes) Henrich Sandfort und Elisabetha Hütig*), † Wiedenbrück 25., ☐ ebd. 26.5.1799 (*5 Monathe alt*).[286]

---

276 FLASKAMP, Taufbuch Vit 1, S. 72 und FLASKAMP, Taufbuch Vit 2, S. 50 (**1755**); KB WD To4, S. 155 (**1820**); OS-ZB 165, pag. 18v (**1765**); FLASKAMP, Bürgerlisten Wiedenbrück 2, S. 86 (**1788**).
277 KB WD Tr4, S. 5 (**1788**).
278 KB WD To4, S. 35 (**1799**); FLASKAMP, Bürgerlisten Wiedenbrück 2, S. 86 (**1788**).
279 KB WD Tr4, S. 30 (**1799**).
280 KB WD To4, S. 52 (**1804**).
281 KB WD Tr4, S. 46 (**1804**).
282 FLASKAMP, Bürgerlisten Wiedenbrück 2, S. 94 (**1804**).
283 KB WD Tf5, S. 26 (**1789**); KB WD To4, S. 15 (**1791**).
284 KB WD Tf5, S. 64 (**1792**).
285 KB WD Tf5, S. 91 (**1795**); KB WD To4, S. 29 (**1796**).
286 KB WD Tf5, S. 128 (**1798**); KB WD To4, S. 37 (**1799**).

zweiter Ehe:

5) Johann Stephan **Sandfort**, * 11., ~ 13.3.1800 (Tp: *Joan Stephan Dreyer und Maria Christina Brinckemper*),[287] → **07a.2**.

6) Johann Hermann **Sandfort**, * 22., ~ 23.9.1802 (Tp: *Joannes Hermannus Dreyer und Maria Angela Wessel*).[288]

dritter Ehe:

7) Maria Catharina **Sandfort**, * 22., ~ 23.12.1805 (Tp: *Maria Catharina Fielstier genant Hülsmann*), † Wiedenbrück 20.3.1864;[289]
∞ Wiedenbrück 5.5.1829 (Tz: *Franz Sandfort und Henrich Mannefeld*)[290] Franz Arnold **Ralenkötter**, * Geweckenhorst 3., ~ St. Vit 4.7.1802 (Tp: *Franciscus Arnoldus Kramer und Gertrudis Bombeck*),[291] † Wiedenbrück 28.4.1885, bürgert in Wiedenbrück am 4.5.1829 ein, Taglöhner, S.d. David Ralenkötter u.d. Catharina Garthoff.

8) Anna Margareta **Sandforth**, * 8., ~ 10.7.1811 (*Tp: Margaretha Hütig genannt Kleine Lümeren*); [292]
∞ Wiedenbrück 15.8.1837 (Tz: *Gerhard Badde und Heinrich Dreyer*)[293] Johann Heinrich **Kampwirth**, * 8.9.1803, S.d. Theodor Kampwirth, Heuerling in Verl, u.d. Elisabeth ...

9) Catharina Wilhelmine **Sandfurt**, * 19., ~ 21.7.1818 (Tp: *Cath(arina) Wilhelmina Hülsmann*), † Wiedenbrück 13., ☐ ebd. 16.11.1831 (*im 14. Jahre, am Nervenfieber [gestorben]*).[294]

07a.1 Anna Sophia Elisabeth Charlotta **Stroith gen. Sandfort**, T.d. Johann Christian Stroth gen. Sandfort u.d. Anna Christina Sandfort (→ **06a.1**)
~ St. Vit 24.2.1780 (Tp: *Joannes Stephanus Hotfilcker et Anna Sophia Elisabetha Charlotta Stroith*), † Rentrup 7., ☐ St. Vit 10.10.1837 (*61 Jahre alt, starb an der Wassersucht, hinterließ Wittwer und 3 majorenne und 3 minorenne Kinder*), Anerbin;[295]
∞ St. Vit 27.11.1804 (Tz: *Hermannus Lußkemper und Franciscus Sandfurt*)[296] Everhard **Lußkemper gnt. Sandfort**, ~ Wiedenbrück 22.12.1774 (*Tp: Joan Ewerhard Luskemper et Maria Catharina Hilker*), † Rentrup 14., ☐ St. Vit 18.5.1855

287 KB WD Tf5, S. 144 (**1800**).
288 KB WD Tf5, S. 177 (**1802**).
289 KB WD To5, S. 251 (**1864**).
290 KB WD Tr4, S. 187 (**1829**).
291 Flaskamp, Taufbuch Vit 4, S. 24 (**1804**).
292 KB WD Tf5, S. 329 (**1811**).
293 KB WD Tr4, S. 276 (**1837**); vgl. auch Loefke / Goldkuhle, Goldkuhle, S. 383.
294 KB WD Tf5, S. 69 (**1818**); KB WD To4, S. 290 (**1831**).
295 Flaskamp, Taufbuch Vit 2, S. 67 (**1780**); Flaskamp, Totenbuch Vit 3, S. 29 (**1837**).
296 Flaskamp, Traubuch Vit 3, S. 9 (**1804**).

(*81 Jahre alt*), Kötter auf dem Erbkotten Sandfort in der Bauerschaft Rentrup, S.d. Johann Otto Luskemper u.d. Gertrud Orthaus.[297]

Kinder, alle geboren in Rentrup und getauft in St. Vit (kath.):

1) Christina **Lußkemper jetz Sandfurt**, * 7., ~ 9.10.1805 (Tp: *Joannes Hermannus Horstman und Christina Sandfurth*), † Rentrup 19., □ St. Vit 20.11.1807 (*2 Jahr alt*).[298]
2) Johann Otto **Lußkemper jetz Sandfurt**, * 9., ~ 11.6.1807 (Tp: *Joannes Otto Lußkemper aus der Pfarr zu Wiedenbrück*), 1839 im Knope;[299]
   ∞ St. Vit 19.6.1838 (Tz: *Gerhard Sandfort u(nd) Anton Lueskoch*)[300]
   Anna Maria **Beckhöfer**, * Linzel 5., ~ Stromberg 6.4.1811 (Tp: *Anna Maria Kirian, Joseph Griesdiek*),[301] T.d. Heinrich Rasche gen. Beckhöfer, Kötter zu St. Vit, u.d. Clara Kortkemeier.
   Kinder, geboren in Rentrup und getauft in St. Vit (kath.):
   a) Everhard **Sandfort**, * 17., ~ 18.4.1839 (Tp: *Everhard Sandfort*)[302]
   b) Heinrich **Sandfort**, * 10., ~ 12.11.1841 (Tp: *Heinrich Beckhöfer, Kirchspiels Stromberg*).[303]
3) Christian **Sandfurt**, * 12., ~ 14.12.1808 (Tp: *Christianus Stroth nunc Sandfurt und Elisabetha Lußkemper*).[304]
4) Hermann [später Arnold genannt] **Lußkämper genant Sandfort**, * 28., ~ 30.5.1811 (Tp: *Hermann Knipping und Maria Clara Westermeier*);[305]
   ∞ St. Vit 5.11.1850 (Tz: *Gerhard Sandfort u(nd) Anton Stukemeier*)[306]
   Maria Anna **Hülstedde**, * 1., ~ St: Vit 3.8.1815 (Tp: *Maria Catharina Hülstedde et Anton Rumpsel*),[307] T.d. Heuerlings Wilhelm Hülstedde u.d. Clara Broerman zu St. Vit.
5) Elisabeth **Luskemper condicta Sandfurt**, * 20., ~ 22.8.1813 (Tp: *Elisabeth Luskemper et Henrich Hütig*), † Rentrup 17., □ St. Vit 18.1.1814 (*aetatis 4 mensium*).[308]
6) Maria Anna **Luskemper condicta Sandfort**, * 5., ~ 6.3.1815 (Tp: *Anna Maria Rolff condicta Kerckman*);[309]

---

297 KB WD Tf4, S. 448 (**1774**); KB St. Vit, Tote 1843-1969, S. 25-26 (**1855**).
298 FLASKAMP, Taufbuch Vit 4, S. 27 (**1805**); FLASKAMP, Totenbuch Vit 3, S. 10 (**1807**).
299 FLASKAMP, Taufbuch Vit 4, S. 29 (**1807**).
300 KB St. Vit, Trauungen 1831-1958, S. 7-8 (**1838**).
301 KB Stromberg, Taufen 1810-1815, S. 6 (**1811**).
302 FLASKAMP, Taufbuch Vit 4, S. 67 (**1839**).
303 FLASKAMP, Taufbuch Vit 4, S. 70 (**1841**).
304 FLASKAMP, Taufbuch Vit 4, S. 31 (**1808**).
305 FLASKAMP, Taufbuch Vit 4, S. 33 (**1811**).
306 KB St. Vit, Trauungen 1831-1958, S. 17-18 (**1850**).
307 FLASKAMP, Taufbuch Vit 4, S. 37 (**1815**).
308 FLASKAMP, Taufbuch Vit 4, S. 35 (**1813**); FLASKAMP, Totenbuch Vit 3, S. 13 (**1814**).
309 FLASKAMP, Taufbuch Vit 4, S. 36 (**1815**).

∞ St. Vit 4.5.1854 (Tz: *Wilhelm Wideking zu Herzebrock u(nd) Otto Sandfort*)[310]

Theodor **Wedeking**, * um 7.1817, S. Colon Franz Wedeking u.d. Anna Maria Wedeking zu Herzebrock.

7) Anna Catharina **Lueskemper genant Sandfort**, * 22., ~ 24.5.1817 (Tp: *Anna Catharina Hütig genant Tigges, Kirchspiels Stromberg, und Frans Sandfort*).[311]

8) Maria Anna Elisabeth **Lueskemper genant Sandforth**, * 1., ~ 3.3.1820 (Tp: *Maria Anna Elisabeth Ehefrau Stiever, Kirchspiels Wiedenbrück*).[312]

9) Gerhard **Lueskemper genant Sandforth**, * 20., ~ 22.2.1823 (Tp: *Gerhard Lueskemper, Bauerschaft Batenhorst, Margaretha Rentrup*);[313]

∞ St. Vit 3.5.1854 (Tz: *Christoph Bruning zu Langenberg u(nd) Joh(ann) Sandfort zu St. Vit*)[314]

Anna Catharina **Brüning**, * 8.6.1820, T.d. Colon Johann Hermann Brüning u.d. Christina Aussel zu Langenberg.

07a.2 Johann Stephan **Sandfort**, S.d. Franz Heinrich Sandfort u.d. Anna Maria Catharina Dreyer (→ **06a.2**)

* Wiedenbrück 11., ~ ebd. 13.3.1800 (Tp: *Joan Stephan Dreyer und Maria Christina Brinckemper*),[315] † 7.7.1883, Taglöhner;

∞ Wiedenbrück 12.5.1827 (Tz: *Hermann Dreyer und Henrich Wiexmerten*)[316]

Margareta **Wixmerten**, * um 1798, † Wiedenbrück 22., ☐ ebd. 25.1.1859 (*65 [Jahre alt, hinterlässt] Witwer und drei großjahr. Kinder*),[317] T.d. Arnold Biermann gen. Wixmerten u.d. Catharina Margareta Wixmerten.

Kinder (u.a.):

1) Hermann **Sandfort**, * Wiedenbrück 21., ~ ebd. 22.9.1828 (Tp: *Johan Hermann Dreyer und Ass(istenz) Angela Wiekmerten*), Taglöhner beim Vater;[318]

∞ Wiedenbrück 29.9.1857 (Tz: *Hermann Otterpohl und Franz Bresser*)[319]

Gertrud **Otterpohl**, * um 1830, T.d. Gerhard Otterpohl, Kötter im Wiedenbrücker Stadtfeld, u.d. Catharina Berens.

---

310 KB St. Vit, Trauungen 1831-1958, S. 21-22 (**1854**).
311 FLASKAMP, Taufbuch Vit 4, S. 40 (**1817**).
312 FLASKAMP, Taufbuch Vit 4, S. 43 (**1820**).
313 FLASKAMP, Taufbuch Vit 4, S. 47 (**1823**).
314 KB St. Vit, Trauungen 1831-1958, S. 19-20 (**1854**).
315 KB WD Tf5, S. 144 (**1800**).
316 KB WD Tr4, S. 173 (**1827**).
317 KB WD To5, S. 210 (**1859**).
318 KB WD Tf6, S. 191 (**1828**).
319 KB WD Tr5, S. 59 (**1857**).

Anhang

Nachkommen von Töchtern und Söhnen,
die nicht den Namen Sandfort führen

Heising

Kinder des Sattlers und späteren Küsters Johannes **Heising** und der Maria Catharina **Sandfort** (→ **05.4-9**), alle geboren und getauft in Wiedenbrück (kath.):

1) Wilhelm Anton **Heising**, * 1., ~ 2.1.1820 (Tp: *Wilhelm Anton Heising*), † Wiedenbrück 2.3.1843.[320]
2) Catharina Wilhelmina **Heising**, * 2., ~ 3.8.1821 (Tp: *Catharina Wilhelmine Badde*), † Wiedenbrück 19.10.1822.[321]
3) Maria Clara **Heising**, * u. ~ 20.8.1824 (Tp: *Maria Clara Waldeyer, Ehefrau Heising*).[322]
4) Maria Theodora **Heising**, * 26., ~ 27.11.1826 (Tp: *Maria Catharina Badde*).[323]
5) Franz Wilhelm **Heising**, * 4., ~ 5.11.1828 (Tp: *Franz Wilhelm Heising*),[324] Blaufärber;
   ∞ Wiedenbrück 20.5.1862 (Tz: *Bernard Schwarzer und Johannes Heising*)[325]
   Elisabeth **Schwarzer**, * um 1840, T.d. Taglöhners Dominicus Schwarzer u.d. Anna Schnieder.

Humbrock

Kinder des Johann Otto **Humbrock** und der Margareta Elisabeth **Sandfort** (→**05.3-4**), alle geboren und getauft in Wiedenbrück (kath.):

1) Maria Christina Gertrud **Humbrock**, ~ 28.7.1784 (Tp: *Maria Christina Rickman gen. Baderinck*).[326]
2) Gertrud Elisabeth **Humbrock**, * 4., ~ 6.11.1786 (Tp: *Maria Elisab(eth) Humbrock et Joan Henrich Buck*).[327]
3) Friedrich Adolph **Humbrock**, * 25.9., ~ 1.10.1789 (Tp: *Stephan Oremen,*

---

320 KB WD Tf6, S. 87 (**1820**).
321 KB WD Tf6, S. 105 (**1821**).
322 KB WD Tf6, S. 145 (**1824**).
323 KB WD Tf6, S. 171 (**1826**).
324 KB WD Tf6, S. 192 (**1828**).
325 KB WD Tr5, S. 82 (**1862**). – Aus dieser Ehe ging der Bildhauer Bernhard Heising hervor, der u. a. 1903 das Denkmal „Betender Landmann“ (auf dem Marktplatz in Wiedenbrück) schuf.
326 KB WD Tf4, S. 498 (**1784**).
327 KB WD Tf4, S. 508 (**1786**).

custos, patrin(us) honorarius Adolph Eilers, acath(olicus)).[328]

4) Maria Franziska Florentina **Humbrock**, * 21., ~ 23.11.1792 (Tp: *Maria Christina Rickmeyer gen. Deitert und Franciscus Iwelinghausen*).[329]

5) Maria Anna **Humbrock**, * 24., ~ 26.6.1796 (Tp: *Anna Maria Kammeler und Joan Gerhard Sandtfurth*).[330]

6) Christina Elisabeth **Humbrock**, * 26., ~ 29.6.1799 (Tp: *Elisabeth Dickhütter genant Humbrock*).[331]

7) Maria Theresia **Humbrock**, * 5., ~ 6.8.1802 (Tp: *Maria Theresia Vogelsang genant Heising*).[332]

Kammeler

Kinder des Jobst Heinrich **Kammeler** u.d. Margareta Elisabeth **Sandfort** (→**04.2-5**), alle getauft in Wiedenbrück (kath.):

1) Johann Peter **Kammeler**, ~ 15.8.1751 (Tp: *Johan Henr(ich) Kammeler et Elisab(eth) Büscher*).[333]

2) Anna Maria **Cammeler**, ~ 13.1.1754 (Tp: *Anna Cath(arina) Büscher gen. Cammelers et Anton Kerckweger*).[334]

3) Johann Otto **Cammeler**, ~ 25.1.1757 (Tp: *Johan Otto Verhoff et Maria Angela Büschers*).[335]

4) Johann Christoph **Cammler**, ~ 5.10.1759 (Tp: *Johan Henrich Büscher et Maria Elisab(eth) Ranke gen. Sandforts*).[336]

5) Anna Angela **Kammeler**, ~ 14.4.1761 (Tp: *Anna Angela Sanfers(!) gen. Welps et Anton Pötter*).[337]

6) Ferdinand Laurentius **Cammeler**, ~ 9.8.1767 (Tp: *d(ominus) Ferdinandus Schyrmeyer, judicii Reck(en)berg(ensis) actuar(ius) scrib(tor), et Maria Florintina Schwenger*).[338]

---

328 KB WD Tf5, S. 34 (**1789**).
329 KB WD Tf5, S. 66 (**1792**).
330 KB WD Tf5, S. 99 (**1796**).
331 KB WD Tf5, S. 134 (**1799**).
332 KB WD Tf5, S. 175 (**1802**).
333 KB WD Tf4, S. 327 (**1751**).
334 KB WD Tf4, S. 345 (**1754**).
335 KB WD Tf4, S. 364 (**1757**).
336 KB WD Tf4, S. 377 (**1759**).
337 KB WD Tf4, S. 386 (**1761**).
338 KB WD Tf4, S. 415 (**1767**).

Lohrecker

Eigenbehörig dem Amtshaus Reckenberg

Kinder des Hermann **Lohrecker** u.d. Elisabeth **Sandfort** (→ **02-2**), alle getauft in Wiedenbrück (kath.):

1) Angela **Laurecker**, ~ 28.9.1659 (Tp: *Otto Räker et Anna Lußmeierß*), 1660: 1 Jahr alt.[339]
∞ Wiedenbrück 29.10.1687 (Tz: *Johan Lohrrecker et Johan Santfort*)[340]
Hermann **Borchelt**, ...
2) Johann Heinrich **Laurecker**, ~ 15.1.1662 (Tp: *Henrich Brandt et Elisabeth Baselß*), 1662: ¾ Jahr alt;[341]
∞ Wiedenbrück 25.10.1694 (Tz: *Johan Sandtfort et Gerdt Crümpelman, custos*)[342]
Anna Margareta **Uckmann**, ~ Wiedenbrück 29.1.1674 (Tp: *Cordt zur Wordt et Margareta Dreyses*), T.d. Cordt Möllenbrock gen. Uckmann u.d. Maria Uckmann.[343]
3) Anna **Laurekers**, ~ 9.11.1664 (Tp: *Johan Bomker et Anna Lumeren*).[344]
4) Peter **Laurecker**, ~ 17.01.1667 (Tp: *Johan Reihorst et Anna Hulsey(?)*), □ Wiedenbrück 20.1.1667 (*Herman Laurecker ein Kindt*).[345]
5) Elisabetha **Laurecker**, ~ 07.10.1668 (Tp: *Herman Kodinghaus et Elisabeth Linthorst*).

Lüninghaus

Sohn des Heinrich **Lüninghaus** u.d. Angela **Sandfort** (→ **03.2-3**):

1) Anton Heinrich **Lüninghaus**, ~ Wiedenbrück 11.2.1703 (Tp: *Johan Santfort et Anna Elisabeth Potters*).[346]

Moselage gen. Meier-Cordt

Kinder des Meinolf (Nolte) **Sandfort gen. Moselage gen. Meyer-Cordt** (→ **02-5**) u.d. Anna Elisabeth **Moselage gen. Meyer-Cordt**, alle getauft in Wiedenbrück (kath.):

---

339 KB WD Tf3, S. 23 (**1659**); GGQ 4, S. 6 (**1660**).
340 Flaskamp, Traubuch Wiedenbrück 2, S. 74 (**1687**).
341 KB WD Tf3. S. 39 (**1662**); GGQ 4, S. 6 (**1662**).
342 Flaskamp, Traubuch Wiedenbrück 2, S. 87 (**1694**).
343 KB WD Tf3, S. 131 (**1674**)
344 KB WD Tf3, S. 59 (**1664**).
345 Flaskamp, Totenbuch Wiedenbrück 2, S. 42 (**1667**).
346 KB WD Tf4, S. 8 (**1703**).

1) Johannes **Moselage**, ~ 22.09.1674 (Tp: *Johan zu Lumern et Everdt Mejer zu Aussel et Elisabeth ...*).[347]
2) Johannes **Moselage**, ~ 03.11.1675 (Tp: Johan Sandtfort et Elisabeth Uckmans).[348]
3) Antonius **Moselage gen. Meyer-Cordt**, ~ 04.05.1678 (Tp: Johan Ploscher et Elisabeth Uhrmeisters).[349]
4) Johann Franz **Moselage**, ~ 05.01.1681 (Tp: *Jo(ann)es Franciscus Siggelberg filius colonelli*).[350]
5) Walter **Santfort gen. Meyer-Cordt**, ~ 10.12.1687 (Tp: Herman Gröne et Gerdrutt Santforts).[351]
   ∞ Wiedenbrück 10.8.1706 (Tz: *Henrich Schlautman et Johan Meyer Cordts condictus Moselage*)[352]
   Anna **Schlautmann**, ...

Ortmeyer

Kinder des Johann Heinrich **Ortmeyer** aus seinen Ehen mit Maria Catharina Elisabeth **Sandfort** (→ **05.4-1**) und Maria Sybilla **Verhoff**, alle geboren und getauft in Wiedenbrück (kath.),
aus erster Ehe:
1) Maria Friederika Wilhelmina **Ortmeyer**, * 27.2., ~ 1.3.1800 (Tp: *die hochwohlgebohrne gnädige Freyfrau Maria Friderica Wilhelmina von Amelunxen, Kelnerin des hochadlichen Stiftes zu Hertzebrock*).[353]
2) Franz Wilhelm **Orthmeyer**, * 24., ~ 25.6.1801 (Tp: *Franciscus Sandfurth*).[354]
3) Johann Bernard **Ortmeyer**, * 29., ~ 30.4.1803 (Tp: *Joan Bernard Ortmeyer*).[355]
4) Maria Catharina **Ortmeyer**, * u. ~ 20.4.1806 (Tp: *Anna Catharina Ortmeyer genant Sandfurth*).[356]
5) Franziska **Ortmeyer**, * 30., ~ 31.7.1808 (Tp: *Maria Catharina Sandfort*), † Wiedenbrück 7., □ ebd. 10.2.1859 (*51 [Jahre alt, hinterlässt] Witwer und 3 minderjährige Kinder*);[357]

---

347 KB WD Tf3, S. 135 (**1674**).
348 KB WD Tf3, S. 143 (**1675**).
349 KB WD Tf3, S. 159 (**1678**).
350 KB WD Tf3, S. 178 (**1681**).
351 KB WD Tf3, S. 220 (**1687**).
352 KB WD Tr3, S. 9 (**1706**).
353 KB WD Tf5, S. 143 (**1800**).
354 KB WD Tf5, S. 160 (**1801**).
355 KB WD Tf5, S. 189 (**1803**).
356 KB WD Tf5, S. 237 (**1806**).
357 KB WD Tf5. S. 278 (**1808**); WD KB To5, S. 210 (**1859**).

∞ Wiedenbrück 8.10.1844 (Tz: *Christopher Heising und Peter Bövencloh*)[358]

Johann Heinrich **Heising**, * Wiedenbrück 3., ~ ebd. 5.12.1796 (Tp: *Joannes Henricus Zurwieden*), Kupferschmied, S.d. Metzgers Conrad Heising u.d. Elisabeth Schem.[359]

6) Nicolaus Johannes **Ortmeyer**, * 25., ~ 26.10.1812 (Tp: *Nicolaus Sasse*).[360]

7) Maria Catharina **Ortmeyer**, * 14., ~ 15.2.1815 (Tp: *Maria Cath(arina) Ortmeyer*).[361]

aus 2. Ehe:

8) Otto **Ortmeier**, * um 1821, Bäcker;
oo Wiedenbrück 14.7.1857 (Tz: *Gerhard Druffel und Joseph Ortmeier*)[362]
Maria Elisabeth **Druffel**, * Oelde 21., ~ ebd. 24.4.1834, T.d. Schreiners Anton Druffel in Oelde u.d. Franziska Pott.

9) Heinrich **Ortmeier**, * um 1831, Bäcker und Böttcher;
oo Wiedenbrück 10.5.1864 (Tz: *Stephan Hütig und Otto Brentrup*)[363]
Maria **Thumann**, * um 1843, T.d. Böttchers Hermann Thumann u.d. Elisabeth Goldkuhle.

Pötter

Kinder des Otto **Pötter** u.d. Anna Elisabeth **Sandfort** (→ **03.1-1**), alle getauft in Wiedenbrück (kath.):[364]

1) Johann Hermann **Pötter**, ~ 26.07.1685 (Tp: *Johan Santfort et Christina Pötters condicta Hölschers*), ☐ Wiedenbrück 25.07.1751 (*66 ann(orum)*);[365]
∞ I. Wiedenbrück 23.1.1714 (Tz: *Henrich Lüninghaus et Conradt Uhrmeister*)[366]
Eva Maria (Margareta Elisabeth) **Windmann**, ~ Wiedenbrück 26.11.1676 (Tp: *Eva Ploschers*), ☐ ebd. 25.3.1737 (*63 annor(um)*), T.d. Balthasar Windmann u.d. Anna Margareta Strohschneider;[367]

---

358 KB WD Tr5, S. 8 (**1844**).
359 KB WD Tf4, S. 104 (**1796**).
360 KB WD Tf6, S. 11 (**1812**).
361 KB WD Tf6, S. 38 (**1815**).
362 KB WD Tr5, S. 58 (**1857**).
363 KB WD Tr5, S. 90 (**1864**).
364 Vgl. PÖTTER, Familie, S. 148.
365 KB WD Tf3, S. 203 (**1685**); KB WD To3, S. 141 (**1751**).
366 KB WD Tr3, S. 20 (**1714**).
367 KB WD To3, S. 97 (**1737**). – Zum Ehepaar Windmann/Strohschneider und deren Vorfahren vgl. LOEFKE, Nachträge, S. 157 und 161.

(sie: ∞ I. Wiedenbrück 4.6.1709 (Tz: *Frantz Windman et Cordt Henrich Wieman*)[368]

Johannes **Mumperow gen. Röckinghausen**,[369] Bürger in Wiedenbrück);

∞ II. Wiedenbrück 3.7.1737 (Tz: *Christoff Pötter et Anton Uhrmeister*)

Anna Elisabeth (Catharina) **Uhrmeister**, * Wiedenbrück 4.10.1716 (Tp: *Anna Catharina Heising condicta Krümpelman et Henrich Grafflage*), ☐ ebd. 26.9.1743 (*Catharina Elisabetha Uhrmeister gndt. Pötter, 26 ann(orum)*), T.d. Peter Uhrmeister u.d. Maria Dotte;[370]

∞ III. Wiedenbrück 30.11.1743 (Tz: *J(ohann) Henr(rich) Range et custos Krümpelman*)[371]

Catharina Elisabeth **Uhrmeister**, * Wiedenbrück 21.9.1708 (Tp: *Conradt Creutzkamp et Catharina Henrichman condicta Helweg*), ☐ ebd. 3.4.1759 (*51 annor(um)*), T.d. Johann Christoph Uhrmeister u.d. Margareta Hellweg.[372]

– 6 Kinder aus den 3 Ehen –

2) Christoph Hermann **Pötter**, ~ 28.9.1687 (Tp: *Christophorus Pötter, senator, et Christina Heithorsters*), ☐ Wiedenbrück 8.11.1758 (*71 ann(orum)*).[373]

3) Johann Conrad **Potter**, ~ 6.11.1689 (Tp: *Adrian Ploscher et Elisabeth Stambergh*), ☐ Wiedenbrück 1.7.1742 (*52 annor(um)*);[374]

∞ Wiedenbrück 8.1.1726 (Tz: *Johan Pötter et Conrad Uhrmeister, sponsorum fratres*)[375]

Christina Ursula **Uhrmeister**, ~ Wiedenbrück 4.5.1706 (Tp: *Ernest Suhrlage et Anna Christina Heisings condicta Uhrmeister*), ☐ ebd. 3.7.1742 (*38 annor(um)*), T.d. Peter Uhrmeister u.d. Anna Maria Dotte.[376]

4) Maria Elisabeth **Potters**, ~ 24.8.1692 (Tp: *Otto Vosmar et Elisabeth Mollers*), ☐ Wiedenbrück 20.11.1766 (*75 annor(um)*);[377]

∞ Wiedenbrück 29.9.1716 (Tz: *Henrich Knöbbel, parens sponsi, et Johan Henrich Lüninghauß*)[378]

Gerhard Heinrich **Knöbel**, ~ Wiedenbrück 26.12.1690 (Tp: *Henrich Uhrmeister et Marg(aretha) Zurwieden*), ☐ ebd. 7.4.1762, S. Heinrich Knöbel u.d. Catharina Uhrmeister.[379]

5) Johann Lubert **Pötter**, ~ 4.3.1696 (Tp: *Conradt Uhrmeister und Margaretha*

---

368 KB WD Tr3, S. 13 (**1709**).

369 Zur Familie Mumperow vgl. LOEFKE / OSSENBRINK / RADE / SCHINDLER, Mumperogge, hier besonders S. 91 zu Johannes Mumperow gen. Röckinghausen.

370 KB WD Tf4, S. 97 (**1716**); KB WD To3, S. 120 (**1743**).

371 KB WD Tr3, S. 97 (**1743**).

372 KB WD Tf4, S. 50 (**1708**); KB WD To3, S. 162 (**1759**).

373 KB WD Tf3, S. 219 (**1687**); KB WD To3, S. 160 (**1758**).

374 KB WD Tf3, S. 236 (**1689**), danach ist die Monatsangabe bei PÖTTER, Familie, S. 148, zu verbessern; KB WD To3, S. 115 (**1742**).

375 KB WD Tr3, S. 37 (**1726**).

376 KB WD Tf3, S. 30 (**1706**); KB WD To3, S. 115 (**1742**).

377 KB WD To3, S. 180 (**1766**).

378 KB WD Tr3, S. 23 (**1716**).

379 KB WD Tf3, S. 245 (**1690**); KB WD To3, S. 172 (**1762**).

Küping), □ Wiedenbrück 1.5.1696.[380]

6) Franz Otto **Pötter**, ~ 08.10.1697 (Tp: *Christoph Potter et Elisabeth Sandfort*), spricht 1730 seine Bürgerschaft auf und zieht nach Rietberg;[381]
∞ Rietberg 10.1.1730 (Tz: *Otto Potter, Ferdinand Seppeler*)[382]
Anna Maria **Hölscher gen. Schulte**, ...

7) Anna Christina **Pötter**, ~ 16.5.1701 (Tp: *Johan Sandfordt et Christina Potters condicta Schmiedt*), □ Wiedenbrück 28.12.1741 (*40 annor(um)*);[383]
∞ Wiedenbrück 19.1.1723 (Tz: *Johan Xtoff Söester et Johan Knöbbel*)[384]
Johann Christoph **Bartscher**, ~ Wiedenbrück 24.2.1700 (Tp: *Christopff Soister et Birgitta Uhrmeisters*), □ ebd. 27.3.1776, S.d. Johannes Bartscher u.d. Anna Soester.[385]

8) Hermann **Pötter**, ~ 24.4.1703 (Tp: *Christophor Pötter, senator*).[386]

Sasse

Kinder des Johann Nicolaus Gerhard **Sasse** u.d. Maria Anna **Sandfort** (→ **05.4-10**), alle geboren und getauft in Wiedenbrück (kath.):

1) Franz Joseph **Sasse**, * 25., ~ 26.1.1813 (Tp: *Franciscus Josephus Sandfurt*).[387]

2) Maria Catharina **Sasse**, * 27., ~ 28.9.1814 (Tp: *Jungfrau Maria Catharina Sandfurt in Wiedenbrück*).[388]

3) Sophia **Sasse**, * 8., ~ 9.4.1817 (Tp: *Sophia Ortmeyer geborene Verhof*).[389]

4) Anna Franziska **Sasse**, * 20., ~ 22.4.1820 (Tp: *Anna Francisca Holtermann gen. Rump in Coesfeld, deren Amt versah Catharina Sandforth gen. Heising*).[390]

5) Johann **Sasse**, * 28., ~ 30.6.1822 (Tp: *Johann Sasse*), † Wiedenbrück 12.10.1823.[391]

6) Johann Heinrich **Sasse**, * 2., ~ 3.4.1824 (Tp: *Johann Heising, Sattler hierselbst*), 1846 Lehrer in Rietberg.[392]

7) Maria Agnes **Sasse**, * 24., ~ 25.9.1826 (Tp: *Maria Agnes Goldkuhle,*

---

380 KB WD Tf3, S. 281 (**1696**); Flaskamp, Totenbuch Wiedenbrück 2, S. 104 (**1696**).
381 KB WD Tf3, S. 291 (**1697**).
382 KB Rietberg, Trauungen 1703-1736, S. 168 (**1730**).
383 KB WD Tf3, S. 313 (**1701**); KB WD To3, S. 109 (**1741**).
384 KB WD Tr3, S. 33 (**1723**).
385 KB WD Tf3, S. 306 (**1700**);
386 KB WD Tf4, S. 10 (**1703**). Fehlt bei Pötter, Familie, S. 148.
387 KB WD Tf6, S. 17 (**1813**).
388 KB WD Tf6, S. 35 (**1814**).
389 KB WD Tf6, S. 61 (**1817**).
390 KB WD Tf6, S. 91 (**1820**).
391 KB WD Tf6, S. 119 (**1822**).
392 KB WD Tf6, S. 140 (**1824**).

Ehefrau Pötter).[393]

8) Maria Catharina **Sasse**, * 14., ~ 16.1.1829 (Tp: *Maria Catharina Sandfort, Ehefrau Heising*).[394]
9) Anna Christina **Sasse**, * 13., ~ 15.6.1832 (Tp: *Anna Christina Goldkuhle, Ehefrau Stratevert*).[395]
10) Johann Christopher **Sasse**, * 4., ~ 5.9.1834 (Tp: *Johann Christopher Heising, Metzger hiers(elbst)*).[396]

Schlautmann

Tochter des Jaspar **Schlautmann** u.d. Margareta (Gretike) **Sandfort** (→ **02-7**):

1) Elisabeth **Schlautman**, ~ Wiedenbrück 11.9.1672 (Tp: *Henrich Beste et Elisabeth Ukmans*).[397]

Stockbrügger

Kinder des Seilers Emil **Stockbrügger** u.d. Maria Elisabeth **Sandfort** (→ **07.1-2**), alle geboren und getauft in Wiedenbrück (kath.):

1) Anna Maria **Stockbrügger**, * 2., ~ 5.11.1861 (Tp: *Anna Maria Stockbrügger in Rheda*).[398]
2) Anna Margaretha **Stockbrügger**, * 4., ~ 7.6.1863 (Tp: *Anna Margaretha Bierwes, Ehefrau Sandforth*).[399]
3) Gerhard Heinrich **Stockbrügger**, * 9., ~ 10.4.1865 (Tp: *Gerhard Heinrich Rehage in Rheda*).[400]
4) Maria Catharina **Stockbrügger**, * 2., ~ 3.11.1867 (Tp: *Cath(arina) Sandfort in Wiedenbrück*), † Wiedenbrück 11.6.1868.[401]
5) Wilhelm Stockbrügger, * 18., ~ 21.5.1869 (Tp: *Wilhelm Stockbrügger, Schuhmacher in Lübbeke*).[402]
6) Christoph **Stockbrügger**, * 5., ~ 6.12.1870 (Tp: *Christoph Sandfort, Seiler in Wiedenbrück*).[403]

---

393 KB WD Tf6, S. 169 (**1826**). – Zur Patin vgl. LOEFKE/GOLDKUHLE, Goldkuhle, S. 374.
394 KB WD Tf6, S. 194 (**1829**).
395 KB WD Tf7, S. 21 (**1832**). – Zur Patin vgl. LOEFKE/GOLDKUHLE, Goldkuhle, S. 372.
396 KB WD Tf7, S. 42 (**1834**).
397 KB WD Tf3, S. 121 (**1672**).
398 KB WD Tf7, S. 281 (**1861**).
399 KB WD Tf7, S. 294 (**1863**).
400 KB WD Tf7, S. 312 (**1865**).
401 KB WD Tf8, S. 25 (**1867**).
402 KB WD Tf8, S. 42 (**1869**).
403 KB WD Tf8, S. 55 (**1870**).

7) Johannes **Stockbrügger**, * 25., ~ 27.10.1873 (Tp: *Johannes Schnippenkötter in Bokel*).[404]

Suding

Kinder des Werner **Suding** aus seinen Ehen mit Anna **Sandfort** (→ **02-8**) und Margareta **Winkelmann**,
aus erster Ehe:

1) Anna Elisabeth **Sudingk**, ~ St. Vit 16.7.1675 (Tp: *Elisabett von Brontrup, Johan Santfort Tochter und Johan Reihorst*)[405].
2) Anna Elisabeth **Sudingk**, ~ St. Vit 11.11.1677 (Tp: *Anna Lümermeyersche und die Baumhüttersche und ein Sohn von Hotfilkers*), ☐ Wiedenbrück 9.1.1733 (*56 annorum*), bürgert als Ehefrau des Hermann Büscher am 15.9.1711 in Wiedenbrück ein;[406]
   ∞ I. Wiedenbrück 27.7.1704 (Tz: *Martin Geidel et Christian Volckmarckij, milites*)[407]
   Caspar **Stockhausen**, ...
   ∞ II. Wiedenbrück 24.6.1711 (Tz: *Gerd Kock et parens sponsi*)[408]
   Hermann Heinrich **Büscher**, ~ Wiedenbrück 27.9.1682 (Tp: *Henricus Buscher et Elisabeth Melaus*), ☐ ebd. 1.11.1754 (*73 ann(orum)*), S.d Jacob Büscher u.d. Clara Pilgrims;[409]
   (er: ∞ II. Wiedenbrück 16.5.1733 (Tz: *Jacob Schmidt et Herm(an) Büeßker*)[410]
   Catharina Margareta **Zurstraßen**, ...).
3) Patroclus Heinrich **Sudoch**, ~ Wiedenbrück 30.11.1679 (Tp: *Henrich Rentrup*) [411]
4) Paris Ernest **Suddewindt**, ~ Wiedenbrück 9.8.1683 (Zwilling; Tp: *Ernestus Harsewinckel et Maria Elisabeth Hackenkamps*).[412]
5) Anna Barbara Elisabeth **Suddewindt**, ~ Wiedenbrück 9.8.1683 (Zwilling; Tp: *Christophorus Schulte et Anna Barbara Cale*).[413]

---

404 KB WD Tf8, S. 81 (**1873**).
405 FLASKAMP, Taufbuch Vit 1, S. 23 (**1675**).
406 FLASKAMP, Taufbuch Vit 1, S. 25 (**1677**); KB WD To3, S. 83 (**1733**); FLASKAMP, Bürgerlisten Wiedenbrück 2, S. 55 (**1711**).
407 KB WD Tr3, S. 5 (**1704**).
408 KB WD Tr3, S. 16 (**1711**).
409 KB WD Tf3, S. 186 (**1682**); KB WD To3, S. 149 (**1754**). – Zur Familie vgl. SYMANN / SCHULTE, Büscher, S. 7.
410 KB WD Tr3, S. 49 (**1733**).
411 KB WD Tf3, S. 170 (**1679**).
412 KB WD Tf3, S. 189 (**1683**).
413 KB WD Tf3, S. 189 (**1683**).

aus zweiter Ehe:

6) Andreas Albert **Sudingh**, ~ Wiedenbrück 2.9.1685 (Tp: *Herr Andreas Harsewinckel, quaestor districtus Reckenbergensis, et Maria Magdalena Henrichman, uxor domini judicij scribae*).[414]

7) Anna Maria Catharina **Süding**, ~ Wiedenbrück 4.1.1688 (Tp: *Joist Brentrup et Anna Westermans*).[415]

☐ Wiedenbrück: 4.7.1688 (*Werner zu Decks Kindt*)[416]; 2.12.1688 (*sehligen Werner Sudingks Kindt*)[417]

Welp

Kinder des Conrad Heinrich **Welp** aus seinen Ehen mit Maria Elisabeth **Wolff** und Anna Angela **Sandfort** (→ **04.2-4**), alle getauft in Wiedenbrück (kath.).
aus erster Ehe:

1) Johann Christoph **Welp**, ~ 4.7.1743 (Tp: *Otto Wulff et Maria Elisabeth Kollenberg*).[418]

2) Heinrich Christian **Welp**, ~ 22.12.1744 (Tp: *Xtophor Henr(ich) Heising et Cathar(ina) Elis(abeth) Welp*).[419]

aus zweiter Ehe:

3) Maria Gertrud **Welp**, ~ 23.1.1756 (Tp: *Maria Gertrud Heising gen. Schwenger et Peter Sandfort*).[420]

4) Johann Peter **Welp**, ~ 15.8.1762 (Tp: *Johan Peter Sandhoff et Maria Elisabeth Pötters*).[421]

Quellen und Literatur

LA NRW W, Fürstbistum Osnabrück, Zentralbehörden [= **OS-ZB**], Amtsrechnungen: Nr. **315**; **316**, **326**, Bd. 2; **329**, Bd. 2; **331**, Bd. 1; **332**, Bd. 3; **334**, Bd. 2 u. 3

LA NRW W, Fürstbistum Osnabrück, Zentralbehörden, Nr. 163 (Eigenbehörigen-Conscription 1652) [= **REC1652**]

LA NRW W, Fürstbistum Osnabrück, Zentralbehörden[= **OS-ZB**], Nr. **165** (Eigenbehörigen-Conscription 1765)

---

414 KB WD Tf3, S. 203 (**1685**).
415 KB WD Tf3, S. 225 (**1688**).
416 FLASKAMP, Totenbuch Wiedenbrück 2, S. 90 (**1688**).
417 FLASKAMP, Totenbuch Wiedenbrück 2, S. 91 (**1688**).
418 KB WD Tf4, S. 264 (**1743**).
419 KB WD Tf4, S. 277 (**1744**).
420 KB WD Tf4, S. 358 (**1756**).
421 KB WD Tf4, S. 392 (**1762**), Name der Mutter hier „Sandhoff"!

LA NRW W, Fürstbistum Osnabrück, Amt Reckenberg [= **OS-AR**] **137b** (Eigenbehörigenconscription 1636)

Kirchenbücher [= **KB**] (bei https://data.matricula-online.eu/de/deutschland/):
Coesfeld (Jacobi), Taufen 1738-1805
Herzebrock,
- Heiraten 1692-1744, 1744-1809
- Taufen 1744-1784
Langenberg, Heiraten 1651-1786
Oelde, Taufen 1734-1794
Rietberg, Trauungn 1703-1736
Stromberg, Taufen 1636-1802, 1810-1815
St. Vit
- Tote 1843-1969
- Trauungen 1831-1958
Wiedenbrück [= **WD**]
- Taufen [= **Tf**] **3** (1656-1701); **4** (1702-1786); **5** (1787-1811); **6** (1812-1829); **7** (1830-1866); **8** (1867-1892)
- Tote [= **To**] **3** (1702-1787); **4** (1787-1833); **5** (1834-1864), **6** (1865-1894)
- Trauungen [= **Tr**] **3** (1702-1787); **4** (1787-1842); **5** (1843-1891)

FLASKAMP, Franz (Hg.): Die **Bürgerlisten** der Stadt **Wiedenbrück**, **1**. Teil: Stadtbuch 1480 bis 1541, Bürgerbuch 1549 bis 1730 (Quellen und Forschungen zur Natur und Geschichte des Kreises Wiedenbrück, 37). Rheda 1938.
FLASKAMP, Franz (Hg.): Die **Bürgerlisten** der Stadt **Wiedenbrück**, **2**. Teil: Ratsprotokolle 1630-1818 (Quellen und Forschungen zur Natur und Geschichte des Kreises Wiedenbrück, 50). Gütersloh 1938.
FLASKAMP, Franz (Hg.): Die ältesten **Seelenstandslisten** (1651ff.) der Kirchspiele Wiedenbrück und St. Vit (Stadt Wiedenbrück und Bauerschaften Ems, Lintel, Batenhorst–Steppentrup, Röckinghausen, Bokel; Bauerschaften Geweckenhorst und Rentrup) (Quellen und Forschungen zur Natur und Geschichte des Kreises Wiedenbrück, 61). Münster 1946.
FLASKAMP, Franz (Hg.): Das **Taufbuch 1** (1657/92) der Kirchengemeinde **Herzebrock** (Quellen und Forschungen zur Natur und Geschichte des Kreises Wiedenbrück, 68). Münster 1947.
FLASKAMP, Franz (Hg.): Das **Taufbuch 1** (1651/1782) der Pfarrgemeinde St. **Vit**-Wiedenbrück (Quellen und Forschungen zur Natur und Geschichte des Kreises Wiedenbrück, 21). Rietberg 1936.
FLASKAMP, Franz (Hg.): Das **Taufbuch 2** (1701/1786) der Pfarrgemeinde St. **Vit**-Wiedenbrück (Quellen und Forschungen zur Natur und Geschichte des Kreises Wiedenbrück, 45). Gütersloh 1938.
FLASKAMP, Franz (Hg.): Das **Taufbuch 4** (1787/1842) der Pfarrgemeinde St.

Vit-Wiedenbrück (Quellen und Forschungen zur Natur und Geschichte des Kreises Wiedenbrück, 32). Rheda 1938.
FLASKAMP, Franz (Hg.): Das **Taufbuch 2** (1647/53) der westfälischen Kirchengemeinde **Wiedenbrück** (Quellen und Forschungen zur Natur und Geschichte des Kreises Wiedenbrück, 43). Wiedenbrück 1938.
FLASKAMP, Franz (Hg.): Das **Totenbuch 1** (1645/1789) der Pfarrgemeinde St. **Vit**-Wiedenbrück (Quellen und Forschungen zur Natur und Geschichte des Kreises Wiedenbrück, 20). Rietberg 1936.
FLASKAMP, Franz (Hg.): Das **Totenbuch 2** (1701/1786) der Pfarrgemeinde St. **Vit**-Wiedenbrück (Quellen und Forschungen zur Natur und Geschichte des Kreises Wiedenbrück, 44). Rheda 1938.
FLASKAMP, Franz (Hg.): Das **Totenbuch 3** (1787/1842) der Pfarrgemeinde St. **Vit**-Wiedenbrück (Quellen und Forschungen zur Natur und Geschichte des Kreises Wiedenbrück, 33). Rheda 1938.
FLASKAMP, Franz (Hg.): Das **Totenbuch 2** (1656/1701) der Kirchengemeinde **Wiedenbrück** (Quellen und Forschungen zur Natur und Geschichte des Kreises Wiedenbrück, 49). Gütersloh 1938.
FLASKAMP, Franz (Hg.): Das **Traubuch 1** (1651/1789) der Pfarrgemeinde St. **Vit**-Wiedenbrück (Quellen und Forschungen zur Natur und Geschichte des Kreises Wiedenbrück, 22). Wiedenbrück 1936.
FLASKAMP, Franz (Hg.): Das **Traubuch 2** (1701/1786) der Pfarrgemeinde St. **Vit**-Wiedenbrück (Quellen und Forschungen zur Natur und Geschichte des Kreises Wiedenbrück, 46). Rheda 1939.
FLASKAMP, Franz (Hg.): Das **Traubuch 3** (1787/1835) der Pfarrgemeinde St. **Vit**-Wiedenbrück (Quellen und Forschungen zur Natur und Geschichte des Kreises Wiedenbrück, 34). Rheda 1938.
FLASKAMP, Franz (Hg.): Das **Traubuch 2** (1656/1701) der Kirchengemeinde **Wiedenbrück** (Quellen und Forschungen zur Natur und Geschichte des Kreises Wiedenbrück, 72). Münster 1948.
HANSMERTEN, Hans: **Viehschatzregister** des Amtes Wiedenbrück (Reckenberg) vom Jahre **1528**, in: Beiträge zur westfälischen Familienforschung 8 (1949), S. 33-49.
LOEFKE, Christian (Hg.): **Kopfschatzregister** des Amtes Reckenberg von **1630** (Schriften des „Roland zu Dortmund“ e.V., [16]). Dortmund 1992.
LOEFKE, Christian (Hg.): **Kopfschatzung** der Stadt **Wiedenbrück** vom 22. Oktober **1649** (Schatzungslisten aus dem Amt Reckenberg, 4). Dortmund 1997.
LOEFKE, Christian (Hg.): **Rauchschatzung** der Stadt Wiedenbrück von **1599** (Schatzungslisten aus dem Amt Reckenberg, 1). Dortmund 1996.
LOEFKE, Christian (Hg.): Die Konskription der **Eigenbehörigen** der Stadt **Wiedenbrück** 1602 bis 1734 (Quellen und Forschungen zur Familien- und Höfegeschichte aus dem Kreis Gütersloh, 1). Norderstedt 2022.
NIESERT, Franz-Julius / WALLMEIER, Wilhelm: Die **Geburtsbriefe** der Stadt **Warendorf** 1584-1804 (Quellen und Forschungen zur Geschichte der

Stadt Warendorf, 3). Warendorf 1964.

OSSENBRINK, Jochen (Hg.): Das **Leibeigenthumbsbuch** der Herrschaft **Rheda** von 1651/58. Konskription der Eigenbehörigen der Vogtei Rheda (Quellen und Forschungen zur Familien- und Höfegeschichte aus dem Kreis Gütersloh, 2). Norderstedt 2022.

POTT, Erich (Hg.): Gütersloher Geschichtsquellen, Hefte 1-4. Gütersloh 1981-1986 [= **GGQ 1** bis **4**].

BONSE, Matthias / LOEFKE, Christian: **Meier zu Rentrup**, in: Beiträge zur westfälischen Familienforschung 66 (2008), S. 95-142.

LOEFKE, Christian: **Nachträge** zur AL Loefke – Teiliste Elverfeld, in: Roland 27/28 (2018/19), S. 126-161.

LOEFKE, Christian / GOLDKUHLE, Anton: **Goldkuhle**, in: Beiträge zur westfälischen Familienforschung 63/64 (2005/2006), S. 363-411.

LOEFKE, Christian / OSSENBRINK, Jochen / RADE, Hans Jürgen / SCHINDLER, Wolfgang: **Mumperogge** – Mumperow – Mumpro, in: Beiträge zur westfälischen Familienforschung 63/64 (2005/2006), S. 29-204

PÖTTER, Karlheinz: Die **Familie** Pötter aus Wiedenbrück. Eine Geschichte mehrerer Zweige der Familie vom 16. bis zum 20. Jahrhundert. Wiedenbrück 1983.

STEINBICKER, Clemens: **von Ense** – Ense, in: Beiträge zur westfälischen Familienforschung 61 (2003), S. 47-108.

SYMANN, Ernst / SCHULTE, Eduard: 300 Jahre Bauunternehmung **Büscher**. Münster 1931.

TEMME, Josef: Lebensbilder Wiedenbrücker **Häuser** (Quellen zur Regionalgeschichte, 16), 5 Bde. Bielefeld 2009; Bd. **1**: Langenbrückenpförtner Hof; Bd. **2**: Rinderpförtner Hof.

Genealogie und Volkskunde

von Heiner Grimm

Der Online-Vortrag von Jürgen Sturma über Genealogie und Volkskunde am 9. November 2021[1] hat mich dazu gebracht, hier über zwei Objekte der Volkskunst – eine Truhe von 1713 und eine Zunftlade aus den Jahren um 1677 – zu schreiben.

Die Truhe hatte ich auf einem Bauernhof in Nordrheda gesehen und mir die Inschrift gemerkt:

„JOHAN CORDT SCHULZE AUF DEM ERLE
RAMVORDT GENANDT – ANNO 1713“

Abb. 1: Die renovierte Truhe (Foto: Hannes Baumeister, 2020)

Es interessierte mich der Name Ramfort, kam doch meine Mutter vom Hof Ramfort in Nordrheda Nr. 9, gegründet 1792 als Erbpachtkotten von Johann Henrich Ramfort aus Niehorst im Kirchspiel Isselhorst, dort war er 1766 getauft worden. Er konnte also ein Enkel des oben genannten *Johan Cordt* sein. Doch brachte eine Veröffentlichung vom Isselhorster Pastor Otto Wiehage zutage, dass im Praesentationsregister von 1721 bei Niehorst Nr. 4 steht: *Ramfohrt, geheyrathet auf der Stette.*[2] Das brachte schon mal eine gewisse Sicherheit, dass die Truhe vom Hof in Niehorst sein konnte. Es gab auch die Aussage der

1 Der Vortrag ist bei YouTube eingestellt worden.
2 WIEHAGE, Otto: Beiträge zur Heimatkunde im Kirchspiel Isselhorst. Eigenverlag Ev. Kirchengemeinde, o. J., S. 68.

inzwischen verstorbenen damaligen Besitzerin, dass ihr Vater die Truhe bei einer Versteigerung in Isselhorst erworben habe. Johann Cord Schulte auf'm Erley aus der Bauerschaft Avenwedde heiratete also um 1713 auf den Hof Ramfort und brachte die Truhe mit nach Niehorst. Da die Isselhorster Kirchenbücher erst mit dem Jahr 1714 beginnen, ist die Heirat dort nicht eingetragen.

Die Eltern des am 3. April 1766 getauften Johann Henrich waren Peter Henrich Ramfort (err. 1710 – 1775) und seine zweite Frau Maria Agnese Beckmann (1734 – 1777). Peter Heinrich war damit kein Sohn des erst 1713 nach Isselhorst gekommenen Schulte auf'm Erley, sondern vom Colon Johann Hinrich Ramfort und seiner Frau Christina Mumperow.[3] Der zweite Mann dieser Christina Mumperow war aber der Johan Cord Schulte auf'm Erley und das ist nur durch diese Truhe gesichert, wird er doch bei der Taufe seiner 2 Töchter und seiner Beerdigung nur Ramfort genannt. Die Truhe ist inzwischen wieder in Isselhorst und und gründlich renoviert worden.

Hier hat also die Volkskunde der Genealogie geholfen, beim zweiten Fall ist es genau umgekehrt.

Im Kreis Ansbach, Mittelfranken liegt der Markt Weiltingen, vormals zu Württemberg gehörig und Sitz einer Nebenlinie der Herzöge. Dort hatte mein 6x Urgroßvater, der Jäger Johann Caspar Grimm, 1694 die Tochter des Hofsattlers Achatius Lippoldt, Anna Maria Margaretha, geheiratet. Soweit die Nachforschungen meines Verwandten Gustav Grimm aus Düsseldorf in den Jahren 1983/85, damals noch ohne Internet alles an Ort und Stelle nachgeforscht. Zwei Jahrzehnte später kam ich durch das Internet mit einem Grimm-Nachkommen in Kontakt, es war Bernd Fischer aus Edingen-Neckarhausen. Dieser hat unter seinen Ahnen einen Andreas Lettenbauer, ebenfalls in Weiltingen. So weit, so gut, bis ich mein Regal durchsah,

Abb. 2: Die Zunftlade von 1676/78 aus Weiltingen (Abb. 2 aus: BBLF 77 (2014))

3 LOEFKE, Christian / OSSENBRINK, Jochen / RADE, Hans Jürgen / SCHINDLER, Wolfgang: Mumperogge, Mumperow, Mumpro, in: Beiträge zur westfälischen Familienforschung 63/64 (2005/2006), S. 29-204, hier S. 115.

um Platz für neue Bücher zu schaffen. Dabei schaute ich noch einmal in ein Taschenbuch von 1979 mit dem Titel: *Zunftzeichen, Zeugnisse alter Handwerkskunst.*[4] Gleich das erste Objekt war die Wandlade einer Zunftvereinigung. In der Beschreibung las ich jetzt zu meinem Erstaunen auch die Namen Andreas Lettenbauer und Achatius Libolt, die mir beim Kauf des Buches noch nicht bekannt waren. In einem Figurenfeld war sogar der Sattler mit Zaumzeug abgebildet. Diese Entdeckung teilte ich sofort dem Forscherkollegen Bernd Fischer mit. Auch das österreichische Museum für Volkskunde in Wien, wo die Wandlade im Laufe der Jahrhunderte gelandet war, wurde angeschrieben, wodurch wir erfahren konnten, dass der Herkunftsort noch unbekannt war. Man nahm nur an *aus einer kleinen protestantischen süddeutschen Stadt*, wie schon Leopold Schmidt im Taschenbuch schrieb. Bernd Fischer konnte alle zehn Namen in Weiltingen nachweisen und wegen Zuzug, Tod und Abwanderung der Handwerker die Entstehungszeit auf 1676-1678 eingrenzen. Als Höhepunkt konnte die Wand- oder Zunftlade von 2013 bis 2019 nach Weiltingen ausgeliehen werden und war im dortigen Heimatmuseum zu sehen. Bernd Fischer veröffentlichte dazu einen Bericht in den *Blättern des Bayerischen Landesvereins für Familienkunde*, 77.

Abb. 3 u. 4: Details, Namen der Zunftmeister und „der Sattler“ (möglicherweise Achatius Lippoldt) (beide Abb. aus: BBLF 77 (2014)

4 SCHMIDT, Leopold: Zunftzeichen, Zeugnisse alter Handwerkskunst (= dtv Kunst, Taschenbuch 2858). München 1979, S. (42/43), 139/140.

Jahrgang, 2014, S. 29-57.[5] Er vermutet, dass durch die Familie Heuberger das Objekt nach Wien gekommen ist. Ein Nachfahre des Schlossers Wolf Philipp Heuberger (1640 – 1710) in Weiltingen ist der Komponist der Operette „Der Opernball", Richard Heuberger (1850–1914). Auf jeden Fall konnten nach meine Entdeckung durch die Nachforschungen von Bernd Fischer der Herkunftsort und die Entstehungszeit der Wand- oder Zunftlade festgestellt werden.

Im Taschenbuch, das ich selbstverständlich nicht entsorgt habe, heißt es: *Die handwerklich gut gemalten Bilder gehen offenbar auf graphische Vorlagen des späten 16. Jahrhunderts zurück.* Ich sehe aber dort meinen Vorfahren # 514, den Hofsattler Achatius Lippoldt (err. 1642–1720). Wir kennen übrigens noch mehrere Schreibweisen seines Familiennamens, was die Suche nach seiner Herkunft bisher erschwert hat.

Die Namen der zehn Handwerker und ihre Berufe:

1. Friderich Conle, Zunftmeister, Seiler
2. Jacob Paul Mair, Zunftmeister, Hafner
3. Georg Regenspurger, Glaser
4. Tobias Zausch, Glaser
5. Caspar Frey, Seiler
6. Andeas Lettenbaur, Hafner
7. Hanns Fischer, Hafner
8. Leonhart Rauter, Drechsler
9. Wolff Philip Heiberger, Schlosser
10. Achatius Libolt, Sattler, er wird später in einem Nachlassinventar „ Altvatter N. Lepold, geweßener HoffSattler zu Weiltingen" genannt.

5 Die Blätter können als pdf-Datei heruntergeladen werden: www.blf-online.de/gelbe-blaetter-digital.

„Peek und Cloppenburg“ – zwei Südoldenburger Kaufleute gründen Warenhauskette[1]

von Lothar Grafe

1. Peek und Cloppenburg – Versuch einer Namensdeutung

Die etymologische Erklärung des Namens „**Peek**“ gab Anlass zu vielen Mutmaßungen und Rätseln. Während Angehörige der Familie Peek den Familiennamen in Verbindung bringen mit dem benachbarten, ebenfalls sehr alten Dorf Peheim (seit 1257), ist die Forschung andere Wege gegangen, ohne allerdings zu einem bestimmten Ergebnis zu gelangen. Naheliegend wäre die Ableitung vom mittelalterlichen Pick = Pech, der damals aus dem dort genügend vorhandenen Fichtenharz gewonnen wurde und zum Abdichten von Fässern sowie in den Schusterwerkstätten benutzt wurde. Etymologisch dürfte diese Ableitung aber kaum haltbar sein. Näherliegend ist die Ableitung vom plattdeutschen O Päik = Holzmark vom Holunderstrauch, den man im Mittelalter Heilkräfte zuschrieb (Information A. Kreyenborg). Interessant ist in diesem Zusammenhang auch ein Hinweis des Staatsarchivdirektors Dr. Hermann Lübbing auf die Herkunft des Namens Peek. Lübbing hat in den Oldenburgischen Urkundenbüchern den Namen Peek festgestellt in Dedesdorf (1306), Bremen (1378), Blexen (1385 und 1401), Damme (1469), Butjadingen und Stadtland (1485) sowie Wiefels (1531). Sogar in Nordamerika gibt es eine kleine Stadt mit dem Namen Peekskill. – Es ist leider nicht gelungen, eine Verbindung dieser verschiedenen Träger des Namens Peek mit den Peeks in Dwergte, Peheim und Grönheim herzustellen, so dass der bekannte Familienforscher August Lübben in der Zeitschrift für deutsches Altertum Nr. 10 zu der resignierenden Feststellung kommt: „Viele Namen, wie der Name Peek, sehen mich so fremdartig an, dass ich nur bei einigen eine Mutmaßung habe.“ Unter diesen Umständen muss eine Deutung des Namens Peek weiterhin im dunkeln bleiben.

Dagegen kann es keinem Zweifel unterliegen, dass der Name **Cloppenburg** zu den sogenannten Herkunftsnamen gehört und sich herleitet von der 1296 gegründeten Burg und späteren Stadt Cloppenburg i.O. Die Deutung der Ortsbezeichnung Cloppenburg hat Anlass zu verschiedenen Ansichten gegeben. Heute hat sich die Meinung Justus Mösers durchgesetzt, der schon 1797 in seiner Osnabrücker Geschichte nachgewiesen hat, dass die freien Bauern im Stift Osnabrück Klopsleute hießen. Diese bildeten eine Genossenschaft Klop. Dieses Wort ist offenbar verwandt mit dem englischen Club und unserem Klub

1 Überarbeitung des Online-Vortrags vom 10. Mai 2022 beim Roland zu Dortmund gehalten.

= Männerbund. Die Klopsleute bildeten oft die Besatzung der Burgen, wie in Cloppenburg, wo sie Cloppenleute hießen. Nach ihrem Ausscheiden nahmen sie dann wohl den Namen Cloppenburg an.

Der Heimatkundler Dr. C. L. Niemann schreibt dazu folgendes: „Die Bischöfe und der höhere Adel hatten im 12. und 13. Jahrhundert freie Leute als Hausgenossen im Gefolge, welche Hobes- oder Klobs- oder Kloppsleute genannt wurden. In ihren Hofrechten wird eines Heergewettes und darunter eines Pferdes mit Sattel und Zaum, ingleichen mit Sporn und Stifel mit allem übrigen Feldgeräthe gedacht, welches, wenn sie starben, frei bei der Wehr blieb und nicht ‚gelöset zu werden brauchte'."

2. Die Familienunternehmungen Peek und Cloppenburg

2.1 Gründung von Peek und Cloppenburg in Rotterdam 1869

Johann Theodor Peek wurde am 2. Mai 1845 in Grönheim geboren und am folgenden Tag in der Kirche St. Johann Baptist in Molbergen getauft. Seine Eltern waren Jan Wilm Peek aus Dwergte (* 1796, † 1859) und Maria Elisabeth Grever (* ca. 1802, † 1884) aus Hammel bei Lastrup. Der Vater, Jan Wilm Peek, kaufte 1824 den Ennen-Hof in Grönheim. Dieser Hof wird noch heute von den Nachkommen bewirtschaftet. Johann Theodor Peek selbst wollte nicht, wie seine Eltern, Bauer werden, sondern hegte den Wunsch, in Rotterdam die Kaufmannslehre anzutreten.

Johann Theodor Peek (1845-1908) Heinrich Ant. Ad. Cloppenburg (1844-1922)
(Fotos: https://karriere.peek-cloppenburg.de/ihr-arbeitgeber/unternehmensgeschichte [2022])

Heinrich Anton Adolph Cloppenburg wurde am 11. April 1844 in Altenoythe geboren und zwei Tage später in der St. Vitus Kirche in Altenoythe getauft. Seine Eltern waren Heinrich Anton Cloppenburg (1805–1855) und Christina Blondina Dammann (1821–1913). Die Vorfahren von Heinrich Anton Adolph Cloppenburg waren über 200 Jahre Küster in der Altenoyther Kirche gewesen – seine Eltern waren Bauern.

Laut Familienüberlieferung soll ein erstes Zusammentreffen der beiden (Johann Theodor Peek und Heinrich Anton Adolph Cloppenburg) etwa 1866/67 erfolgt sein. Beide benutzten dann den Winter 1867/68 dazu, sich in der Heimat in Manufakturwarengeschäften und Schneiderwerkstätten (Dumstorf) umzusehen, da nach den Berichten alter Hollandgänger in Holland gute Aussichten zu bestehen schienen, mit Wollsachen und Fertigfabrikaten für Männer auf den Markt zu kommen. Spätestens 1868 waren beide in holländischen Manufakturwarengeschäften in Zwolle und Rotterdam als Lehrlinge und junge Leute tätig und machten eine harte Lehrzeit durch, scheuten auch nicht davor zurück, ihre Kunden in den umliegenden Dörfern aufzusuchen.

1869 war es dann soweit. Die beiden jungen Kaufleute hatten sich in Rotterdam festgesetzt und sich schon einen kleinen Kundenstamm verschafft. Der Anfang war klein und bescheiden, beruhte aber auf einer gesicherten finanziellen Grundlage, mit deren Hilfe sie die ersten Schwierigkeiten der Neugründung überwanden.

Das Rotterdamer Unternehmen entwickelte sich über allen Erwarten schnell und gewinnbringend. Bald musste das ganze Haus in Anspruch genommen und durch Anbauten erweitert werden. Bei der weiteren Entwicklung konnten die jungen Unternehmer zurückgreifen auf Angehörige und Freunde, die sie teils aus der Oldenburgischen Heimat nachkommen ließen, teils in Holland antrafen. Kaum 20 Jahre nach der Gründung des Handelshauses in Rotterdam bestanden schon blühende Filialen in Amsterdam, Den Haag, Breda, Leeuwarden, Groningen, Haarlem, Leiden und Utrecht.

Um die Jahrhundertwende – und zwar im Jahre 1901 – beschloss die Geschäftsleitung der Firma Peek & Cloppenburg, die innerhalb von weniger als 50 Jahren in Holland zu einem Großunternehmen geworden war, auch in Deutschland selbständige Firmen zu gründen.

Heinrich Cloppenburg und Johann Theodor Peek – die Gründer des Unternehmens – schickten ganz bewusst ihre Söhne nach Deutschland, nachdem in allen wichtigen Städten Hollands Geschäfte ins Leben gerufen waren. Der Plan war, Peek & Cloppenburg in allen großen Städten Deutschlands zu schaffen, ähnlich wie es die Alten in Holland gemacht hatten. Im Jahre 1901 rief man in zwei deutschen Städten neue Firmen ins Leben – in Düsseldorf in der Schadowstraße 31–33 und in der deutschen Reichshauptstadt in der Gertrudenstraße 25-27

2.2 Gründung von Peek und Cloppenburg in Düsseldorf 1901

Gründer waren in Düsseldorf die Herren **Johann** (= Johannes Gerhardus Henricus, * 1875) und **Harry** (= Henricus Wilhelmus Antonius, * ca. 1873) **Peek**. Zuvor hatten Harry und Johann Peek in Berlin als Volontäre bei der bekannten Firma Leinweber gearbeitet. Eines Tages wurden die beiden jungen Herren plötzlich fristlos entlassen, weil Leute der Geschäftsführung mitgeteilt hatten, dass die beiden Volontäre in aller Kürze in Düsseldorf eine eigene Firma ins Leben rufen würden.

Harry Peek ging nach Düsseldorf und wurde dort Direktor einer großen Glühlampenfabrik. Er gab jedoch seine holländische Staatsangehörigkeit nicht auf. Dank seiner Verdienste im Geschäftsleben erhielt er den Titel eines preußischen Kommerzienrates. Er war auch Gesellschafter der Firma Peek & Cloppenburg.

Auch sein jüngerer Bruder Johann fasste Interesse an Düsseldorf. Er gründete zusammen mit seinem Bruder Harry, der später allerdings nur als Gesellschafter auftrat, die Firma Peek & Cloppenburg G.m.b.H. in Düsseldorf. Von den beiden Brüdern war Johann wohl die treibende Kraft und der leitende Direktor der Firma. Er wurde Honorarkonsul von Haiti.

2.3 Gründung von Peek und Cloppenburg in Berlin 1901

In Berlin waren **James Cloppenburg** sr. (* 1877), der Bruder von Anton Cloppenburg sowie Schwager von Johannes und Harry Peek, und **Clemens Osterkamp** (* Hemmelte 23.11.1861, † Berlin 23.9.1933) die Gründer der dortigen Niederlassung von Peek und Cloppenburg.

Nach dem Tod von James Cloppenburg sr. übernahm sein Sohn James Cloppenburg jr. (1902–1986) im Jahre 1926 die Firma in Berlin.

2.4 Gründung von Peek und Cloppenburg in Hamburg 1911

Nach einer vielseitigen Ausbildung in den verschiedenen Abteilungen der väterlichen Firma in Holland kam <u>Anton</u> Sebastiaan Maria **Cloppenburg** (1886–1967) 1907 nach Berlin, wo sein Bruder James zusammen mit Clemens Osterkamp eine Firma „Peek & Cloppenburg“ in der Gertrudenstraße 25-27 gegründet hatte. Die Entwicklung des Berliner Hauses war von Anfang an so gut, dass laufende Vergrößerungen vorgenommen werden mussten und dass daraus mit der Zeit zwei große Bekleidungshäuser entstanden waren.

Am 8. Mai 1911 wurde die von Anton Cloppenburg mit 1.500.000 RM in Hamburg gegründete Firma Peek & Cloppenburg GmbH ins Handelsregister eingetragen, die einige Zeit später den bekannten Namen Peek & Cloppenburg übernahm. Bereits am 21. November 1911 trat sein Schwager Paul Marie Emile **Schröder** (1883–1952) als Gesellschafter und gleichberechtigter Geschäftsführer in diese Firma ein. Dieser war später mit **Berta Hagedorn**, der Tochter des Besitzers der „Westfalia“-Brauerei in Münster, Cornelius Hagedorn, verheiratet.

Im März 1932 übernahm Anton Cloppenburg neben der Leitung der Hamburger Firma noch die Aufgabe des Direktors der Peek & Cloppenburg N.V. in Holland. Diese Doppelfunktion behielt er bis zum Kriegsausbruch 1939 bei.

Der Großvater Paul Schröders, des Mitbegründers der Hamburger Firma Peek & Cloppenburg, war Johann Gerhard Heinrich Schröder; er stammte aus Ankum und wurde dort am 19.06.1813 geboren. Er verstarb in Den Haag am 15.8.1887. Seine Ehefrau Marianna Lampe, geb. in Ankum am 3.8.1812 und gest. in Den Haag am 10.10.1893, war seine Jugendfreundin und stammte ebenfalls aus dem Heimatort Ankum. Sie heirateten am 3.8.1843 in der St. Nikolaus-Kirche zu Ankum.

Johann Gerhard Heinrich Schröder und seine beiden Brüder Anton Dietrich und Carl Joseph gehörten zu den sogenannten „Kiepenkerlen“, die umherzogen, um Textilwaren zu verkaufen, vorzugsweise gingen sie nach Holland. Die drei genannten Brüder durchliefen eine Textilausbildung in Mönchengladbach. Nach dieser Ausbildung gingen sie nach Rotterdam und später nach Den Haag, wo sie 1838 die bekannte Firma A. Schröder & Co. N.V. gegenüber dem Alten Rathaus gründeten. Frederick (Fritz) Gerard Marie Schröder, ein Sohn von Johann Gerhard Heinrich Schröder, und seine Frau Annaise Marie Josephe Thyttens wurden die Schwiegereltern von Anton Cloppenburg.

In Hamburg wurde das Haus „Alsenhof“ Ecke Graskeller, das von den Gründern Anton Cloppenburg und Paul Schröder gekauft worden war, für den neuen Geschäftsbereich umgebaut. Am 12. März 1912 wurde das Kaufhaus eröffnet.

Am 13. April 1939 wurde die Firma in eine Kommanditgesellschaft umgewandelt, und **Fritz Cloppenburg** (* 29.7.1914, † 6.11.2003 in Hamburg) trat als persönlich haftender Gesellschafter am 3. Mai 1939 in die Firma ein.

In der Nacht vom 23. auf 24. Juli 1943 erfolgte die völlige Zerstörung des Hamburger Hauses „Peek und Cloppenburg“ durch einen Fliegerangriff.

Am 11. Oktober 1946 trat **Alfred Schröder** (Cousin von Fritz Cloppenburg) als persönlich haftender Gesellschafter in die Firma ein. Bereits am 28. November 1949 wurde dann das neue Haus in der Mönckebergstraße in Hamburg eröffnet und 1951 feierte Peek & Cloppenburg sein 50-jähriges Bestehen.

Mit der Hamburger Gründung 1911 sind seither zwei unabhängige Firmen „Peek & Cloppenburg“ vorhanden, die eine mit Firmensitz in Hamburg, die andere mit Firmensitz in Düsseldorf. Diese Zweiteilung hat bis heute Bestand.

2.5 Weitere Firmengründungen nach dem 2. Weltkrieg

P & C Hamburg – Gruppe Nord

P & C – Gruppe Nord ist in den nördlichen und östlichen Bundesländern aktiv

Am 28. November 1951 wurde die P & C-Filiale in Hamburg-Harburg eröffnet, am 15. April 1955 folgte die Filiale in Hamburg-Altona.

Am 24. Oktober 1958 eröffnete P & C in Bremen.

Die ziebziger Jahre waren von zahlreichen Eröffnungen geprägt, von denen die Häuser Hamburg-Poppenbüttel, Braunschweig und Hamburg-Bergedorf bis heute bestehen.

In dieser Dekade fand auch der zweite Generationswechsel statt: Ende der 70er Jahre traten **Dirk Schröder** und **James Cloppenburg** als persönlich haftende Gesellschafter in das Unternehmen ein. In der Folgezeit intensivierte sich die Expansion Peek & Cloppenburgs.

Während der achtziger Jahre wurde mit der Eröffnung neuer Häuser in Hannover, Kiel, Hildesheim und Bielefeld Unternehmensgeschichte geschrieben.

Im Jahr 1992 zogen Warenannahme und Änderungsateliers in einen modernen Neubau in Hamburg-Allermöhe.

In den neunziger Jahren folgten weitere Standorte in Chemnitz, Flensburg, Osnabrück, Paderborn, Bremen-Weserpark, Dresden, Stralsund, Rostock, Hamburg-Schenefeld und Lüneburg.

Den Beginn des neuen Jahrtausends feiert Peek & Cloppenburg mit einer großen Wiedereröffnung: Im November 2001 zeigte sich das Stammhaus an der Hamburger Mönckebergstraße in neuem Look – und präsentierte seine große Modevielfalt auf insgesamt 14.000 Quadratmetern.

Mit zahlreichen Neu- und Wiedereröffnungen in Deutschland ging es weiter: Verkaufshäuser in Flensburg, Bremen-City, Norderstedt im Herold-Center, Chemnitz, Bremen-Huchting, Lübeck, Hamburg-Poppenbüttel, Münster, Bielefeld, Braunschweig, Dresden und Hamburg-Osdorf folgten.

Im Jahr 2001 wurde der Grundstein für eine weitere Unternehmensmarke gelegt: die VAN GRAAF GmbH & Co. KG mit Sitz in Wien.

Im August 2001 eröffnete VAN GRAAF das erste Verkaufshaus im polnischen Wrocław. Innerhalb weniger Jahre etablierte sich das Unternehmen als leistungsstarker Mode-Anbieter – zunächst in Polen (neben Wrocław auch in Łódz, Warszawa und Posen), daraufhin in Ungarn (Budapest) und in der Schweiz (Spreitenbach bei Zürich).

Seit 2010 ist VAN GRAAF mit Verkaufshäusern in Österreich (Wien) sowie in der Tschechischen Republik (Prag) vertreten – und steuert weiterhin auf Expansionskurs.

P & C Düsseldorf (Gruppe West)
aktiv im Rheinland, Süddeutschland und Berlin
1955 Eröffnung Peek & Cloppenburg in Recklinghausen
22.11.1956 Eröffnung in Berlin, Am Tauentzien
1969 Klischan-Wuppertal kommt zu P & C
1969 Mannheim
01.03.1973 Karlsruhe und Mülheim
26.09.1974 Mainz

1968 wechselte **Harro Uwe Cloppenburg** (* 1940), Sohn von James Cloppenburg jr., in die Geschäftsführung des Düsseldorfer Hauses. Er übernahm die Geschäfte nach dem Tod seines Vaters (1986).

Patrick Cloppenburg (* 1982), jüngster Sohn von Harro Uwe Cloppenburg, wechselte 2010 in die Geschäftsleitung von P & C Düsseldorf und wurde Stellvertreter seines Vaters.

3. Die verwandtschaftlichen Verbindungen der Gründerfamilien

3.1 Familie Cloppenburg

01 Heinrich Anton **Cloppenburg**
* Altenoythe 1805, † ebd. 1855, Bauer in Altenoythe
∞
Christina Blondina **Dammann**
* Lutten 17.8.1821, † Delmenhorst 3.3.1913

Kinder (u. a.):
1) Heinrich Anton Adolph Cloppenburg, * Altenoythe 11.4.1844, → 02

02 Heinrich Anton Adolph **Cloppenburg**
* Altenoythe 11.4.1844, † Den Haag (NL) 11.11.1922
∞ I. Rotterdam 17.3.1873
Willemina Maria Williams **Philips**, * Rotterdam 20.1.1850, † Rotterdam 19.06.1887
∞ II. Rotterdam 3.7.1888
Johanna Antonia **Zwijsen**, * , †

Kinder, aus erster Ehe:
1) Elisabeth Izabella Theodora **Cloppenburg**, * Rotterdam 2.7.1874, † 10.3.1954
∞ ´s Gravenhage 6.7.1897
Carl Heinrich Engelbert Arnold **Bartel**, * , †

2) Christina Blandina Bernardina **Cloppenburg**, * Rotterdam 18.2.1876, † nach 1953
∞ ´s Gravenhage 15.7.1899
George Maria Henri Joseph **Schröder**, * ´s Gravenhage 10.4.1876, † Arnhem 28.2.1941

3) James Joseph Anton **Cloppenburg**, * Rotterdam 2.1.1877, † Berlin 16.2.1926
∞ Utrecht 4.6.1901
Maria Bernardina Johanna Theresia **Peek**, * Utrecht ca. 1878, † Berlin 30.9.1937
Kinder (u,a,):
a) James **Cloppenburg** jr, * 1902, † 1986

4) Wilhelmina Maria Helena **Cloppenburg**, * Rotterdam 10.10.1879, †
∞ mit B. **Schulte im Rodde**

5) Maria Josephina **Cloppenburg**, * Rotterdam 17.8.1881, † Rotterdam 21.2.1882

6) Heinrich Anton Gerhard **Cloppenburg**, * Rotterdam 13.11.1883, † Reinbek 4.6.1956
∞ 21.5.1921
Maria Teresa Clemencia Maximiliana de la Santisima Trinidad **Schramm**, * Voßfelde bei Reinfeld in Holstein 9.9.1894, †

7) <u>Anton</u> Sebastiaan Maria **Cloppenburg**, * Rotterdam 6.5.1886, † Wassenaar 15.3.1967
∞ ´s Gravenhage 15.6.1912
Josepha Maria Johanna **Schröder**, * ´s Gravenhage 8.11.1885, † Wassenaar 7.1.1969

aus zweiter Ehe:

8) Marie Adrienne Adolphine **Cloppenburg**, * Rotterdam 25.3.1890, † Rotterdam 17.8.1890

9) Marianna Adriane **Cloppenburg**, * Rotterdam 6.6.1891, †
∞ ´s Gravenhage 15.7.1920
Friedrich August Heinrich **Gross**, * Krefeld ca. 1880

3.2 Familie Peek

01 Jan Wilm **Peek**, Bauer auf dem Ennen-Hof in Grönheim
* Dwergte 1796, † 1859
∞
Maria Elisabeth **Grever**, * Hammel bei Lastrup ca. 1802, † 1884

Kinder (u. a.):
1) Johann Theodor **Peek**, * Grönheim 2.5.1845, → 02

02 Johann Theodor **Peek**
* Grönheim 2.5.1845, † Berlin 11.12.1908
∞ Gendringen 17.8.1871
Maria Hendrika Geertruida **Geuien**, * Bergh 1846 , † ´s Gravenhage 2.10.1910

Kinder:
1) Theodorus (Theodor) Lambertus Johannes **Peek**, * Utrecht 17.5.1872, † Elten 31.5.1920
2) Henricus (Harry) Wilhelmus Antonius **Peek**, * Utrecht ca. 1873, † Den Haag 29.12.1920
   ∞ Margarethe **Schick**
3) Johannes Gerhardus Henricus **Peek**, * Utrecht 24.8.1875, †
   ∞ ´s Gravenhage (Den Haag) 22.1.1901
   Antoinette Wilhelmina Maria **Bakker**, * ´s Gravenhage ca. 1879, †
4) Wilhelm August Maria **Peek**, * Utrecht 21.5.1877, † ´s Gravenhage 9.6.1933
   ∞ ´s Gravenhage 23.7.1903
   Apolonia Maria Johanna **Bakker**, * ´s Gravenhage 3.11.1882, †
5) Maria Bernardina Johanna Theresia **Peek**, * Utrecht ca. 1878, † Berlin 30.9.1937
   ∞ Utrecht 4.6.1901
   James Joseph Anton **Cloppenburg**, * Rotterdam 2.10.1877, † Berlin 16.2.1926
6) Mary **Peek**, * Utrecht 30.1.1881, † Utrecht 5.1.1885
7) Anton Johann Bernard Maria **Peek**, * Utrecht 5.5.1883, † 1932
   ∞ Bussum 30.5.1912
   Franziska Johanna Maria **Dreesmann**, * Amsterdam 16.7.1887, † 1973
8) Anna Maria Alphonsa **Peek**, * Utrecht 10.8.1885, † Epsom (GB) 1.5.1956
   ∞ ´s Gravenhage 21.7.1906
   Wilhelmus Josephus **Dreesmann**, * Amsterdam 1885, † Bussum 25.5.1954

3.3 Familie Schröder (Schröer)

01 Johann Gerhard Heinrich **Schröder**
* Ankum 19.6.1913, † Den Haag 15.8.1887
∞ Ankum 3.8.1843
Marianne **Lampe**, * Ankum 3.8.1812, † Den Haag 10.10.1893

Kinder:
1) Frederick (Fritz) Gerard Marie **Schröder**, * Den Haag 8.12.1849, → 02
2) Maria **Schröder**
3) Theodor **Schröder**
4) George **Schröder**
5) Harry **Schröder**
6) Bernhard **Schröder**

02 Frederick (Fritz) Gerard Marie **Schröder**
* Den Haag 8.12.1849, † Zeist 29.7.1921
∞ Antwerpen 29.5.1875
Annaise Marie Josephe **Thyttens**, * Lokeren/Belgien 12.12.1853, † ´s Gravenhage 16.5.1930

Kinder:
1) George Maria Henri Joseph **Schröder**, * ´s Gravenhage 10.4.1876, † Arnhem 28.2.1941
∞ ´s Gravenhage 15.7.1899
Christina Blandina Bernardina **Cloppenburg**, * Rotterdam 28.02.1876, † 1953
– aus dieser Ehe gingen 6 Kinder hervor –
2) Albert Maria Theodor **Schröder**, * ´s Gravenhage 6.11.1878, † ´s Gravenhage 23.11.1934
∞ Wavre/Belgien 18.8.1906
Valentine Louise Charlotte Clotilde Beatrice **Antoine**, * Wavre/Belgien 13.10.1887, †
– aus dieser Ehe gingen 3 Kinder hervor –
3) Mathilde Maria Henriette **Schröder**, * ´s Gravenhage 11.6.1880, † Den Haag 1944
4) Paul Marie Emile **Schröder**, * ´s Gravenhage 26.2.1883, † Hamburg 10.2.1952
∞ Münster 1.5.1916
Berta **Hagedorn**, * Münster 5.8.1884, † nach 1952
– aus dieser Ehe ging 1 Kind hervor –
5) Martha Marie Ignatius **Schröder**, * ´s Gravenhage 16.4.1884, † Alkmaar 6.8.1969
∞ ´s Gravenhage 29.5.1906
Gerhardus Adrianus **Conijn**, * Alkmaar 20.8.1880, † Alkmaar 17.3.1947
– aus dieser Ehe gingen 5 Kinder hervor –
6) Josepha Maria Johanna **Schröder**, * ´s Gravenhage 8.11.1885, † Wassenaar 07.01.1969
∞ ´s Gravenhage 15.6.1912

Anton Sebastiaan Maria **Cloppenburg**, * Rotterdam 6.8.1886, † Wassenaar 15.03.1967
– aus dieser Ehe gingen 6 Kinder hervor –

4. Quellen

Internet

http://www.genlias.nl
http://www.genealogieonline.nl
http://worldconnect.rootsweb.com
http://www.gaststaette-peek.de
http://www.textilwirtschaft.de
http://www.peek-cloppenburg.de
http://www.peek-und-cloppenburg.de
https://karriere.peek-cloppenburg.de/ihr-arbeitgeber/unternehmensgeschichte

gedruckte Quellen

Deutsches Geschlechterbuch, Band 51, S. 458
Deutsches Geschlechterbuch, Band 128, S. 119, 140 und 141
THYGESEN, Engdahl: 50 Jahre Peek & Cloppenburg 1911 – 1961. Die Chronik eines Bekleidungshauses in Hamburg und Bremen, Hamburg 1961
„75 Jahre Peek und Cloppenburg" – Zum Jubiläum Düsseldorf – 04. März 1976
KALTHOFF, Edgar (Hg.): Niedersächsische Lebensbilder, Bd. 7, Hildesheim 1971, S. 182-195
„Hemmelte früher und heute – 100 Jahre Herz-Jesu Kirche", S. 592

Sonstige Quellen

Kirchenbücher der Kirchspiele Molbergen und Altenoythe

Große Wasser

von Elke Mehlmann

Auf der Suche nach meinen Vorfahren in Nordmähren bzw. Österreich-Schlesien (oder auch Sudetengebirge, je nach dem ...) bekam ich eine Kirchenchronik von Krautenwalde auf meinen Bildschirm. Darin herumstöbernd stolperte ich über das Wort Überschwemmung. Krautenwalde (Travná) liegt im Reichensteiner Gebirge etwas westlich von Jauernig (Javorník) in Tschechien, nahe an der östlichen Grenze zur Grafschaft Glatz (Polen). Durch das Dorf fließt der Jauernigbach (Javorniký potok nach Wikipedia). Dieses Flüsschen hat im Jahr 1849, im Jahr 1856 (sogar am gleichen Tag wie 1849) und im Jahr 1861 das Dorf in Angst und Schrecken versetzt.

Quelle:
Digitales Archiv des Landesarchivs in Opava
Pfarrbuch für Krautenwalde (Travná) **1791 – 1997** (Einträge für 1791–1948; 1983–1997)
Transkription einiger Passagen aus der Chronik der „Lockalkirche ad S. Wolfgangum wie auch der Lockalie in Krautenwalde“ [Seite 1 = Bild 4]. Doppelte Schrägstriche // in der Transkription markieren die Zeilenumbrüche.
https://digi.archives.cz/da/permalink?xid=6C310BC351D2490AB3B72C4F4682EDCA&scan=9c3dda1a63a440cb8bd460d0c8739ee9&parentType=10048 (zuletzt geöffnet am 15.07.2022)

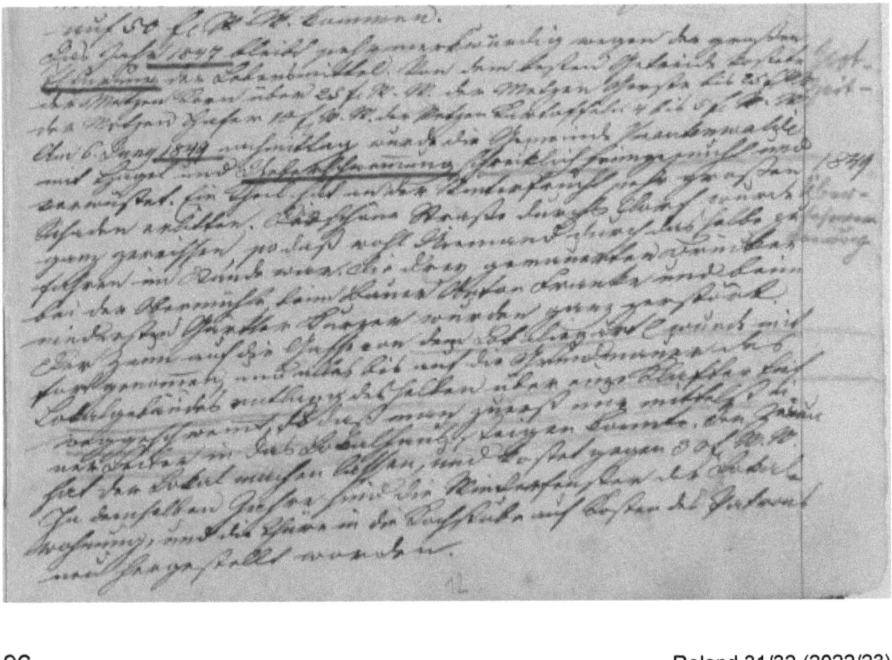

Abb. 1 (auf vorheriger Seite): Seite 23 untere Hälfte = Bild 15; Permalink:https://digi.archives.cz/da/permalink?xid=6C310BC351D2490AB3B72C4F4682EDCA&scan=b9b7725bc0854e24b05977fef502c207 (zuletzt geöffnet am 15.07.2022)

[Randbemerkung: Notzeit]
Das Jahr **1847** bleibt sehr merkwürdig wegen der grossen // Theuerung der Lebensmittel. Von dem besten Getreide kostete[1] // der Metzen Korn über 25 fl[orin] W[iener] M[etzen] der Metzen Gerste bis 25 fl WM // der Metzen Hafer 10 fl W. M. der Metzen Kartoffeln 4 bis 5 fl W. M.

[Randbemerkung: 1849 Überschwemmung]
Am **6. Juny 1849** nachmittag wurde die Gemeinde Krautenwalde // mit Hagel und **Ueberschwemmung** schrecklich heimgesucht und // verwüstet. Ein Thal hat an der Winterfrucht sehr grossen // Schaden erlitten. Die schöne Straße durchs Dorf wurde // ganz zerrissen, so daß wohl Niemand durch dasselbe zu // fahren im Stande war. Die drey gemauerten Brinken // bei der Obermühle beim Bauer Anton Franke und beim // niedersten Gärtler Kurzer wurden ganz zerstört. // Der Zaun auf die Gasse von dem Lokaliegebäude wurde mit // fort genommen, und alles bis auf die Grundmauern des // Lokalgebäudes entlang desselben über eins Klafter tief // weggeschwemmt, sodaß man zuerst nur mittels ei= // ner Leiter in das Lokalhaus steigen konnte. Die Zäune // hat der Lokal machen lassen, und kostet gegen 30 fl W. M. // In demselben Jahre sind die Winterfenster der Lokal= // wohnung, und die Thüre in der Kochstube auf Kosten des Patrons // neu hergestellt worden.

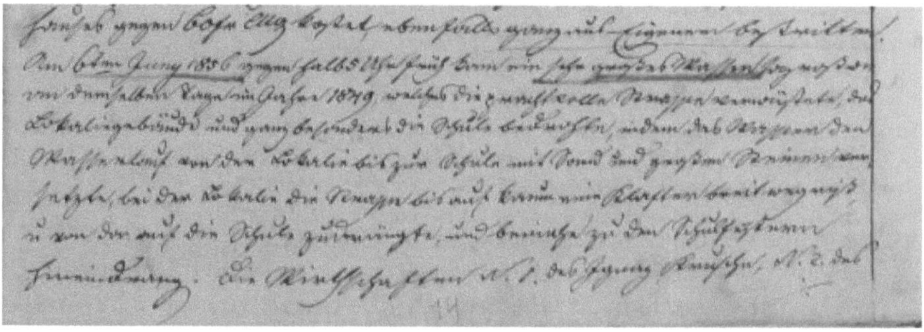

Abb. 2: Seite 26 unteres Viertel = Bild 17; Permalink:https://digi.archives.cz/da/permalink?xid=6C310BC351D2490AB3B72C4F4682EDCA&scan=6c0bbef18aa148fd8dcd56aa5ad51b72 (zuletzt geöffnet am 15.07.2022)

---

1 Hier zum Vergl.: Preise von 1849 Wien: https://books.google.de/books?id=SGS7CJhuUkAC&pg=RA8-PT1&lpg=RA8-PT1&dq=%C3%96sterreich+Preis+Metzen+Korn&source=bl&ots=5G_8GlIlXt&sig=ACfU3U02DJQ6ptfNAQIsocHVLftKVBUlnA&hl=de&sa=X&ved=2ahUKEwiU_LPdwlPzAhXnhf0HHZyWAhMQ6AF6BAgIEAM#v=onepage&q=%C3%96sterreich%20Preis%20Metzen%20Korn&f=false (zuletzt geöffnet am 15.07.2022).

Am **6ten Juny 1856** gegen halb 5 Uhr früh kam ein sehr großes Wasser sogroß w[i]e // an demselben Tage im Jahre 1849, welches die prachtvolle Strasse verwüstete, das // Lokaliegebäude und ganz besonders die Schule bedrohte, indem das Wasser den // Wasserlauf von der Lokalie bis zur Schule mit Sand und großen Steinen ver= // setzte, bei der Lokalie die Strasse bis auf kaum eine Klafter breit wegriß // u von da auf die Schule zudrängte, und beinahe zu den Schulfenstern hineindrang.

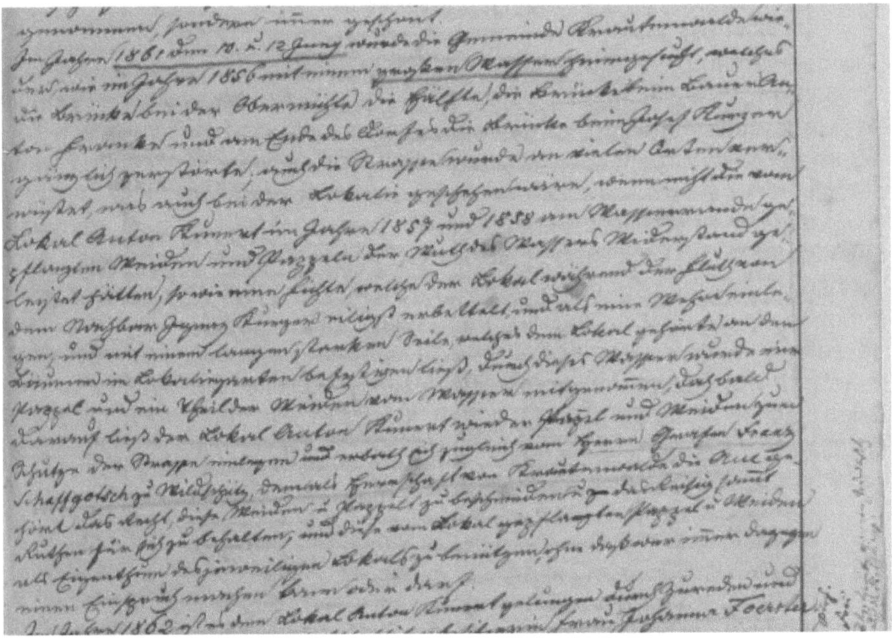

Abb. 3: Seite 28 Mitte = Bild 18; Permalink: https://digi.archives.cz/da/permalink?xid=6C310BC351D2490AB3B72C4F4682EDCA&scan=22211de9be964d96921d944a5a35ee1f (zuletzt geöffnet am 15.07.2022)

Im Jahre **1861** den 10. u. 12 Juny wurde die Gemeinde Krautenwalde wie= // der, wie im Jahre 1856 mit einem großen Wasser heimgesucht, welches // die Brücke bei der Obermühle die Hälfte, die Brücke beim Bauer An= // ton Franke und am Ende des Dorfes die Brücke beim Josef Kurzer // gänzlich zerstörte; auch die Strasse wurde an vielen Orten ver= // wüstet, was auch bei der Lokalie geschehen wäre, wenn nicht die vom // Lokal Anton Kunert im Jahr 1857 und 1858 vom Wasserrande ge= // pflanzten Weiden und Pappeln der Wuth des Wassers Widerstand ge= // leistet hätten, so wie eine Fichte, welche der Lokal während der Flut von // dem Nachbarn Ignaz Kurzer eiligst erbettelt, und als eine Wehre einle= // gen, und mit einem langen starken Seile, welches dem Lokal gehörte an den // Bäumen im Lokaliegarten befestigen ließ, durch dieses Wasser wurde eine // Pappel und ein Theil der Weiden vom Wasser mitgenommen, doch bald // darauf ließ der Lokal Anton Kunert wieder Pappel und Weiden zum // Schutze der Strasse einlegen und erbath sich zugleich vom Herrn Grafen Franz // Schaffgotsch zu Wildschütz, dem als Herrschaft von Krautenwalde die Aue ge= // hört das Recht, diese Weiden u Pappeln zu beschneiden u das Reisig sammt // Ruthen für sich zu behalten, und diese vom Lokal gepflanzten Pappel u Weiden // als Eigenthum des jeweiligen Lokals zu benützen, ohne daß wer immer dagegen // einen Einspruch machen kann oder darf.

Fazit

Es gab schon immer „Wetterereignisse“, das ist uns wohl bekannt. Wenn man jedoch heutzutage nur mal die Hochwasserkatastrophen im Juli 2021 im Sauerland und in der Eifel mit den Hochwassern damals in Krautenwalde vergleicht, hier gab es Sachschaden und Personenschaden also Todesopfer in erschreckender Höhe, dort gab es „nur“ Sachschaden. Ganz sicher waren diese Schäden damals katastrophal für das Dorf und seine Einwohner, aber dass Wetterereignisse heutzutage an Heftigkeit und Anzahl zunehmen scheint mir offensichtlich.

Weitere „Ereignisse“ …

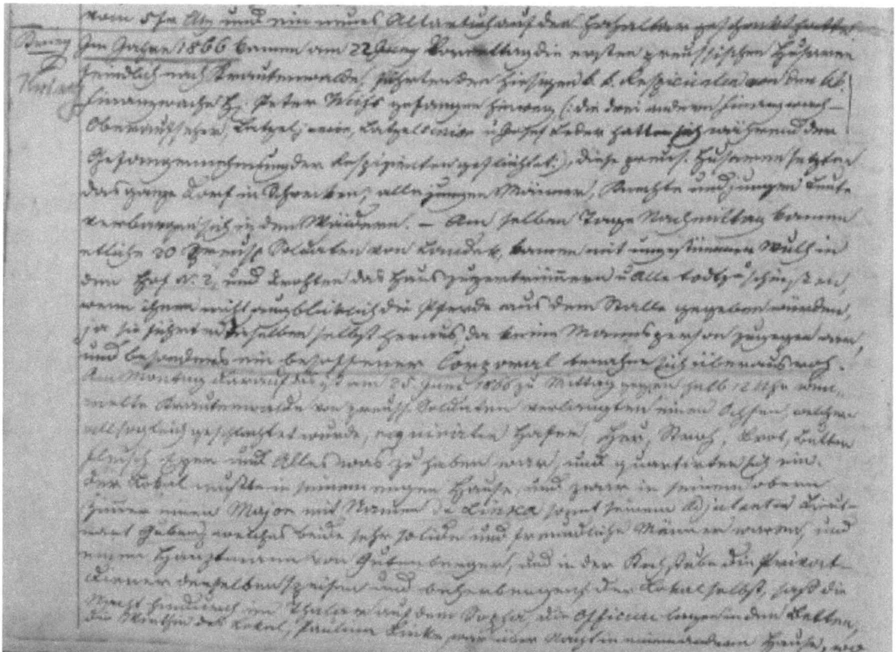

Abb. 4 (oben) bis 7 (unten): Seite 29 untere Hälfte bis Seite 32 = Bild 20; Permalink: https://digi.archives.cz/da/permalink?xid=6C310BC351D2490AB3B72C4F4682EDCA &scan=52269202740a4c74a1f138198654216e (zuletzt geöffnet am 15.07.2022)

[Randbemerkung: **Krieg**]
Im Jahre **1866** kamen am 22. Juny Vormittag die ersten preussischen Husaren // feindlich nach Krautenwalde, führten den hiesigen k. k. Respicienten von der kk. // Finanzwache H: Peter Weiss gefangen hinweg (: die drei anderen Finanzwach-// Oberaufseher, Latzel junior, Latzel senior u Josef Leder hatten sich während der // Gefangennehmung der Respizienten geflüchtet :), diese greul. Husaren setzten // das ganze Dorf in Schrecken; alle jungen Männer, Knechte und jungen Leute // verbargen sich in den Wäldern. – Am selben Tage Nachmittag kamen // etliche 20 preuss. Soldaten von Landek, kamen mit ungestümeren Muth in // den Hof N. 2, und drohten das Haus zuzertrümmern u alle todtzuschießen, // wenn ihnen nicht augblicklich die Pferde aus dem Stalle gegeben würden, // ja sie führten dieselben selbst heraus, da keine Mannsperson zugegen war, // und besonders ein besoffener Corporal benahm sich überaus roh. // Am Montag darauf das ist am 25. Juni 1866 zu Mittag gegen halb 12 Uhr wim= // melte Krautenwalde von preuss. Soldaten verlangten einen Ochsen, welcher // allsogleich geschlachtet wurde, requirirten Hafer, Heu, Stroh, Brot, Butter, // Fleisch Eyer und Alles was zu haben war, und quartirten sich ein. // Der Lokal mußte in seinem eigen Hause, und zwar in seinem obern // Zimmer einen Major mit Namen De Linka somit seinem Adjutanten Lieut= // nant Guber welches beide sehr solide und freundliche Männer waren, und // einen Hauptmann von Gutenberger, und in der Kochstube die Privat- // Diener derselben speisen und beherbergung der Lokal selbst, fast die // Nacht hindurch im Thalar auf dem Sopha, die Officire lagen in den Betten, // die Wirthin des Lokal, Paulina Linke, war über Nacht in einemandern Hause, wo

[S. 30] keine Soldaten waren. Vor dem Lokaliehause stand ein Soldat // Wache, der alle zwey Stunden abgelöst, und darauf ins Lokaliehaus // essen und trinken kam. Am 26. Juni um halb 7 Uhr früh zogen // diese Soldaten ab, um 8 Uhr kamen andere, Fußvolk, Reiterei // und Artillerie mit Kanonen, und hielten eine Stunde allhier // Rast, und soging es durch längere Zeit fort. // Der Lokal hatte dann weder Brot noch Mehl, noch Bier, noch Wein, // kurz alles war aufgezehrt, und selbst fürs Geld nichts zu erkaufen, // dabei bekam der Lokal noch obendrein fast 4 Monate keinen // Gehalt aus dem K. k. Steueramte. // Was das Aergste von allen diesen Kriegsereignissen, war dieses, // daß in der Nacht an einem Sonntags Abends, die preussischen Patruo- // illen durch das Dorf sprengten, im Oberdorfe Feuer schrieen, und // selbst auf einander schossen, und am Montag darauf nach Krau= // tenwalde kamen, und behaupteten, daß die Krautenwälder auf // sie geschoßen haben, die Häuser aussuchten, alle Gewehre wegnahmen, // und das Dorf in Asche und in Schutthaufen zu legen drohten, den // Gemeindevorsteher gefangen fortführten, und das ganze Dorf in // furchtbaren Schrecken versetzten. // Während durch diese Zeit Tausende von preussischen Soldaten Krauten= // walde passirten und Furcht, Angst und Schrecken verbreiteten, // hat Krautenwalde keinen einzigen österreichischen

keine Soldaten waren. Vor dem Lokalienhause stand eine Soldaten-
Wache, die alle zwey Stunden abgelöst, und darauf im Lokalienhaus
essen und trinken kam. Am 26. Juni um halb 7 Uhr früh zogen
diese Soldaten ab, um 8 Uhr kamen andere, Fußvolk, Reiterei
und Artillerie mit Kanonen, und hielten eine Stunde allhier
Rast, und zogen [illegible] längere Zeit fort.
Der Lokal hatte dann weder Brot, noch Mehl, noch Bier, noch Wein,
kurz Alles war aufgezehrt, und selbst für Geld nichts zu verkaufen,
dabei bekam der Lokal noch obendrein für 4 Monate keinen
Gehalt aus dem k.k. Kammeramte. ([illegible])
Was das Ärgste von allen diesen Kriegsereignissen war, war dieses,
[illegible] am [illegible] Abend, die preußischen Solda-
ten in der Nacht an einem [illegible] [illegible], ein [illegible] Feuer schrieen, und
[illegible] durch das Dorf sprengten, ein [illegible] Feuer schrieen, und
selbst auf einander schossen, und am Montag darauf nach Brün-
newalde kamen, und behaupteten, daß die [illegible] auf
sie geschossen haben, [illegible], alle Gewehre wegnehmen
und das Dorf in Asche und in Schutthaufen zu legen drohten, dann
Gemeindevorsteher gefangen fortführten, und das ganze Dorf in
furchtbaren Schrecken versetzten.
Während dieser Zeit [illegible] von preußischen Soldaten [illegible],
welche [illegible] und [illegible], Angst und Schrecken verbreiteten,
hat [illegible] keinen einzigen österreichischen Soldaten gesehen.
Ich hätte noch sehr vieles [illegible] aufzuschreiben, doch genug von diesen Schre-
ckenstagen, denn die Aussichten für die Zukunft sind noch viel traurigere!
Im Jahre 1864 hat der Lokal Anton Ramer[?] auf dem [illegible]
[illegible] Keller eine Dachkammer zur Aufbewahrung von Mehl, [illegible]
[illegible], besonders im Winter zur Aufbewahrung der Weinflaschen und
[illegible], weil er auf dem [illegible] die Ratzen [illegible]
baut, und dazu die alte Almer, welche in dem Lokalie-Inventarium
genannt ist, soviel von den [illegible] derselben noch brauchbar
waren, benützt, denn die alte Almer war unbrauchbar, und
[illegible] nur den [illegible] Raum im [illegible] und der Nachfolger kann deshalb zufrieden sein, wenn er auch die alte unbrauch-
bare Almer nicht mehr in dem Inventarium findet, da diese Dachkammer sehr nützlich und brauchbar ist, und viele Gulden [illegible] [illegible]
Im Jahre 1867 [illegible] [illegible] auf der Seite gegen
die [illegible] auf meine eigenen Kosten herstellen lassen.
Als eine traurige Folge der Kriegsereignisse im Jahre 1866
fühlt sich der Lokal Anton Ramer auch folgendes für den Nachfolger
zur Orientirung niederzuschreiben.
Nach dem [illegible] Nikolsburger Frieden [illegible]
[illegible] die feindlichen Soldaten beschädigten [illegible]
[illegible]. [illegible] [illegible]
[illegible] Soldaten [illegible] haben, [illegible] Wirthschaftsbe-
wohner. [illegible] Wirthschaft zu beiden Seiten
[illegible] Nr. 2, [illegible] Wirthschaft [illegible] und welche [illegible] den Fried-
[illegible] nach [illegible]

Brücke gebaut 1864

Soldaten gesehen. // Es hätte noch sehr vieles davon aufzuschreiben, doch genug von diesen schre= // ckenstagen, denn die Aussichten für die Zukunft sind noch viel trauriger!

[Randbemerkung: Kammer gebaut. 1867]
Im Jahre 1867 hat dem Lokal Anton Kunert auf den von ihm früher er= // bauten Keller eine Dachkammer zur Aufbewahrung von Mehl, But=// ter, Salz, besonders im Winter zur Aufbewahrung der Würschte und // des Raucherfleisches (: weil es auf dem Boden die Katzen fraßen) er= // baut, und dazu die alte Almer[2], welche in dem Beilaß-Inventarium // genannt ist, soviel von den Brettern derselben noch brauchbar // waren, benützt; denn die alte Almer war unbrauchbar, und // verstellte nur den ohnehin engen Raum im Hause und der Nach= // folger kann deßhalb zufrieden seyn, wenn er auch die alte unbrauch=// bare Almer nicht mehr in dem Inventarium findet, da diese Dach= // kammer sehr nützlich ist, und brauchbar ist, und viele Gulden kostet. // Im Jahre 1867 habe ich den Gartenzaun auf der Seite gegen // die Strasse ganz neu auf meine eignen Kosten herstellen la= // ssen.

[Randbemerkung: Krieg 1866]
Als eine traurige Folge der Kriegsereingnisse vom Jahr 1866 // fühlt sich der Lokal Anton Kunert auch folgendes für den Nachfolger // zur Orientierung niederzuschreiben. // Nach dem Friedensschlusse zu Nikolsburg hieß es, dass die k. k. Regierung // die durch die feindlichen Soldaten beschädigten Bewohner Schlesiens // enschädigen werde. Demzu folge sollte der Schaden, den die preus= // sischen Soldaten angerichtet haben, geschätzt und eingegeben // werden. In Folge dessen ersuchte der hiesige Wirthschaftsbe= // sitzer Josef Heller Haus Nr. 2, dessen Wirthschaft zu beiden Seiten // an der Strasse nach Landeck lieget, und welche von den feind=

[S. 31] lichen Soldaten sehr hart mitgenommen, ja sehr bedeutend beschädiget// wurde, den damaligen Gemeindevorsteher Ignaz Kurzer Gärtler // Haus Nr. 27 allhier, den auf der Wirthschaft Nr. 2 von den Soldaten // angerichteten Schaden commissionel zu untersuchen, und ämtlich // einzugeben. Dieser Bitte endlich willfahrend begab sich der ge= // nannte Gemeindvorsteher mit dem ersten Gemeinderathe // Eduard Kaps und dem Schriftführer Johann Reischel auf das // Feld des Josef Heller, und wurde von denselben der ange= // richtete Schaden auf mindestens 120 fr ö. W. geschätzt und ver= // sprochen diese Schätzung dem k. k. Bezirksamte resp. der k. k. // Kriegsentschädigungs-Kommission zu unterlegen. // Im Monath März 1867 wurde vom k. k. Bezirksamte Jau= // ernig dem Gemeindevorstande Krautenwalde eine Kriegs- // Entschädigung von beinahe

2 Bauernmöbelstück, siehe: https://www.antik-zone.at/shop/bauernmoebel/brotschraenke-antike-almer-schrank-weichholzmoebel/almer-bauernkasten-original-um-1890/ (zuletzt geöffnet am 15.07.2022).

31.

lichen Soldaten sehr sehr mitgenommen, so sehr dass [illegible] beschädigt wurde, der damalige Gemeindevorsteher Ignaz Wagner Häusler Haus No. 27 allhier, den auf der Wirthschaft Nr 2 von den Soldaten angerichteten Schaden commissionel zu untersuchen, und amtlich anzugeben. Dieser Bitte wurde willfahren, und begab sich der genannte Gemeindevorsteher mit dem ersten Gemeinderathe Eduard [illegible] und dem Schriftführer Johann Kreischel auf das Feld des Josef Heller, und wurde von demselben den angerichteten Schaden auf mindestens 120 fl ö. W. geschätzt, und versprochen diese Schätzung dem k. k. Bezirksamte resp. der k. k. Kriegsentschädigungs-Commission zu unterlegen.

Im Monath März 1867 wurde vom k. k. Bezirksamte [illegible] dem Gemeindevorstande [illegible] eine Kriegsentschädigung von beinahe 400 fl ö. W. übergeben, wovon 198 fl und einige Kreuzer ö. W. der Gemeinde als solcher verblieben, die übrigen Gelder sollten an diejenigen vertheilt werden, bei welchen königl. preussische Soldaten einquartirt gewesen waren, und es war für jeden Mann 22 kr ö. W. von der k. k. Kriegsentschädigungscommission angesetzt worden, auch wurde der k. k. Regierung genehmigt, und vom k. k. Bezirksamte zu [illegible] dem Gemeindevorsteher, der sammt einem Verzeichnisse, in welchem die Namen derjenigen bei welchen königl. preussische Soldaten einquartirt gewesen waren, sowie der Geldbetrag, den Jeder Einzelne zu erhalten sollte aufgezeichnet waren, mit dem Bemerken übergeben, dass Jeder den erhaltenen Betrag durch seine eigenhändige Unterschrift bestätige, und das dieses Verzeichniss nach geschehener Vertheilung an das k. k. Bezirksamt zurückgeschickt werde, übergeben. (: Die königl. preuss. Soldaten waren in zwey Abtheilungen, die eine Abtheilung war in einigen Häusern bei der Kirche, und zwar in der Lokalie Haus N. 68 bei dem Häusler Ignaz Wagner N. 27. bei dem Häusler Josef [illegible] N. 28, in der Schule N. 29, bei dem Schmied Anton Ludwig N. 32, auf der Scholtisey N. 33, bei dem Häusler Karl Fischer N. 34. bei dem [illegible] N. 35, und bei dem Bauer Johann [illegible] N. 37 zusammen gegen 500 Mann; die 2te Abtheilung war in Oberdorfe und zwar beim Bauer Josef Heller N. 2 gegen 300, beim Häusler Josef [illegible] N. 3 gegen 30, beim Bauer Eduard Schindel N. 4 gegen 100 beim Bauer Josef Ebner N. 6 gegen 100 Mann, und auf dem Felde des Josef Heller N. 2 noch einige hundert Mann, bei Wachtfeuern, wozu sie das Holz aus dem Hofe des Josef Heller holten. Manche Soldaten waren wohl auf dem Verzeichnisse nicht angegeben, weil es die Leute selbst nicht genau wussten, und wer gewissenhaft war, lieber weniger als mehr angab.)

Mit diesem obengenannten Verzeichnisse kam der Gemeindevorsteher Ignaz Wagner zum Lokal mit der Bitte, es zu unterschreiben. Der Lokalist gab darauf zur Antwort: „Ich muß etwas unterschreiben, muß ich es zuerst lesen, und nach Durchlesung desselben sag"

400 f: ö. W. übergeben, wovon 198 fr und einige Kreuzer ö. W. der Gemeinde als solcher verblieben, die // übrigen Gelder sollten an Diejenigen vertheilt werden, bei wel= // chen königl. preussische Soldaten einquartirt gewesen waren, // und es war für jeden Mann 22 kr ö. W. von der k. k. Kriegsentschädigungs- // Commission angesetzt worden, was auch von der k. k. Regierung genehmi= // get, und vom k. k. Bezirksamte zu Jauernig dem Gemeindevorstan= // de sammt einem Verzeichnisse, in welchem die Namen Derjenigen // bei welchen königl. preussische Soldaten einquertirt gewesen // waren, sowie der Geldbetrag, den Jeder Quartiergeber // erhalten sollte, aufgezeichnet waren, mit dem Bemerken // übergeben, daß Jeder den erhaltenen Betrag durch seine // eigenhändige Unterschrift bestätige, und daß dann dieses Ver= // zeichnis nach geschehener Vertheilung an das k. k. Bezirksamt // zurückgeschickt werde, übergeben. (: denn die königl. preuss. Soldaten // waren in zwey Abteilungen, die eine Abteilung war in einigen // Häusern bei der Kirche, und zwar: in der Lokalie Haus N. 68, bei // dem Gärtler Ignaz Kurzer N. 27, bei dem Gärtler Josef Böse N. 28, // in der Schule N. 29, bei dem Schmied Anton Ludwig N. 32, auf der Scholti= // sey N. 33, bei dem Gärtler Karl Rischer N. 34, bei dem Bauer An= // ton Exner Nr. 35, und bei dem Bauer Johann Schönwiese Nr. 37 zu= // sammen gegen 500 Mann; die 2te Abteilung war im Oberdorfe // und zwar beim Bauer Josef Heller N. 2 gegen 300, beim Gärtler // Josef Pelz N. 3 gegen 30, beim Bauer Eduard Schiedek N. 4 gegen 100 // beim Bauer Josef Elsner N. 6 gegen 100 Mann, und auf den Fel= // dern des Josef Heller N. 2 noch einige hundert Mann bei Wachfeu= // ern, wozu sie das Holz aus dem Hofe des Josef Heller holten. // Soviele Soldaten waren wohl auf dem Verzeichnisse nicht angegeben, // weil es die Leute selbst nicht genau wußten, und wer gewissenhaft // war, lieber weniger als mehr angab.) // Mit diesem oben genannten Verzeichnisse kam der Gemeindevor= // steher Ignaz Kurzer zum Lokal mit der Bitte „es zu unterschreiben" // der Lokal gab darauf zur Antwort: Ehe ich etwas unterschreibe, // muß ich es zuvor lesen, und nach Durchlesung desselben sag=

[S. 32] te der Lokal: Für mich sind 2 fr 69 kr ö. W. angesetzt, wenn ich diese // erhalten habe, dann unterschreibe ich, eher nicht, und so werden // es auch die Andern machen. Darauf zahlte H. Ig. Kurzer diese // 2 fr 69 kr aus und sagte: Ich will statt 22 kr für jeden Mann // nur zehn Kreuzer geben, denn ich und die beiden Räthe // sind in Landeck eingesperrt gewesen, wir haben große Angst // ausgestanden, und dabei auch Auslagen gehabt, und dafür // keine Entschädigung erhalten. Darauf sagte der Lokal zu // ihm: Sie haben für die Gemeinde 198 fr erhalten – Sagen Sie // also öffentlich: Wir drei wollen für unser Eingesperrtseyn // unsere ausgestandene Angst und gehabte Auslagen ein Je= // der zehn fr. zusammen 30 fr, und diese 30 fr wollen wir uns von den // 198 fr haben nehmen, und jeder Vernünftige wird Ihnen Recht ge= // ben, dann haben Sie die zehn Gulden mit Recht; aber es // Denjenigen abziehen, denen es die Regierung für die Ein= // quartirung gegeben hat, das wäre ein großes

32.

beider Lokal: Nun mich sind 2fr 69er ö.W. [illegible], wenn ich diese
erhalten habe, dann unterschreibe ich, aber nicht, und so werden
es auch die Andern machen. Darauf zahlte [illegible] die
2fr 69er aus und sagte: Ich will statt 22 xr für jeden Mann
nur zehn Kreuzer geben, denn ich und die beiden [illegible]
sind in Lemberg eingesperrt gewesen, wir haben große Angst
ausgestanden, und dabei auch Auslagen gehabt, und dafür
keine Entschädigung erhalten. Darauf sagte der Lokal zu
ihm: Sie haben für die Gemeinde 198fr erhalten – sagen Sie
also öffentlich: Wir drei wollen für unser Eingesperrtsein(?)
unsere ausgestandene Angst und gehabte Auslagen ein Jeder
den zehn fr zusammen 30fr, und [illegible] wollen wir auch von den
198fr [illegible], und jeder Vernünftige wird Ihnen Recht geben, denn haben Sie die zehn Gulden mit Recht, aber es
denjenigen abziehen, denen es die Regierung für die Ein-
quartierung gegeben hat, das wäre ein großes Unrecht,
und Sie können deshalb wegen Betrug und Unter-
schlagung fremden Geldes angeklagt werden. Durch diese
Rede war Herr Georg [illegible] sehr beleidigt und
in Folge dessen schimpfte Er in der darauffolgenden Ge-
meindeversammlung welche am 25. März nach dem heiligen
Nachmittagsgottesdienst(?) im hiesigen Schulhause gehalten wurde,
und bei der der Lokal nicht zugegen war, ganz gewaltig
auf den Lokal. Mehr noch aber als dem Gemeindevorsteher Georg [illegible] schimpfte auf den Lokal der Bauer Franz Ehmer(?) Haus N. 13, sowohl in der Schule in
der Versammlung als auch [illegible] bald darauf im
Wirthshause wo er beim Schnapsglase seiner
gemeinen Rohheit [illegible] freien Lauf gab.
Dieses veranlaßte den Lokal eine Versammlung der Gemeindevorsteher und
der sämtlichen Gemeindeausschußmänner zu veranlassen, in welcher der
Lokal das Nachfolgende(?) verlas, und nach Verlesung desselben fragte: Ist
das Alles wahr, was ich jetzt vorgelesen habe, was? Auf die Antwort Aller:
Ja das ist Alles wahr, und Herr Lokal haben auch weit mehr zum
Besten der Gemeinde gethan, als was jetzt vorgelesen worden ist,
verlangte der Lokal, das Gelesene zu unterschreiben, was von Allen
allsogleich geschah. Als Franz Ehmer die Feder in die Hand nahm,
sprach Er: Herr Lokal ich unterschreibe und erlaube mir die Be-
merkung, daß ich mich übereilt habe, ich war sehr gereizt. Auf
die Frage des Lokals: Habe ich Sie gereizt, oder was habe ich Ihnen Leides gethan,
daß Sie auf mich schimpften? gab Ehmer zur Antwort: Nein Herr Lokal Sie
haben mir nur Gutes gethan, mich niemals beleidigt, sondern Sie haben
mich freundlich behandelt, so lange ich Sie kenne, aber ich war von Andern auf-
gehetzt(?) worden!

Unrecht, // und Sie können deßhalb wegen Betrug und Unter= // schlagung fremder Gelder angeklagt werden. Durch diese // Rede ward Herr Ignatz Kurzer schwer beleidiget, und // in Folge dessen schimpfte Er in der darauffolgenden Ge= // meindeversammlung welche am 25. März nach dem heiligen // Nachmittagssegen im hiesigen Schulhause gehalten wurde; // und bei der der Lokal nicht zugegen war, ganz gewaltig // auf den Lokal. Mehr noch aber als der Gemeindevor= // steher Ignatz Kurzer, schimpfte auf den Lokal der Bau= // er Franz Exner Haus N. 13, sowohl in der Schule in // der Versammlung als vorzüglich bald darauf im // Wirthshause wo er beim Schnapsglase von seiner // gemeinen Roheit ein genügendes Zeugnis gab. // Dieses veranlasste den Lokal eine Versammlung des Gemeindevostandes und // der sämtlichen Gemeindeausschussmänner zu verlangen, in welcher der // Lokal das Nachfolgende … 7 April 1867 vorlas, und nach Vorlesung desselben fragte „Ist // das Alles was ich jetzt vorgelesen habe wahr? Auf die Antwort Aller // „Ja das ist alles wahr, und Herr Lokal haben noch weit mehr zum // Besten der Gemeinde gethan, als was jetzt vorgelesen worden ist.“ // Verlangte der Lokal, das Gelesene zu unterschreiben, was von Allen // allsogleich geschah. Als Franz Exner die Feder in die Hand nahm, // sprach Er: Herr Lokal ich unterschreibe es und erlaube mir die Be= // merkung, daß ich mich übereilt habe, ich war sehr gereitzt. Auf // die Frage des Lokals: Habe ich Sie gereitzt, oder was habe ich Ihnen beide gethan, // daß sie auf mich schimpfen? gab Exner zur Antwort: Nein Herr Lokal Sie // haben mir nur Gutes gethan, mich niemals beleidiget, sondern stets // freundlichst behandelt, so lange ich Sie kenne; aber ich war von andern // sehr gereitzt!

Von der Idee zum Buch: Das Rezept für die Herstellung eines biographischen Romans über das Leben meines Großvaters Franz

von Roland Chrzanowski

1. Der Appetitanreger

In dem Buch **„Ich bin Franz! Migrant im Heimatland“** erzähle ich die Geschichte meines Großvaters, der 1919 von Westpreußen nach Dortmund kam, um hier sein Glück zu machen. Ich möchte in diesem Beitrag die Entstehung des Buchs veranschaulichen, in dem ich es mit einem Kochrezept vergleiche.

2019 erzählte mir mein inzwischen verstorbener Vater eine Geschichte über meinen mir weitgehend unbekannten Großvater aus Dortmund, die bisher niemanden geläufig war und an die er sich selbst nur bruchstückhaft erinnerte. Sie machte mich sehr neugierig. Damals beschäftigten sich mein Bruder und ich schon seit vier Jahren mit der Erforschung unserer Ahnen. So trafen Information und Hobby aufeinander und die Idee zu einem Buch war geboren.

Franz (Mitte) im 1. Weltkrieg

Ich hatte seinerzeit schon einen Geschichtenband mit außergewöhnlichen Ereignissen aus dem Leben meiner Ahnen geschrieben, das von mir allerdings eher für die familiäre Leserschaft gedacht war. Das leitende Interesse war damals wie heute, dass ich Fleisch an das Skelett der nackten Lebensdaten der Vorfahren bringen möchte, ihnen sozusagen wieder ein wenig Leben einzuhauchen. So entschloss ich mich, über den Großvater zu forschen, über den ich zunächst nur sehr wenig wusste. Dieses Mal sollte ein Buch mit einer einzigen Lebensgeschichte gefüllt werden. Die Episode, die mir mein Vater kurz vor seinem Tod erzählte, findet der geneigte Leser als Kostprobe am Ende des Beitrags.

2. Die Küche

Man kann vieles vom Schreibtisch aus recherchieren, aber bei weitem noch nicht alles. Daher musste zunächst für gutes Arbeitsmaterial wie einen leistungsstarken Rechner und Drucker und schnelles Internet gesorgt werden. Dazu kamen gute und hilfreiche Programme sowie Zugänge zu den einschlägigen Rechercheseiten im Internet. Hilfreich war meine Ausbildung zum Historiker, so dass mir der Umgang mit Quellen und deren Einordnung nicht unbekannt ist. Zudem profitiere ich von meinen Erfahrungen als Buchhändler, da ich vor 25 Jahren in dem Beruf arbeitete.

Franz' 1. Hochzeit 1921

3. Die Zutaten

Die Recherchearbeit erstreckte sich über zwei Jahre. Ich wollte so viel wie möglich über meinen Großvater Franz in Erfahrung bringen.

Im Nachlass meines Vaters fanden sich alte Fotos, ein Zeitungsartikel und ein Familienstammbuch, in dem aber einige Urkunden fehlten. Dazu gesellte sich eine Urkunde aus dem Jahr 1959, die eine Namensänderung bescheinigte.

Um die Fotografien einordnen zu können, führte ich Interviews mit meinen noch lebenden Tanten. Leider konnten nicht alle abgebildeten Personen zugeordnet werden. Bei diesen Gesprächen steuerten sie weitere Anekdoten aus der Erinnerung bei.

Da ich mir bewusst bin, dass sich mündliche Überlieferung im Laufe der Zeit verändert, wollten alle Informationen überprüft werden. Es stellte sich heraus, dass es Familienerzählungen gab, die überhaupt nicht zutrafen, z. B. dass Franz an einem Schalttag geboren sei, aber der Standesbeamte aus Vereinfachungsgründen den Geburtstag um einen Tag vordatierte. Die Nachforschung im Standesamtsregister ergab, dass derselbe Beamte am Folgetag, also dem 29.2.1896, Geburtseinträge fertigte. Damit war die Familienerzählung widerlegt. Andere Geschichten trafen im Wesentlichen zu, manche waren nicht überprüfbar, aber wahrscheinlich.

Im Internet lassen sich einige Quellen finden, wie Standesamtseinträge aus Dortmund[1] und seinem Geburtsort im heutigen Polen[2]. Andere Quellen fehlen wie z. B. der Taufeintrag.

Zudem konnte ich im Netz einige Dortmunder Adressbücher[3] einsehen, die eine wahre Fundgrube sind. Nicht nur, dass man die Adressen der Familienmitglieder zu unterschiedlichen Zeiten ermitteln kann, sondern auch die Namen der Vermieter und die Zuständigkeiten der Ämter, Schulen und Kirchengemeinden sowie die Namen der dort beschäftigten Personen.

Als reichhaltige Quelle erwiesen sich die alten, online gestellten Zeitungsausgaben,[4] aus denen man Vieles über das Leben im damaligen Dortmund lernen konnte. Dazu gesellten sich weitere Homepages, z. B. von Vereinen.

Leider mündeten einige Wege auch in der Sackgasse, z. B. als ich versuchte, mit Hilfe des Bundesarchivs etwas über Franz' Militärzeit in den beiden Weltkriegen zu erfahren. Ich fand aber anhand der Beinkleider, die er auf einer Fotografie trug, heraus, dass er wohl bei der Infanterie[5] diente und ich wusste aus Erzählungen, dass er an der Westfront kämpfte. So tippte ich nach langer Internetrecherche auf ein Regiment, dessen Garnison in der Nähe seines Wohnorts lag und im Westen eingesetzt war[6] und dem er deswegen wahrscheinlich angehört haben könnte.

Letztendlich muss man sich aber trotz des Internets auf den Weg zu Archiven, Museen und zu Vorortrecherchen machen. Hilfreich waren das Stadtarchiv mit weiteren Urkunden und Adressbüchern, das Westfälische Wirtschaftsarchiv sowie das Brauereimuseum. Überall wurde ich freundlich bei meinen Nachforschungen unterstützt. Ich besuchte alle Adressen und Orte, die in Dortmund für das Buch eine Rolle spielen, und gewann so weitere wichtige Erkenntnisse über Franz´ Wohn- und Lebensverhältnisse.

Mit der Zeit hatten sich viele Informationen auf meinen Schreibtisch angesammelt. Sie mussten ausgewählt, geordnet und ergänzt werden. Die Auswahl war schwierig, aber noch aufwändiger war es, die Lücken im Lebenslauf zu schließen. Ich entschloss mich, deduktiv vorzugehen, indem ich recherchierte, was sich zu der Zeit in Deutschland und Dortmund ereignete und wie sich die Personen im Buch wahrscheinlich dazu verhalten hätten.

---

1 https://www.landesarchiv-nrw.de/digitalisate/Abt_Ostwestfalen-Lippe/P6/P6-06.html und https://www.archive.nrw.de/archivsuche?link=FINDBUCH-Fb_09052F17-24C3-4BED-AD1E-3104B24E9F0E

2 https://www.genealogiawarchiwach.pl/archiwum-front?locale=de

3 https://wiki-de.genealogy.net/Kategorie:Adressbuch_f%C3%BCr_Dortmund

4 https://zeitpunkt.nrw/

5 https://www.weltkrieg2.de/deutsche-uniformen-1-weltkrieg

6 7. Westpreußisches Infanterie-Regiment Nr. 155 – de.LinkFang.org

Trauerzug Grubenunglück auf „Minister Stein" in Dortmund 1925

4. Die Zubereitung

Dann ging es ans Schreiben. Zunächst brauchte ich einen roten Faden. Ich wollte dieses Mal nicht nur für die Verwandtschaft schreiben, sondern für ein breiteres Publikum. Da bot sich das Migrationsthema an, dass auch nach hundert weiteren Jahren in unserer Gesellschaft immer noch aktuell ist. Ich wählte einen chronologischen Ablauf für die Geschichte mit einem klar definierten Anfangs- und Endpunkt. Alle Informationen, die ich gesammelt hatte, ordnete ich bestimmten Jahren zu. Als weiteren Erzählstrang schrieb ich über die Jugend meiner Großmutter. Beide Stränge laufen aufeinander zu und vereinigen sich im Jahr 1933. Natürlich brauchte ich auch noch Figuren als Gegenspieler, die sich zum einen in der Familie fanden und zum anderen in literarischer Freiheit erfunden wurden. Ich musste mir zudem über die Hauptfigur im Klaren werden. Ich wollte Franz weder glorifizieren noch verdammen. Es war klar, dass ich keine reine Biografie schreiben konnte, sondern ein biografischer Roman entstehen würde, der sich eng an das Leben meines Großvaters anlehnt. Immer wieder verwarf ich ganze Passagen, ordnete oder schrieb Kapitel um. Als der Inhalt stand, begann ich, am Stil zu arbeiten, bessere Formulierungen zu suchen. Dazu las ich den Text immer wieder mit anderen Augen, auch mit denen eines Lesers, der meine Familie nicht kennt. Schließlich sagte ich mir irgendwann, dass es genug der Änderungen sei.

Franz oben rechts 1930

Bierkutscher liefern den Nachschub. Die Aufnahme entstand im Jahre 1932.

Ruhr-Nachrichten 20.4.1978

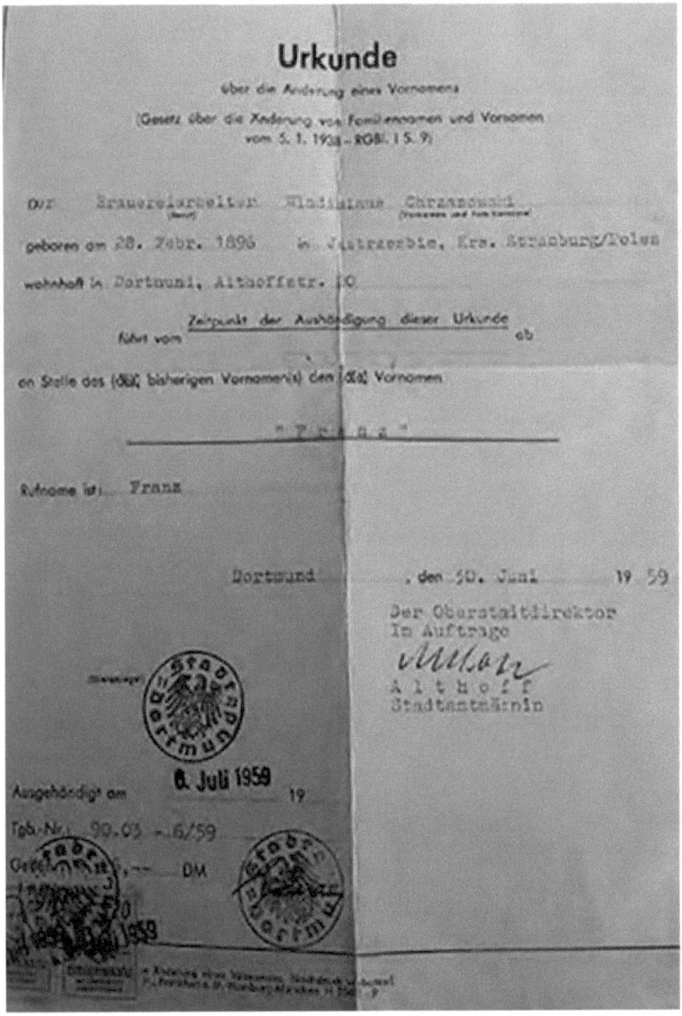

Urkunde

über die Änderung eines Vornamens

(Gesetz über die Änderung von Familiennamen und Vornamen vom 5. 1. 1938 – RGBl. I S. 9)

Der Brauereiarbeiter Wladislaus Chrzanowski

geboren am 28. Febr. 1896 in Jastrzebie, Krs. Strasburg/Polen

wohnhaft in Dortmund, Althoffstr. 10

führt vom Zeitpunkt der Aushändigung dieser Urkunde ab

an Stelle des (der) bisherigen Vornamen(s) den (die) Vornamen

"Franz"

Rufname ist: Franz

Dortmund, den 30. Juni 1959

Der Oberstadtdirektor
Im Auftrage
Althoff
Stadtamtmännin

Ausgehändigt am 6. Juli 1959

Tgb.-Nr. 90.03 – 6/59

DM

Urkunde über die Änderung des Vornamens

5. Das Abschmecken

Damit war das Vorhaben aber noch nicht am Ziel. Ich legte den Text fünf Menschen vor und bat um ihr ehrliches Feedback. So konnte ich nicht nur Rechtschreibfehler bereinigen, die leider noch enthalten waren, sondern auch weitere stilistische Verbesserungen vornehmen und inhaltliche Unverständlichkeiten und Ungenauigkeiten ausbügeln, die sich ich in partieller „Betriebsblindheit“ eingeschlichen hatten. Insgesamt waren die Rückmeldungen positiv und die Probeleser bestärkten mich, das Buch zu veröffentlichen.

6. Das Servieren

Zunächst musste ich den rechtlichen Rahmen für die Veröffentlichung eines Buches erkunden. Ich hatte geplant, jedes Kapitel mit einem Bild zu versehen. Um nicht mit dem Urheberrecht in Konflikt zu geraten, ließ ich den Plan fallen. Es wären tatsächlich nur ein paar Familienfotos übriggeblieben, und es wäre aus meiner Sicht kein gutes Konzept gewesen, sie nur einzustreuen. Meine Tanten unterschrieben eine Einverständniserklärung, da sie in dem Buch erwähnt werden. Die Umschlaggestaltungen mit den

Zeichnungen nahm dankenswerterweise Anneliese Ovelgönner in die Hand, da mein künstlerisches Talent limitiert ist.

Ich entschloss mich zur Buchveröffentlichung im Eigenverlag. Dazu wählte ich einen Anbieter, mit dem ich beim Druck meines ersten Buchs gute Erfahrungen gemacht hatte. Der Vorteil ist, dass der Text nicht erst von einem Verlag angenommen werden muss, Nachteil ist aber, dass die Werbemöglichkeiten für ein Buch für Privatleute eher begrenzt sind, wenn die Kosten nicht aus dem Ruder laufen sollen.

7. Die Kostprobe

1944: Zwangsarbeiterinnen

Es war verrückt. Große Teile Dortmunds lagen in Trümmern, aber der Althoffblock, die Brauerei und selbst das Unionstahlwerk, in dem Geschosse produziert wurden, waren bisher nur wenig beschädigt worden.

Im September wurden in einem Gebäude an der Huckarder Straße neben dem Stahlwerk 300 polnische und russische Zwangsarbeiterinnen untergebracht. Sie sollten bei der Produktion von Bomben und Granaten zum Einsatz kommen. Ihre Zahl wuchs schnell auf 745 junge Frauen im Alter von 13 bis etwa 20 Jahren.

Eines Tages, es war Anfang Oktober, wurde Franz ins Personalbüro gerufen. Ein Prokurist war anwesend und eröffnete ohne Umschweife das Gespräch: „Herr Chrzanowski, sie können doch Polnisch sprechen."

„Ja das kann ich, ich bin nur ein wenig außer Übung."

Darauf sagte der Prokurist: „Das wird schon reichen. Sie müssen für einen kriegswichtigen Einsatz im Stahlwerk aushelfen. Dort sind polnische Fremdarbeiterinnen angekommen und Sie werden dolmetschen."

Franz dachte sich, dass es unklug wäre zu widersprechen, und er stimmte zu.

Am nächsten Tag ging Franz zur Huckarder Straße. Das Gebäude war vergittert. Eine Frau vom weiblichen Bewachungspersonal ließ ihn ein.

„Heil Hitler! Sie sind der Dolmetscher?", wollte sie wissen.

„Ja, das bin ich, ich komme von der Brauerei."

„Gehen wir rauf, die Polinnen wohnen im ersten Stock. Ich werde Ihnen alles zeigen und die Abläufe erklären."

Als Franz oben ankam, waren die jungen Frauen bereits zur Arbeit gegangen.

„Die Frauen gehen um 6 Uhr morgens durch den unterirdischen Gang zur Geschossfabrik. Sie haben mittags eine Stunde Pause und die Schicht geht bis 18 Uhr. Ihre Aufgabe ist, unsere Anweisungen und die der Angestellten drüben im Werk zu übersetzen, verstanden?"

Franz hatte verstanden.

„Kommen Sie mal mit!" Franz wurden die Schlafräume mit den Vier-Stock-Betten und im Erdgeschoss das Krankenrevier und die Häftlingsküche gezeigt. Er bemerkte sofort, dass die Nahrung für die schwere Arbeit mehr als dürftig kalkuliert war.

Dann schickte man ihn durch den Tunnel in die Produktion. Die Polinnen waren schon bei der Arbeit und der Werksmeister war froh, einen Dolmetscher an der Seite zu haben und nicht mehr alles mit Händen und Füßen erklären zu müssen.

Er sagte zu Franz: „Glück auf!" Franz wunderte sich etwas über den Gruß, da er mit einem „Heil Hitler" gerechnet hatte.

„Die Zwangsarbeiterinnen haben ein gelbes X auf dem Rücken. Daran kannst du sie erkennen. Das Ziel ist, dass die Produktion reibungslos läuft, also bitte keine unnötigen Grausamkeiten. Dann haben wir nur Scherereien mit Arbeitsausfällen und Sabotage."

Franz war erleichtert, dass die Gefangenen einigermaßen korrekt behandelt wurden, wenn man das überhaupt sagen konnte. Hoffentlich blieb das auch so.

Mit der Zeit erfuhr Franz, dass die Arbeiterinnen nach dem Warschauer Aufstand über das KZ Ravensbrück nach Dortmund verschleppt worden waren. Sie hatten alle die Hoffnung, dass sie das Ganze überleben würden, wenn sie sich ruhig verhielten.

Im September erreichte ein Güterzug Dortmund. Auf einem offenen Güterwaggon saßen Elisabeth und ihre vier Kinder. Sie kamen zurück in die völlig zerbombte Stadt. Elisabeth fragte sich: „Steht der Althoffblock noch? Ist Franz unversehrt." Die Fünf machten sich auf den Weg zur Althoffstraße. Gottseidank stand das Haus noch, sie stiegen die Treppen empor und schellten an der Wohnungstür. Franz öffnete und konnte es kaum glauben. Sie waren wieder da und lebten. Glücklich fielen sich alle in die Arme. Eineinhalb Jahre war Elisabeth mit den Kindern fort gewesen.

Es wurde eine lange Nacht mit einem weiteren Fliegerangriff und am nächsten Tag erzählte Elisabeth von der strapaziösen Reise und den Ängsten. Zunächst waren sie in Mosbach am Neckar untergekommen, danach im Markgräflerland. Lothar wollte mit ein paar Jungen die Amerikaner aufhalten, die schon Süddeutschland erreicht hatten. Gottseidank hatte ein Mann sie bei ihrem Vorhaben beobachtet und sie mit ein paar Ohrfeigen nach Hause gejagt. Sonst wäre Lothar jetzt bestimmt tot. Renate hatte ihren vierten Geburtstag auf dem Güterwaggon verbracht. Das würde sie bestimmt nie vergessen.

Elisabeth war wenig begeistert, als sie vernahm, welche Aufgabe Franz inzwischen übernommen hatte. Aber sie war mit ihm der Meinung, dass es weiterhin besser wäre, den unteren Weg zu gehen und nicht zu widersprechen. Zum Widerstand fehlte ihnen beiden der Mut. Wichtig war für sie, dass sie und ihre Kinder diese Zeit überlebten. Lange konnte es jetzt nicht mehr bis zum Kriegsende dauern. Franz hörte mit einer Decke über dem Kopf die Nachrichten der BBC im Radio, was verboten war. Die Alliierten waren schon sehr nah.

Am 6. Oktober wurde Dortmund von dem nächsten verheerenden Bombenangriff getroffen. Wieder wurden Franz´ Wohnung und die Arbeitsstätten verschont, die Familie hatte erneut Glück gehabt. Sie verbrachte ganze Nächte im Keller, weil die Zeit der Entwarnung zu kurz war, um zur Wohnung hinaufzusteigen. Franz fragte sich, was mit Josef sei. Lebte er noch? Die Post kam nicht mehr durch.

Die Familie war fast wieder vereint, bis auf Jupp, der in Kriegsgefangenschaft geraten war. Bisher hatten sie es geschafft, am Leben zu bleiben. Aber Franz hatte Angst um seine Familie, denn die Bombenangriffe hörten nicht auf. Am 12. März startete der schlimmste Bombenangriff des gesamten Krieges. Franz dachte, dass er schon alles an Angriffen erlebt habe, aber dieser Angriff übertraf alle seine bisherigen Erfahrungen. Im Keller herrschte verzweifelte Stille. Dortmund war nach dem Angriff völlig unbewohnbar, aber wie durch ein Wunder stand ihr Haus immer noch und die Wohnung war intakt. Franz und seine Familie hatten im Gegensatz zu vielen anderen Glück im Unglück gehabt, sie waren am Leben und unverletzt geblieben. Auch die Brauerei war schwer getroffen worden, das Hüttenwerk allerdings nicht.

Als Franz in der Häftlingsunterkunft erschien, stellte er erleichtert fest, dass die Polinnen den Angriff überlebt hatten. Es herrschte jedoch geschäftiges Treiben.

Eine Bewacherin erklärte ihm: „Sie sorgen mit dafür, dass alles ruhig bleibt. Die Arbeiterinnen werden evakuiert."

„Wohin?", wollte er wissen.

„Ich habe gehört nach Bergen-Belsen."

„Ins KZ?"

Das konnte nichts Gutes bedeuten. Er hatte schon einiges von den Verhältnissen in den Konzentrationslagern gehört, wenn auch hinter vorgehaltener Hand. Einige Tage später erschien die SS und transportierte die Gefangenen ab.

Franz fragte sich, ob sie wohl überleben würden.

Wladislaus wächst in einem ärmlichen Dorf im Osten des Deutschen Reiches nahe der russischen Grenze auf und träumt von einem besseren Leben. Nachdem er den Ersten Weltkrieg lebend überstanden hat, begibt er sich auf eine fast 1000 Kilometer lange Reise gen Westen bis nach Dortmund, um sich seinen Traum von einem besseren Leben zu erfüllen. Viele Rückschläge erwarten Franz, wie er sich nun nennt, in der neuen Heimat, aber er will seinen Traum nicht aufgeben.
Ich bin Franz!
Roland Chrzanowski
Roland Chrzanowski
Ich bin Franz!
Migrant im Heimatland

ISBN: 9783754914465

Eine Nachkriegs-Zeitzeugin der Dortmunder Nordstadt: Meine Großmutter Maria Janz, geb. Kleinsorge (1907–1986)

von Martin Janz[1]

Wie es der jungen Maria die ersten Jahre in Dortmund erging, können wir nur noch mutmaßen. Auf der einen Seite war ihr Vater gerade als Bauernsohn aus dem Sauerland zugewandert, um an der Industrialisierung teilzuhaben, und hatte sich an die völlig anderen Lebensbedingungen anzupassen. Auf der anderen Seite blühte Dortmund durch die von Dampfmaschinen unterstützte Industrialisierung auf.

Die Stadt erlebte eine nicht vorstellbare Entwicklung: Immer mehr Steinkohlezechen wurden abgeteuft. Immer mehr Stahl kochende Hochöfen wurden in Betrieb gesetzt und ließen den nächtlichen Himmel über Dortmund erröten.

Abb. 1: Maria Kleinsorge (später Janz) 1928 in Schwartowke (polnisch: Zwartowko), Reg.bez. Köslin, Kr. Lauenburg, Pommern (Kfz.-Kennzeichen: IH), stolz im Overall mit Motorrad. (Foto: Martin Janz)

---

1 Eine erste Fassung dieses Artikels wurde 2019 in der Reihe „100 Jahre – 100 Geschichten" der AWO online publiziert (https://www.awo-100-geschichten.de). Das YouTube-Video „Familie Janz von 1928 bis 1938 Schwartowke" (https://www.youtube.com/watch?v=PTIczKzJPOU) illustriert in Bildern die Geschichte der Familie und ist auf dem YouTube-Kanal „Stolper Lande" des „Arbeitskreises Heimat- und Familienforschung Stolper Lande" zu finden.

Der Arbeitskräftebedarf führte dazu, dass vor allem Menschen aus dem Sauerland, aus Ost- und Westpreußen, aus Süddeutschland und Italien zuwanderten. Die Unternehmen schafften es auch dadurch, dass sie Werber in die Länder schickten. Sie mussten zur Unterbringung der neuen Arbeitskräfte Siedlungen, die sogenannten „Kolonien", in den vielen Vororten bauen.[2] So verdoppelte sich die Zahl der Einwohner von 1895 bis 1910 auf 212.725.[3] Dies hatte u.a. auch einen gewaltigen Aufschwung der Bier-Industrie zur Folge.

Nur aus knappen Erzählungen wissen wir, dass das Leben ihres Vaters Martin **Kleinsorge** (1874–1943) und seiner Familie in der Siegfriedstraße zuerst ziemlich erbärmlich war. Spätestens aber mit dem Erwerb des Hauses Mallinckrodtstraße 111 hatten sich die Lebensumstände deutlich verbessert. Maria machte eine Lehre zur „Modistin". Heute wäre sie Hutmacherin, die Hüte für Frauen und Kinder entwirft und fertigt. In einem solchen Handwerksberuf werden Einzelanfertigungen hergestellt, und zu den Aufgaben der Modisten gehört natürlich auch der Verkauf ihrer Kreationen im Ladengeschäft.

Irgendwann zwischen den Weltkriegen engagierte sie sich bei der Arbeiterwohlfahrt (AWO). Die junge Maria aus dem fernen Ruhrgebiet begleitete einen Schwarm kleiner, unterernährter Kinder aus Dortmund in die pommersche Sommerfrische. Organisiert wurden die Ferienaufenthalte von der AWO. Die AWO wurde am 13. Dezember 1919 mit der Zustimmung des Parteihauptausschusses der SPD gegründet.

Nachdem der 1. Weltkrieg 1918 verloren gegangen war, herrschte in den Kreisen der Arbeiterklasse aufgrund der immensen Arbeitslosigkeit großer Hunger und unbeschreibliche Not. Exemplarische Beispiele hatte die Familie **Kleinsorge** tagtäglich vor ihren Augen. Das Arbeiterquartier in der Nordstadt Dortmunds litt unerträglich.[4] Die Menschen waren auf entwürdigende Art der bürgerlichen Armenpflege und ihren Almosen ausgesetzt. Zuerst versuchten vor allem die Frauen der örtlichen Gliederungen von SPD und den Gewerkschaften die schlimmsten Nöte vor Ort zu lindern. Es war eine gegenseitige Hilfe der Arbeitslosen und ihren Familien.

Die AWO, unter der Führung von Maria **Juchacz** (1879–1956) und der späteren Bürgermeisterin von Berlin, Louise **Schroeder** (1887–1957), bot nun eine Plattform, um reichsweit die entwürdigende Armenpflege breitester Bevölkerungsschichten zu bekämpfen.

Es ist anzunehmen, dass die **Kleinsorge**s, immerhin Besitzer eines Mehrfamilienhauses, um die erdrückende Situation im nahen Schüchtermann-Block[5], rund um den Nordmarkt gelegen, wussten. Sie konnten die menschenunwürdigen Zustände in der gesamten Nordstadt wahrnehmen. Nur so ist es zu erklären, dass die jüngste Tochter einer, seit vielen Generationen im Katholizismus tief

2 Vgl. z.B. Grän, 1983; Unverferth, 2005.
3 Winterfeld, 1981, S. 182.
4 Vgl. z.B. Biederbeck, 2018.
5 Das Schüchtermanncarree wurde um 1910 von Julius Isidor **Schmitt** gebaut.

verwurzelten Familie aktiv in einer von der Sozialdemokratie geführten Bewegung mitzuwirken vermochte. Die eigenen Erfahrungen des Familienvaters Martin **Kleinsorge** auf seiner „Wanderung" vom Sauerland nach Dortmund und die ersten erbärmlichen Jahre in der Siegfriedstraße, mit den unzulänglichen Lebensbedingungen, könnte das soziale Gewissen der Familie zusätzlich geschärft haben. Immerhin hatte die Familie, als sie in der Siegfriedstraße wohnte, es nötig, männliche Untermieter, mit Anspruch auf Vollpension, in die damalige Wohnung gegen Bezahlung aufzunehmen.

Die angesprochenen Kinderlandverschickungen verliefen nach Zeitzeugenaussagen ehemaliger, betroffener Kinder ungefähr so: Die Schulkinder wurden vom Lehrpersonal gefragt, wer denn gerne in den Urlaub fahren würde. Allein um dem Schmutz, dem Hunger für einige Zeit entgehen zu können, meldeten sich ganze Schulklassen. Im Jahre 1923 zeigt auch die 9-jährige Elli **Dost** aus der Blumenstraße auf.[6] Wochen später musste Elli mit ihrer Mutter zum Amtsarzt: *„Ausziehen! Auf die Waage! Nee, was bist'e dünn!"*, entsetzte sich die Arzthelferin. Der Arzt hörte Elli ab, schaute ihr in den Mund und sagte: *„Du kommst nach Pommern!"* Große Freude, zuerst. Aber, je näher der Tag der Abreise rückte, umso größer wurden bei Elli die Trennungsangst und die Trauer. Ihre Mutter und ihr großer Bruder sprachen ihr gut zu.

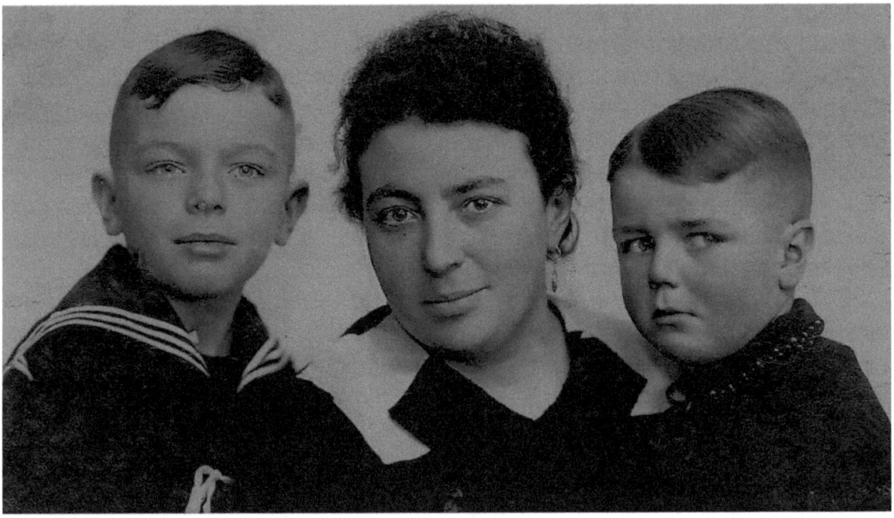

Abb. 2: Maria Janz 1939 mit ihren Söhnen (links Siegfried, mein Vater; Foto: Martin Janz)

6 Vgl. Dost, 1984.

Es gab keinen Koffer. Elli trat die große Reise mit einem verschnürten Schuhkarton an. Die wenigen ärmlichen Kleidungsstücke nahm der Karton spielend auf. Über die Münsterstraße hinauf zum Bahnhof. Zu Fuß. Für die Elektrische Bahn fehlte das Geld. Auf dem Bahnhof standen hunderte von Kindern mit ihren Müttern. Die meisten hatten wenigstens einen Koffer. Die Halbwaise Elli, der Vater war tödlich verunglückt auf Union[7], einem Stahlwerk, hatte nur den Karton. Nachdem die französischen Besatzungs-Soldaten den Zug untersucht hatten, nahmen 800 Kinder diesen in Beschlag. Und es halfen ihnen beim Einsteigen, beim Platzsuchen und beim Verstauen des Gepäcks die jungen Frauen der AWO. Elli fuhr bis zum Ort Naugard (Landkr. Kolberg-Körlin, Reg.bez. Köslin). Der Bauer Ernst **Pagenkopf** holte sie am Bahnhof mit dem Pferdewagen ab. Martha, seine Schwester, sagte auf dem Hof zu Elli: *„Dich werden wir schon aufpäppeln!“* Es gab Napfkuchen, Braten, Stullen mit Wurst, Schinken und Butter, Sahne, richtigen Kaffee und unverdünnte Milch. Elli hatte dies alles noch nie gesehen.

Diese kurze Schilderung soll uns nur die Bedeutsamkeit der AWO und ihrer Aktivitäten in der damaligen Zeit deutlich machen. Maria – oder Ria wie sie genannt wurde – kam so als AWO-Betreuerin im Jahre 1925 nach Pommern und lernte dort den Rechnungsführer Otto Fritz Franz **Janz** (1902–1968) kennen. Am 26. Juni 1928 heirateten sie dann in Ritzow (Ryczewo).[8] Wie häufig Maria noch nach Pommern fuhr, wann sie ganz von Dortmund wegzog, ist uns nicht bekannt. Aber wie sie sich in Pommern fühlte, dass sehen wir auf den Fotos aus der Zeit. Sie posiert lustig mit ihrer Schwester vor dem Kaufhaus, lächelt voller Anmut von ihrem Motorrad (Abb. 1) oder widmete sich freudestrahlend ihren Kindern (Abb. 2).

Aus ihren späteren Erzählungen mussten wir auch zur Kenntnis nehmen, dass Pommern kein „wilder Osten“ war, sondern schon damals durchaus zivilisiert. Fließend Wasser und Strom war in den Häusern natürlich eine Selbstverständlichkeit. Es gab Verkehrsbusse und Privatautos. Grundsätzlich wurde man in dem Agrarland richtig satt. Also ein ungetrübtes Leben.

Das ändert sich erst in den letzten Kriegsmonaten des Jahres 1945, als die deutschen Soldaten sich vor den russischen Einheiten zurück zogen. Welche Tragik Maria dann erlebt, sieht man ihrem Porträtfoto nach der Flucht aus Pommern 1947 an (Abb. 3).

Das wird mir von meiner Großmutter immer in Erinnerung bleiben: Nach dem Verkauf des Hauses in der Mallinckrodtstraße lebte sie in einer Mietwohnung in der Innenstadt von Dortmund, in der Saarbrücker Straße. Und diese Wohnung lag, von ihren Fenstern aus gesehen, direkt gegenüber der Kaufmännischen Berufsschule. Oma lud mich an Berufsschultagen zum Mittagessen ein und fragte nach meinen Wünschen. Meist gab es wunschgemäß gefüllte Paprika-Schoten.

---

7 Die Union, AG für Bergbau, Eisen- und Stahl-Industrie, wurde 1872 mit Sitz in Dortmund gegründet.

8 Seit 1961 ein Stadtteil von Słupsk (Stolp).

Abb. 3: Maria Janz nach der Vertreibung 1947 wieder in Dortmund (Foto: Martin Janz)

Abb. 4: Maria Janz in ihrem Garten, Anfang der 1980er-Jahre (Foto: Martin Janz)

Vom 30. Mai bis zum 2. August 1975, ich war kein Berufsschüler mehr, aber bei Oma zum Essen eingeladen, fanden die seit 1957 jährlich stattfindenden „Internationalen Kulturtage der Stadt Dortmund“ mit dem Schwerpunkt Polen statt.[9] Auf der anderen Straßenseite von Omas Wohnung, vor der Schule, waren die Fahnen Polens geflaggt. Die Großmutter war anders als sonst: Sie wirkte traurig. Ich fragte nach. Mit Gänsehaut und Tränen zeigte sie auf die Festbeflaggung. Auf meine Fragen wollte oder konnte sie mir keine Antworten geben. Aber mit 20 Jahren war ich bereits in der Lage zu begreifen, aus welchem Grunde keine Erzählung zu erwarten war. Ich konnte mir vorstellen, was einer allein mit ihren Kindern lebenden deutschen Frau, deren Mann in Kriegsgefangenschaft saß, in Pommern 1945 und danach geschehen ist. Das wurde aber auch zu ihren Lebzeiten niemals offen thematisiert.

Ahnenliste Maria Janz, geb. Kleinsorge (1907–1986)

Die Vorfahren von Maria Janz lassen sich bis in die 19. Ahnengeneration zurückverfolgen, die höchste Kekule-Nummer in dieser Ahnenliste ist 539.152 und reicht in die 1. Hälfte des 14. Jahrhunderts zurück. Geografischer Schwerpunkt

9 Vgl. Luntowski et al., 1994.

sind Orte, die heute zu Schmallenberg[10] und Meschede im Hochsauerlandkreis gehören.

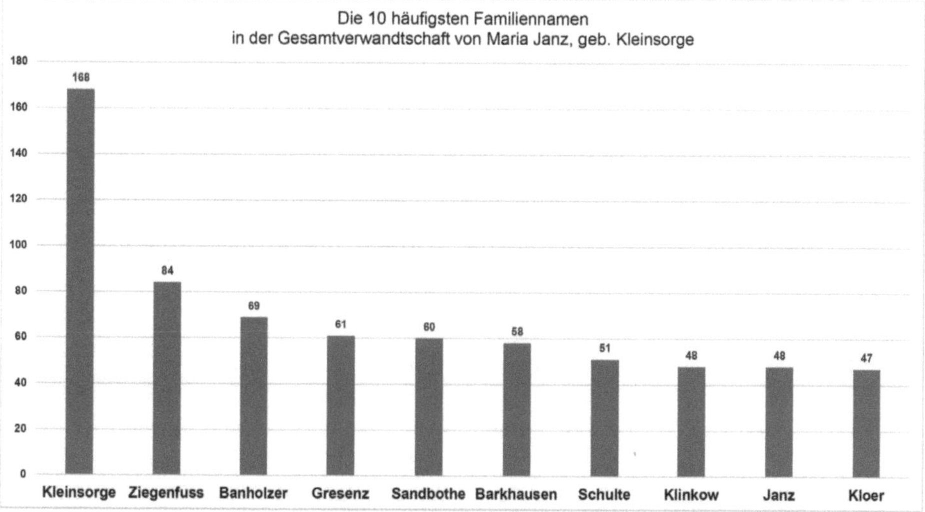

Abb. 5: Die 10 häufigsten Familiennamen in der Gesamtverwandtschaft (N = 4.358) von Maria Janz, geb. Kleinsorge

Berücksichtigt man die bisher erforschte Gesamtverwandtschaft von Maria Janz (N = 4.358), so lag das durchschnittliche Lebensalter der Frauen bei 53,7 Jahren, bei den Männern war es mit 54,0 Jahren nur unwesentlich länger. Die meisten Frauen (37%) heirateten zwischen dem 20. bis 24. Lebensjahr (Gesamtdurchschnitt Frauen: 25,4 Jahre), bei den Männern betrug der Anteil in diesem Lebensabschnitt nur 20%; die meisten Männer (40%) heirateten zwischen dem 25. und 29. Lebensjahr (Gesamtdurchschnitt Männer: 29,6 Jahre). Die 10 häufigsten Familiennamen lassen sich Abbildung 5 entnehmen.

Die genealogischen Daten stammen im Wesentlichen aus den seit 1977 von Josef Lauber (†) im Eigendruck publizierten „Stammreihen sauerländischer Familien – Die Höfe und ihre Besitzer im Laufe der Jahrhunderte“ (Bd. I – VIII). Sie wurden teilweise seit 2001 von Klaus-Jürgen Lauber (Reiste) und Bernhard Vollmer (Dorlar) überarbeitet und neu herausgegeben. Für die Familie Kleinsorge sind insbesondere die Bände IV (Berghausen) und V (Wormbach) von Interesse.[11]

---

10 Zu Schmallenberg gehören heute 22 Stadtbezirke und 83 Ortschaften, vgl. dazu die Übersicht bei Wikipedia: https://de.wikipedia.org/wiki/Liste_der_Ortsteile_der_Stadt_Schmallenberg.

11 Eine Namensliste ist auf der Homepage „Familien- und Heimatforschung in Menden und im umliegenden Sauerland“ von Wolfgang Kißmer zu finden: https://www.wolfgang-kissmer.de (dort unter „Familienforschung 1“).

Als Abkürzungen werden im Folgendem verwendet: rk: römisch-katholisch, ev: evangelisch, Kr.: Kreis, Gem.: Gemeinde, Landgem.: Landgemeinde, OT: Ortsteil.

Probandin [AN 1]

1. **Kleinsorge**, Maria, Modistin, * 08.04.1907 Dortmund, † 30.12.1986 Dortmund, □ 05.01.1987 Dortmund
∞ 26.06.1928 Ryczewo, Landgem. Słupsk (Stolp), Kr. Słupsk, Woiwodschaft Westpommern, Polen (Ritzow[12], Kr. Stolp, Preußen), Otto Fritz Franz **Janz**. 2 Söhne.

1. Ahnenreihe [2 / 3][13]

2. **Kleinsorge**, Martin, Lokomotivführer, * 03.04.1874 Kirchhundem, Kr. Olpe, ~ 04.04.1874 Kirchhundem, Kr. Olpe, † 19.01.1943 Sianów (dt. Zanow), Stadt- u. Landgem. in der poln. Woiwodschaft Westpommern, Powiat Koszaliński (Köslin), □ 23.01.1943 Sianów (dt. Zanow), Woiwodschaft Westpommern, Powiat Koszaliński (Köslin). Gegen 1900 Umzug nach Dortmund; er verstarb beim Besuch seiner jüngsten Tochter (AN 1) in Zanow.
∞ 04.10.1900 Dortmund
3. **Böving**, Johanna Luisa Friederike, rk, * 23.06.1880 Altenhagen, Hagen/ Westf., † 31.12.1953 Dortmund, □ 05.01.1954 Dortmund. 3 Töchter zw. 1900 u. 1907.

2. Ahnenreihe [4-5 / 6-7]

4. **Kleinsorge**, Johann(es), rk, Landwirt, * 07.01.1833 Meschede, ~ 19.01.1833 Meschede, † 14.10.1901 Kirchhundem, Kr. Olpe
∞ 26.11.1865 Oberalbaum bei Kirchhundem, Kr. Olpe
5. **Balts gen. Künnen**, Anna Maria, rk, * 30.11.1839 Kirchhundem, Kr. Olpe, † 08.1912 Hofolpe, Gem. Kirchhundem, Kr. Olpe. 4 Söhne zw. 1866 u. 1874.

---

12 „Bis 1945 war die Gem. Ritzow Sitz des gleichnamigen Amts- und Standesamtbezirkes und gehörte zum Landkreis Stolp im Regierungsbezirk Köslin der preußischen Provinz Pommern. Amtsgerichtsbereich war Stolp." (Wikipedia, Eintrag „Ryczewo", letzter Zugriff 17.06.2022).

13 In Klammern sind die Ahnennummern (AN) nach Kekule aufgeführt, getrennt nach der väterlichen und mütterlichen Seite.

6. **Böving**, Friedrich Wilhelm, Lehrer, * 11.04.1854 Vorhalle (seit 1.08.1929 zu Hagen)
∞ 07.02.1880 Hagen
7. **Scherney**, Caroline Friederike, * 23.06.1859 Hagen, † 06.03.1936 Wetter, Ennepe-Ruhr-Kreis. 1 Tochter (AN 3).

3. Ahnenreihe [8-11 / 12-15]

8. **Kleinsorge gen. Fömpe**, Johann Friedrich Anton, rk, Hoferbe und Ackermann, * 17.05.1801 Heiminghausen (OT von Schmallenberg), † 03.01.1864 Meschede
∞ II. 03.05.1842 Berghausen (OT von Meschede) Anna Maria **Köhne** (1812–1874). 5 Kinder zw. 1843 u. 1852.
∞ I. 22.11.1831 Schmallenberg
9. **Nölleke gen. Wiemheuer**, Maria Franziska, * 14.04.1807 Kirchilpe (OT von Schmallenberg), ~ 15.04.1807 Kirchilpe, † 18.05.1841 Heiminghausen. 5 Kinder zw. 1833 u. 1841.

10. **Balts gen. Künnen**, Mathias, rk, * 05.03.1790 Kirchhundem, ~ 31.05.1790 Kirchhundem, † 17.03.1856 Kirchhundem
∞ 03.06.1832 Kirchhundem, St. Peter und Paul
11. **Fretter gen. Prinz**, Anna Margarethe, * 12.08.1809 Kirchhundem, ~ 14.08.1809 Kirchhundem, † 17.04.1849 Kirchhundem. 4 Kinder zw. 1829 u. 1846.

---

12. **Böving**, Carl Friedrich, * 26.02.1825, † nach 1863
∞ 27.03.1852 Hagen
13. **Hülshof**, Friederike, * 23.08.1833, † nach 1863. 4 Kinder zw. 1854 u. 1863.

14. **Lotz**, Peter, * 1830, † nach 1867
∞ 15.10.1860 Hagen
15. **Scherney**, Luise Friederike, * 27.11.1837 Hagen, † nach 1867. 5 Kinder zw. 1859 u. 1867.

4. Ahnenreihe [16-23 / 24-31]

16. **Kleinsorge gen. Fömpe**, Johann Franz, rk, Ackersmann und Hoferbe, * 03.05.1779 Heiminghausen, † 25.08.1845 Heiminghausen, □ 29.08.1945 Meschede
∞ 04.02.1800 Berghausen

17. **Schauerte gen. Goebel**, Anna Gertrud, rk, * 11.12.1780 Bracht (OT von Schmallenberg), † 18.08.1839 Heiminghausen. 8 Kinder zw. 1801 u. 1824.

18. **Nöllecke**, Johann Matthias, rk, Schmiedemeister, Pächter
∞
19. **Peitz**, Anna Maria Elisabeth, rk. 1 Tochter bek. (AN 9).

20. **Balts gen. Künnen**, Joannes, * 1760
∞
21. **Künnen**, Anna Dorothea, * 1765

22. **Fretter gen. Prinz**, Antonio, * 21.09.1753 Kirchhundem, ~ 27.09.1753 Kirchhundem, † 07.07.1839 Kirchhundem
∞ 03.02.1793 Kirchhundem
23. **Stipp gen. Prinz**, Anna Maria, * 20.09.1768, ~ 20.09.1768 Kirchhundem, † 08.12.1832 Kirchhundem, □ 08.12.1832 Kirchhundem. 8 Kinder zw. 1793 u. 1809.

---

24. **Böving**, Johann Friedrich
∞
25. **Howahr**, Maria Catharina. 7 Kinder.

26. **Hülshoff**, Heinrich Peter
∞
27. **Kuhmann**, Carolina

29. **Lotz**, Catharina

30. **Scherney**, Franz Wilhelm, * 21.04.1811
∞ 18.10.1835 Hagen
31. **Meister**, Henriette Wilhelmine, * 27.05.1813

5. Ahnenreihe [32-47 / 48-63]

32. **Kleinsorge**, Johann Adam, Ackersmann, * 08.04.1743 Nierentrop (OT von Schmallenberg), † 02.09.1799 Heiminghausen, □ 06.09.1799 Meschede
∞ 28.02.1775 Berghausen
33. **Fömpe**, Maria Margarethe, Hoferbin, * 28.10.1748 Heiminghausen, † 26.03.1804 Heiminghausen

34. **Schauerte**, Johann Christian, Ackersmann, * 30.06.1754 Bracht, † 29.07.1808 Selkentrop (OT von Schmallenberg). Er war erst Beilieger in Bracht, später ab 1792 Besitzer des Göbeln-Gutes.
∞ 25.07.1776 Wormbach (OT von Schmallenberg)
35. **Schulte**, Maria Anna, * 09.02.1752 Cobbenrode (OT der Gem. Eslohe), † 07.11.1822 Selkentrop, ☐ Wormbach

44. **Fretter**, Antonius, * vor 1729, † nach 1749
∞ 13.02.1749 Kirchhundem
45. **Prinz**, Anna Maria, * 29.02.1724 Kirchhundem

---

48. **Böving**, Johann Friedrich

60. **Scherney**, Heinrich Peter
∞
61. **Berwe**, Elonore

62. **Meister**, Christoph
∞
63. **Fischer**, Maria Catharine

6. Ahnenreihe [64-95 / 96-127]

64. **Schulte**, Johannes, Ackersmann, * 1705 Sellinghausen (OT von Schmallenberg), † 21.04.1754 Nierentrop
∞
65. **Kleinsorge**, Anna Gertrud, Hoferbin, * 20.01.1709 Nierentrop, † 24.05.1759 Nierentrop, ☐ 27.05.1759 Meschede

66. **Gerwin gen. Fömpe**, Joannes Casparus, Ackersmann, * 10.08.1703 Heiminghausen, † 20.09.1757 Heiminghausen, ☐ Wormbach
∞ 01.03.1741 Berghausen
67. **Pieper**, Maria Elisabeth, * 23.08.1705 Mailar (OT von Schmallenberg), † 21.04.1780 Heiminghausen
∞ I. 27.05.1730 Berghausen Johann Caspar **Everdes gen. Fömpe**

68. **Schauerte**, Johannes, * 17.05.1718 Bracht, † 04.06.1772 Bracht
∞ 06.05.1736 Wormbach
69. **Schmidt**, Maria Elisabeth, * 01.08.1719 Bracht, † 05.04.1767 Bracht

70. **Schulte**, Johann Theodor, * 12.02.1708 Henninghausen (OT von Eslohe), † 11.06.1791

∞ vor 1741 Cobbenrode

71. **Huxol**, Anna Maria Catharina, * um 1710, † 21.09.1781 Cobbenrode

7. Ahnenreihe [128-191 / 192-255]

128. **Schulte**, Johannes Lorenz, * 27.12.1665 Sellinghausen, † 16.01.1710 Sellinghausen
∞ vor 1692 Dorlar (OT von Schmallenberg)

129. **Becker**, Anna Catharina, * 1662 vermutl. Bödefeld (OT von Schmallenberg), † 07.10.1743 vermutl. Bödefeld

130. **Kleinsorge**, Johannes d.J., Hoferbe, Ackersmann, * 12.02.1668 Nierentrop, † 21.01.1727 Nierentrop
∞ 1708 Berghausen

131. **Strengen**, Anna Maria Catharina, * 02.01.1678 Heggen, † 19.11.1741 Nierentrop

132. **Sprenger**, Johannes, Ackersmann, * 15.01.1668 Schmallenberg, † 22.04.1745 Ebbinghof (OT von Schmallenberg)
∞ 08.07.1698 Wormbach

133. **Gerwin**, Anna Catharina, Hoferbin, * 26.01.1670 Ebbinghof, † 1742 Ebbinghof

134. **Pieper**, Johann Hermann, * um 1664 Mailar, † 14.12.1744 Mailar
∞

135. **N.N. gen. Pieper**, Elisabeth

136. **Schauerte**, Johannes Ludwig, Ackersmann und Hoferbe, * 28.10.1688 Bracht, † 03.06.1728 Bracht
∞ 06.01.1716 Wormbach

137. **Möllers**, Anna Maria, * Oberelspe (OT von Lennestadt), Kr. Olpe, † 13.05.1756 Bracht

140. **Spott (Schulte)**, Anton, rk, Ackersmann, * 1652 Henninghausen, † 28.12.1732 Henninghausen
∞ 22.01.1686 Eslohe

141. **Blöynck**, Catharina Eva, rk, * 08.10.1661 Henninghausen, ~ 09.10.1661 Henninghausen, † 11.02.1721 Henninghausen

8. Ahnenreihe [256-383 / 384-511]

256. **Schulte**, Hermann, * 12.08.1636 Sellinghausen, † 1670 Sellinghausen
∞ um 1665
257. **Nagel**, Anna, * 1640 Nierentrop, † 25.11.1710 Sellinghausen

258. **Becker**, Johann Jodokus, * um 1630

260. **Kleinsorge gen. Lutter zu Werpe**, Johannes d.Ä., rk, Hoferbe, Ackersmann, * 1632 Nierentrop, ~ Dorlar, † nach 1685 Werpe (OT von Schmallenberg)
∞ I. um 1645 vermutl. Wormbach, Anna **Lutter**
∞ II. 02.07.1669 Wormbach
261. **Bolze**, Elisabeth, rk, * um 1640 Ebbinghof, † 1705 Werpe

262. **Strengen**, Jost, * 02.07.1651 Heggen, † nach 1704 Heggen
∞ um 1675 Meschede
263. **Lohmann**, Maria, * 10.09.1651 Lohof (OT von Eslohe), † Heggen

264. **Sprenger**, Everhard, * um 1650 vermutl. Oberfleckenberg (OT von Schmallenberg), † 19.11.1685 Schmallenberg
∞ 08.08.1672 Berghausen
265. **Stilpers**, Gertrud, * um 1655 Hundesossen (OT von Schmallenberg)

266. **Jütte gen. Gerwin**, Heinrich, Ackersmann, * 16.09.1638 Mailar, † 05.03.1679 Ebbinghof
∞ 18.11.1664 Wormbach
267. **Gerwin**, Johanna, Hoferbin, * 10.03.1640 Ebbinghof, † 1690 Ebbinghof, □ Wormbach
∞ II. 23.08.1679 Wormbach Hermann **Vogelheim gen. Gerwin**

268. **Schreiber**, Lambert, * um 1628 Remblinghausen (OT von Meschede), † 29.05.1708 Mailar
∞
269. **Pieper**, Christine, * um 1640 Mailar, † 03.04.1683 Mailar

272. **Peetz**, Johann, Ackersmann, * um 1640 Bracht, † 21.03.1716 Bracht
∞ 29.08.1681 Wormbach
273. **Schauerte**, Eva, * um 1660 Bracht

280. **Spott**, Dietrich Theodor, * 1632 Kückelheim (OT von Eslohe)
∞
281. **Schulte**, N.N.

282. **Blöink**, Ludwig, Ackersmann, * um 1630 Henninghausen, † um 1717 Henninghausen
∞ 16.11.1660 Wormbach
283. **Brösken**, Catharina Anna, * 1630 Valbert (Stadtteil von Meinerzhagen), † 1662 Henninghausen, ☐ Cobbenrode

9. Ahnenreihe [512-767 / 768-1.023]

512. **Schulte**, Everhard, * um 1610 Sellinghausen
∞ um 1635
513. **Pieper**, Elizabeth, * um 1615

520. **Kleinsorge gen. Wortmann**, Anton, Bauer und Hoferbe, * 1595 Nierentrop, † Frielinghausen (OT von Eslohe)
∞ 1630 vermutl. Dorlar
521. **Wortmann**, Anna Maria, rk, Hoferbin, * 1600 Frielinghausen

522. **Bolze**, Jakob, Hoferbe und Ackersmann, * um 1610 Ebbinghof, ~ Wormbach, † 18.01.1674 Ebbinghof, ☐ Wormbach
∞ um 1640 Wormbach
523. **N.N.**, Gertrud, * um 1620, † nach 1685 Ebbinghof, ☐ Wormbach

524. **Strengen**, Heinrich, Ackersmann und Hoferbe, * um 1625 Finnentrop (Gem. im Kr. Olpe)
∞
525. **Sellmann**, Barbara, * um 1630 Kirchrarbach (OT von Schmallenberg), † Heggen (Finnentrop), Kr. Olpe

526. **Lohmann**, Hermann, Hoferbe, * 1623 Lohof, † 13.11.1705 Lohof, ☐ Reiste
∞
527. **Richard**, Gertrud, * um 1625 vermutl. Oberberndorf (OT von Schmallenberg), † nach 1683 vermutl. Lohof

528. **Sprenger**, Johann Caspar, * um 1620 vermutl. Oberfleckenberg (OT von Schmallenberg), † 19.12.1695 vermutl. Oberfleckenberg
∞ um 1650 Schmallenberg
529. **Hömberg**, Anna Catharina, * um 1625 Fredeburg (OT von Schmallenberg), † um 1695 vermutl. Oberfleckenberg

532. **Jütte**, Peter
∞
533. **N.N.**, Eva

534. **Gerwin**, Johannes, * um 1610 Ebbinghof, † 21.04.1672 Ebbinghof
∞
535. **N.N. gen. Gerwin**, Anna, * um 1620, † nach 1673 Ebbinghof

560. **Beste**, Christoph, * um 1590 Nierentrop, † Kückelheim
∞ 22.04.1625 Eslohe
561. **Spott**, Johanna, * um 1595 Kückelheim, † Kückelheim

564. **Blöynck**, Johann, * um 1600 Henninghausen, † 27.04.1672 Henninghausen

10. Ahnenreihe [1.024-1.535 / 1.536-2.047]

1.024. **Schulte**, Hermann, * 1565, † 1622
∞ 1600
1.025. **N.N.**, Elsa, * 1575

1.040. **Nagel gen. Kleinsorge**, Vincenz, Ackersmann, Provisor (Kirchmeister) der Ifelper Kirche (heute: Altenilpe, OT von Schmallenberg) * 1570 vermutl. Nierentrop, † 1624 vermutl. Nierentrop. 6.12.1607: „Vincentius Kleinsorge nebst anderen Kirchspielsleuten unterschreiben eine Urkunde betr. Vollmers Gütchen zu Altenilpe".[14] 24.02.1614: „Vinzentz Kleinsorge zu Nierentrop bezahlt lt. Erbrenten-Register der Kirchen zu Ilpe und Dorlar aus einer Wiese boven dem Mattensteine, boven Betten Wiese unter dem heiligen Hause, beneben der Kortenbecke eine Erbrente von ½ Pfund Wachs an die Kirche zu Ilpe; ferner an die Kirche zu Ifelpe eine ablösliche Rente."[15] 30.08.1624: „Vincentz Kleinsorge wird als Provisor der Ifelper Kirche genannt."[16]
∞ 1630 vermutl. Dorlar
1.041. **Kleinsorge**, Maria Elisabeth, * 1570 vermutl. Nierentrop, † vermutl. Nierentrop

1.042. **Wortmann**, Hermann, * um 1570 Frielinghausen (OT von Eslohe), † Frielinghausen
∞ um 1600 Eslohe **N.N.**

1.044. **Bolze**, Martin, Hoferbe und Ackersmann, * um 1575 Ebbinghof, ~ Wormbach, † um 1628 Ebbinghof, □ Wormbach
∞ 13.06.1604 Wormbach

---

14 LAUBER, 1978, Bd. II, S. 149; vgl. auch GROETEKEN, 1928, S. 234.
15 LAUBER, 1978, Bd. II, S. 150; vgl. auch GROETEKEN, 1928, S. 220, 235 u. 240.
16 LAUBER, 1978, Bd. II, S. 150; vgl. dazu auch die Akten des Erzbischöfl. General-Vikariats Paderborn, XVIII, b, 1, S. 487.

1.045. **Lohmann**, Ursula, * um 1575 Lohof, ~ Reiste, † nach 1649 Ebbinghof, ☐ Wormbach

1.048. **Strengen**, Jobst
∞ **N.N.**

1.050. **Selmann**, Hans, * um 1600 Kirchrarbach (OT von Schmallenberg), † 05.05.1660 Kirchrarbach, Hoferbe, Landwirt zu Kirchrarbach
∞ um 1625 Kirchrarbach
1.051. **Christiani**, Maria, * um 1600 Soest, † 23.09.1678 Kirchrarbach

1.052. **Lohmann**, Jobst, Gerichts-Scheffe, Ackersmann, * 1595 Eslohe, † 1626 Eslohe, ☐ Reiste bei Eslohe
∞ 1617 Reiste
1.053. **Schulte zu Ennest**, Agnes, Hausfrau, * 1600 Enste (OT von Meschede), † 29.01.1682 Eslohe, ☐ Reiste bei Eslohe
∞ II. 1620 Reiste Hermann **Lohmann** der Ältere

11. Ahnenreihe [2.048-3.071 / 3.072-4.095]

2.048. **Schulte**, Jodocus, * 1520 Dorlar, † 1567
∞ 1550
2.049. **N.N.**, Bela, * 1525

2.080. **Nagel**, Rupert, Amtsfrohne[17], Gerichtsschöffe, Landsknecht, Ackersmann, * um 1535 Berghausen, † 05.03.1611 Nierentrop
∞
2.081. **N.N.**, Catharina, * um 1540 Nierentrop

2.082. **Kleinsorge**, Arndt, * 1535 Nierentrop, † nach 1579 Nierentrop
∞ **N.N.**

2.084. **Wortmann (Wordtman)**, Joist, Ackersmann und Hoferbe, * um 1530 Frielinghausen, † vor 1600 Frielinghausen
∞ um 1560 Eslohe **N.N.**

2.088. **Bolze**, Johann, Hoferbe und Ackersmann, * um 1550 Ebbinghof, † Ebbinghof
∞ um 1575 Wormbach **N.N.**

---

17 Als Amtsfrohne wird ein Frohndienst bezeichnet, „welcher einem Amtmanne oder dem Amte geleistet werden muß“ (ADELUNG, 1821, Sp. 255).

2.090. **Lohmann**, Volpert, * um 1525 vermutl. Lohof, ~ Reiste, † nach 1604 vermutl. Lohof, □ Reiste
∞ um 1560 Reiste
2.091. **gen. Lohmann**, Anna, * um 1525, † Lohof, □ Reiste

2.100. **Selmann**, N.N.

2.106. **Schulte von Ennest**, Johann, Beerbter, * 1555 Enste (OT von Meschede), † 01.11.1620 Enste. Johann wurde von 1568 bis 1590 belehnt. Er besitzt 1578 einen Speicher am Stiftsplatz 16 in Meschede.
∞ II. Elisabeth **von Stockhausen**
∞ I. 1585
2.107. **von Stockhausen**, Johanna, * um 1560 Stockhausen, † 1620 Enste

12. Ahnenreihe [4.096-6.143 / 6.144-8.191]

4.160. **Nagel**, Goddert, * 1495 Berghausen, † 1563 Berghausen, □ Berghausen

4.164. **Kleinsorge**, Matthias, * 1510 vermutl. Nierentrop, † um 1572 vermutl. Nierentrop
∞ **N.N.**

4.168. **Wortmann**, Hans, * um 1500 Frielinghausen
∞ um 1530 Eslohe
4.169. **N.N.**, Anna

4.176. **Bolze**, Thonis, * um 1520 Ebbinghof, † nach 1575 Ebbinghof
∞ um 1550 Wormbach **N.N.**

4.180. **Lohmann**, Theodor Diederich, * 1490 vermutl. Reiste, † 1540 vermutl. Reiste
∞
4.181. **Lohmann**, Margarethe, * 1500 vermutl. Reiste, † 1525

4.212. **Schulte von Ennest**, Humbert, Hoferbe und Schulte zu Ennest, * um 1525 Enste, † nach 1569 Enste
∞ **N.N.**

4.214. **von Stockhausen**, Ludwig, rk, Schulte zu Stockhausen, Richter, * 1530 vermutl. Stockhausen, † 25.07.1597 vermutl. Stockhausen, □ vermutl. Calle, St. Servinius
∞ 1555 Olpe

4.215. **von Plettenberg**, Elisabeth, rk, * 1530 Lenhausen (OT von Finnentrop, Kr. Olpe), † 1570 Stockhausen (OT von Meschede)

13. Ahnenreihe [8.192-12.287 / 12.288-16.383]

8.320. **Nagel**, Peter, * 1460 Berghausen, † 1495 Berghausen
∞ 1490
8.321. **Hochstein**, Greta, * 1470 Berghausen, † Berghausen

8.328. **Kleinsorge**, Dietrich, * 1470 Nierentrop, † 1536 Nierentrop
∞ um 1505 **N.N.**

8.352. **Bolze**, Johann, * um 1490 Ebbinghof
∞ um 1515 Wormbach **N.N.**

8.424. **Schulte von Ennest**, Johann, * um 1495 Enste, † nach 1568 Enste. Urkundlich erwähnt von 1529 bis 1568: 1543 schatzt er 7 Goldgulden, 1547 belehnt.

8.430. **von Plettenberg**, Christoph, * 1500 Lenhausen, † 1546 Lenhausen
∞
8.431. **von Plettenberg**, Elisabeth, * 1505, † 1530

14. Ahnenreihe [16.384 – 24.575 / 24.576 – 32.767]

16.848. **von Schede**, Conrad, Schulte zu Ennest, Beerbter, * um 1465 Enste, † nach 1510 Enste. Urkundlich erwähnt von 1501 bis 1510.

15. Ahnenreihe [32.768 – 49.151 / 49.152 – 65.535]

33.696. **von Schede**, Kerstigen, * um 1435 Schederberge (Dorf, gehört zur Kreisstadt Meschede), † vor 1488 Enste. Urkundlich erwähnt von 1482 bis 1488, 1482 belehnt.
∞
33.697. **von Eynhorst**[18], N.N., * um 1438 Enste, † Enste

---

18 „Eynhorst ist das jetzige Enste bei Meschede“ (Bender, 1848, S. 448).

16. Ahnenreihe [65.536 – 98.303 / 98.304 – 131.071]

67.392. **von Schede**, Dietrich, * um 1410 Schederberge, † nach 1437 Schederberge

67.394. **von Eynhorst**, Goddert, Schulte von Ennest, * um 1410 Enste, † nach 1477 Enste. Urkundlich erwähnt 1477, 1488 „Volmar van Ennest, seligen Godertz Sohn".

17. Ahnenreihe [131.072 – 196.607 / 196.608 – 262.143]

134.788. **von Eynhorst**, Hermann Schulte zu Enste, * um 1385 Enste, † nach 1437 Enste. Urkundlich erwähnt von 1421 bis 1437.

18. Ahnenreihe [262.144 – 393.215 / 393.216 – 524.287]

269.576. **von Eynhorst**, Johann, Schulte zu Enste, * um 1360 Enste, † nach 1419 Enste. Urkundlich erwähnt 1419.

19. Ahnenreihe [524.288 – 786.431 / 786.432 – 1.048.575]

539.152. **Schultetus zu Eynhorst**, Hermann, Schulte zu Enste, * um 1330 Enste, † nach 1371 Enste. Urkundliche Erwähnung 1371.

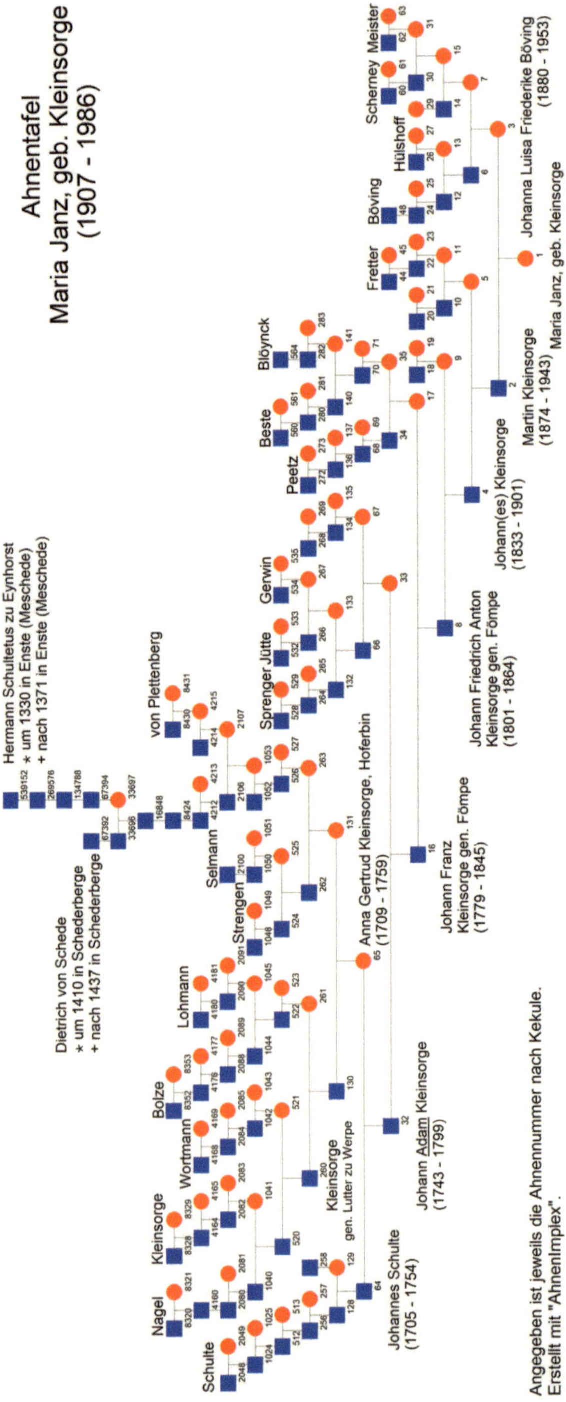

Abb. 6: Schematische Ahnentafel von Maria Janz, geb. Kleinsorge. (Grafik: H. Hungerige)

Literatur

ADELUNG, Johann Christoph (1821): Grammatisch-kritisches Wörterbuch der hochdeutschen Mundart, mit beständiger Vergleichung der übrigen Mundarten, besonders aber der Oberdeutschen (Erster Theil, A-E). Wien: B. Ph. Bauer. [Online: https://lexika.digitale-sammlungen.de/adelung/band/bsb00009131]

BENDER, Joseph (1848): Geschichte der Stadt Rüden. Eine Darstellung ihrer Einrichtungen, ihrer Gemeinschaftsverhältnisse mit den Landgemeinden, und ihrer Schicksale. Nebst einer Geschichte der Rüdener Rittergeschlechter. Werl / Arnsberg: Verlag der Stein'schen Buchhandlung. [Online bei Google Books]

BIEDERBECK, André (2018): Das Dortmunder Arbeitermilieu 1890–1914: Zur Bedeutung von Räumen und Orten für die Konstituierung einer sozialistischen Identität. (Städteforschung. Veröffentlichungen des Instituts für vergleichende Städtegeschichte in Münster. Reihe A: Darstellungen, Bd. 99). Köln: Böhlau.

DOST, Elli (1984): Otto und Elli – Geschichte einer Dortmunder Arbeiterfamilie. München: Verlag Freies Buch.

GRÄN, Moritz (1983): Erinnerungen aus einer Bergarbeiterkolonie im Ruhrgebiet. (Beiträge zur Volkskultur in Nordwestdeutschland, hrsg. von der Volkskundlichen Kommission für Westfalen, Landschaftsverband Westfalen-Lippe, Heft 36). Münster: F. Coppenrath Verlag. [Zur Kolonie Scholven in Gelsenkirchen; online verfügbar: https://www.lwl.org/voko-download/BilderNEU/422_036Graen.pdf]

GROETEKEN, Friedrich Albert (1928): Geschichte der Pfarreien des Dekanates Wormbach. Bd. 1: Geschichte der Stadt und des Amtes Fredeburg; Politische, Kirchen- und Schulgeschichte d. Gemeinden Stadt Fredeburg, Berghausen, Bödefeld Freiheit, Bödefeld Land, Dorlar und Kirchrarbach. Bigge an der Ruhr: Josefs-Druckerei.

LAUBER, Josef (1977): Stammreihen sauerländischer Familien – Die Höfe und ihre Besitzer im Laufe der Jahrhunderte. (Bd. IV: Kirchspiel Berghausen, Kirchspiel Fleckenberg, Kirchspiel Lenne). Fredeburg: Eigenverlag.

LAUBER, Josef (1977): Stammreihen sauerländischer Familien – Die Höfe und ihre Besitzer im Laufe der Jahrhunderte. (Bd. III, Teil 1: Kirchspiel Eslohe, überarbeitet 2006 von Klaus-Jürgen Lauber). Fredeburg: Eigenverlag.

LAUBER, Josef (1977): Stammreihen sauerländischer Familien – Die Höfe und ihre Besitzer im Laufe der Jahrhunderte. (Bd. III, Teil 2: Kirchspiel Remblinghausen, überarbeitet 2001 von Klaus-Jürgen Lauber). Fredeburg: Eigenverlag.

LAUBER, Josef (1978): Stammreihen sauerländischer Familien – Die Höfe und ihre Besitzer im Laufe der Jahrhunderte. (Bd. VII, Teil 1: Kirchspiel Oberkirchen). Fredeburg: Eigenverlag.

LAUBER, Josef (1978): Stammreihen sauerländischer Familien – Die Höfe und ihre Besitzer im Laufe der Jahrhunderte. (Bd. VII, Teil 2: Kirchspiel Grafschaft). Fredeburg: Eigenverlag.

LAUBER, Josef (1978): Stammreihen sauerländischer Familien – Die Höfe und ihre Besitzer im Laufe der Jahrhunderte. (Bd. VIII: Kirchspiel Stadt Fredeburg). Fredeburg: Eigenverlag.

LAUBER, Josef (1978): Stammreihen sauerländischer Familien – Die Höfe und ihre Besitzer im Laufe der Jahrhunderte. (Bd. II: Kirchspiel Dorlar, Ergänzungen und Betreuung von 1976-1995 durch Bernhard Vollmer, Dorlar). Fredeburg: Eigenverlag.

LAUBER, Josef (o. J.): Stammreihen sauerländischer Familien – Die Höfe und ihre Besitzer im Laufe der Jahrhunderte. (Bd. VI, Teil 1: Kirchspiel Bödefeld). Fredeburg: Eigenverlag.

LAUBER, Josef (o. J.): Stammreihen sauerländischer Familien – Die Höfe und ihre Besitzer im Laufe der Jahrhunderte. (Bd. VI, Teil 2: Kirchspiel Kirchrarbach). Fredeburg: Eigenverlag.

LAUBER, Josef (o. J.): Stammreihen sauerländischer Familien – Die Höfe und ihre Besitzer im Laufe der Jahrhunderte. (Bd. V: Kirchspiel Wormbach). Fredeburg: Eigenverlag.

LAUBER, Klaus-Jürgen (2001): Reiste, ein Dorf im Sauerland 1231 - 2001. (Beiträge zur Geschichte und Genealogie der Pfarrgemeinde Reiste; überarb. Version der Stammreihen sauerländischer Familien, Bd. I: Reiste, von Josef Lauber, 1977). Reiste: Eigenverlag.

LUNTOWSKI, Gustav, HÖGL, Günther, SCHILP, Thomas & REIMANN, Norbert (1994): Geschichte der Stadt Dortmund. (Hrsg. vom Stadtarchiv Dortmund, Reihe „Dortmunder Leistungen“, Bd. 2). Dortmund: Harenberg.

UNVERFERTH, Gabriele (Hrsg.) (2005): Leben im Schatten des Förderturms. Die Kolonie Holstein in Dortmund-Asseln. Werne: Regio-Verlag.

WINTERFELD, Luise von (1981): Geschichte der freien Reichs- und Hansestadt Dortmund. (7. Aufl.). Hagen: Ruhfus-Verlag.

Ahnenliste Brüning aus dem Münsterland

von Christian Loefke

Die nachfolgende Ahnenliste zeigt den aktuellen Stand der Forschung zu den Brüning-Ahnen. An vielen Stellen sind die Kirchenbücher noch nicht ausgereizt und zusätzliche Quellen, insbesondere aus den Archiven der Grundherrschaften, sind noch nicht ausreichend berücksichtigt. Über Ergänzungen und Korrekturen würde ich mich daher sehr freuen. Dank an Michael Maibaum und Klaus Schmittwilken, die aus ihren Forschungen zu den Wettringer Vorfahren Auskunft gegeben haben.[1]

1. **Brüning**, Margret Ursula, Kaufmännische Angestellte, * Münster 30.10.1937, † ebd. 1.3.2019;
   ∞ Münster 1.10.1959 Günter Wolff

1. Ahnenreihe

2. **Brüning**, Gerhard Engelbert, Weichenwärter, Stellwerksmeister, Bahn-Betriebs-Obermeister, * Wettringen 20.12.1893, † Münster 25.1.1962;
   ∞ Münster 31.8.1927
3. **Abeck**, Elisabeth Wilhelmine, Schneiderin, * Münster 30.5.1906, † ebd. 22.2.1980

Engelbert Brüning (1893-1962)

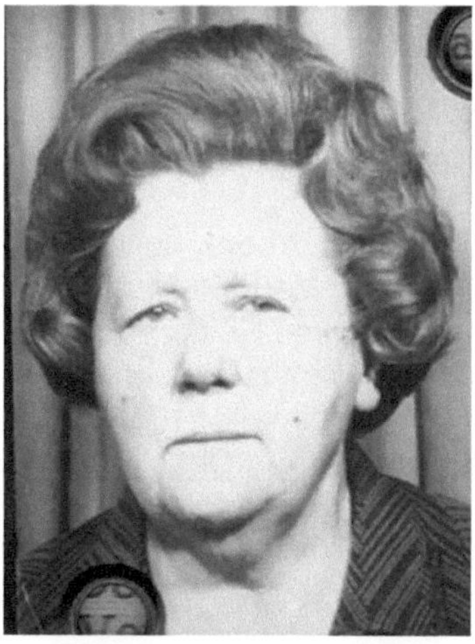

Elisabeth Abeck (1906-1980)

1 E-Mail Michael Maibaum vom 31.3.2015; AL Anna Brüning zusgest. von Klaus Schmittwilken, per Mail vom 20.4.2015.

2. Ahnenreihe

4. **Brüning**, Hermann Heinrich, Weichenwärter, * Wettringen (Dorfbauerschaft 32b) 11., ~ ebd. 12.3.1855 (Tp: Hermann Heinrich Brüning, Louise Ferenströing), † Wettringen 2.1.1931, wohnte Dorfbauerschaft 5;
   ∞ Wettringen 24.11.1891 (Tz: Heinrich Brüning und Heinrich Bülter)
5. **Bülter**, Maria Christina Katharina, * Hauenhorst 27., ~ Rheine 28.12.1865 (Tp: Theodor Pohlmann, Maria Catharina Bülter; wurde als „Maria Catharina" getauft), † Münster 24.2.1941.

6. **Abeck**, Wilhelm Anton, Postbote, * Werse, (Gemeinde Münster-St. Mauritz) 26.08.1876, † [inf. Krankenhaus] 27.12.1916,[2] wohnte 1901 in Münster, Oststraße 22;
   ∞ Münster 24.4.1901
7. **Gottemeier**, Anna Wilhelmine, Dienstmagd, * Albersloh 29.12.1876, † Münster 15.11.1927, wohnte 1901 als Dienstmagd in Münster, Mauritzsteinpfad 31.

3. Ahnenreihe

8. **Brüning**, Engelbert, Heuersmann, * u. ~ Wettringen 12.11.1826 (Tp: Engelbert Diekmann, Anna Maria Tellen geborene Langebröker), † Wettringen 2.11.1874, hinterlässt Gattin und 6 minorene Kinder
   ∞ Wettringen 16.5.1854
9. **Wesseling**, Margareta Elisabeth, * Ochtrup 4., ~ ebd. 5.6.1827 (Tp: Margareta Feldkamp, Bernhard Wesseling, Ackerer), † nach 1874

10. **Bülter**, Bernhard, Kötter * Hauenhorst 8.7.1833, † vor 1891;
   ∞ Rheine 17.6.1862
11. **Janning**, Anna Maria Catharina, * Ochtrup 19.12.1834, † nach 1891

12. **Kleppel gen. Abeck**, Johann Wilhelm, Ackersmann, * Kemper (Gemeinde Münster-St. Mauritz) 24.1.1834, † Werse 26.10.1877, wohnte Gemeinde Mauritz, Werse Nr. 63;
   ∞ II. St. Mauritz 13.1.1877 Elisabeth Pötter
   ∞ I. St. Mauritz 31.10.1865
13. **Möllers**, Gertrud Christina, * Kemper, (Gemeinde Münster-St. Mauritz) 7.7.1843, ~ St. Mauritz 9.7.1843 (Tp: Johann Gerhard Knüfken, Gertrud Christina Fröhlig), † Werse 3.9.1876

2 Verlustliste Erster Weltkrieg vom 28.12.1916, S. 16.969 (http://des.genealogy.net/search/show/5331131)

14. **Gottemeier**, Gerhard Heinrich, Schuhmacher in Albersloh, * Albersloh 24., ~ ebd. 26.11.1833; † Albersloh 25.12.1903;

∞ Albersloh 26.08.1862 (Tz: Gerhard Wilhelm Gottemeyer, Franz Joseph Claves, Gertrud Ruhkamp, Maria Anna Claves)

15. **Claves**, Juliana Elisabeth, * Ascheberg 26., ~ ebd. 27.12.1836 (Tp: Juliana Elisabeth Pellengahr, Johann Bernhard Claves), † nach 1903

Familie Gottemeyer aus Albersloh (um 1890)
v.l.: Margaretha Elisabeth, * 20.6.1866; Elisabeth Claves (Ahn-Nr. 15), * 26.12.1836; Clara, * 26.8.1869; Eberhard Bernhard, * 3.3.1874; Heinrich Gottemeyer (Ahn-Nr. 14), * 24.11.1833; Anna Wilhelmine (Ahn-Nr. 7), * 29.12.1876 (alle drei Bilder Privatbesitz)

4. Ahnenreihe

16. **Brüning**, Hermann Heinrich, war 1817 Tagelöhner in Metelen, wohnt 1826 in der Dorfbauerschaft Nr. 32c, dann Heuermann auf Nr. 32b „Fernströing", ~ Metelen 31.8.1788 (Tp: Bernd Herman Trinheitmer, Anna Margareta Brüning), † Wettringen 14., □ ebd. 16.1.1872, Name bei Heirat „Bernd Henrich";

∞ Metelen 10.2.1814 (Tz: Anton Crass, Joan Henrich Kuhlmann)

17. **Langebröker**, Maria Catharina, ~ Wettringen 20.11.1787 (Tp: Joan Herm Langebröcker, Aleid Dropman), † Wettringen 1., □ ebd. 4.11.1843, hinterlässt Ehemann und 1 majorennes und 3 minorenne Kinder

18. **Wesseling gen. Deitering**, Gerhard Heinrich, Tagelöhner, ~ Ochtrup 3.11.1801 (Tp: B. Henricus Ruhkamp, Anna Wesseling), † Ochtrup 09.10.1880, wohnt 1827 in Ochtrup, Osterbauerschaft 93;
∞ Ochtrup 2.5.1827

19. **Deitering**, Anna Maria Catharina, ~ Ochtrup 30.7.1803, † ebd. 27.4.1854, wohnte Ochtrup, Osterbauerschaft 27a

20. **Bülter**,[3] Gerhard Hermann, Kötter, ~ Dreierwalde 30.4.1786 (Tp: Gerhard Reeligs et Anna Maria Hueters)
∞ Rheine 6.2.1821

21. **Bickmann**, Maria Adelheid Franziska, * Rheine 2.10.1792

22. **Kuhmann gen. Janning**, Theodor Heinrich (Hermann), ~ Ochtrup 22.1.1792 (Tp: Joannes Henricus Düesman, Catharina Gertrudis Eiling), † Ochtrup 22.6.1867, wohnt Osterbauerschaft 90
∞ Ochtrup 20.8.1811 (Tz: Bernd Heinrich Ostkotte, Jan Hinrich Isinghoff)

23. **Janning**, Maria Adelheid, ~ Ochtrup 11.1.1795 (Tp: Maria Janning, Theodor Veltman), † Ochtrup 28.10.1873, wohnt Osterbauerschaft 90

24. **Abeck gen. Kleppel**, Johann Wilhelm, Kötter, * Kemper (Gemeinde Münster-St. Mauritz) 25., ~ Münster-St. Mauritz 27.12.1810, † Kemper 17., ☐ Münster-St. Mauritz 21.2.1863, an der Schwindsucht gestorben;
∞ II. Münster-St. Mauritz 27.10.1846 Gertrud Althoff gen. Mühlhove
∞ I. Münster-St. Mauritz 23.7.1833

25. **Busmann gen. Wesselkötter**, Anna Catharina Elisabeth, * Werse (Gemeinde Münster-St. Mauritz) 17., ~ Münster-St. Mauritz 19.10.1804 (Tp: Anna Catharina Elisabeth Bussmann gen. Nienenkamp(?), Franz Bernhard Steinhoff), † Kemper 22., ☐ Münster-St. Mauritz 25.4.1846, gestorben am Nervenfieber
∞ I. Münster-St. Mauritz 9.10.1832 Johannes Abeck gen. Kleppel

26. **Möllers**, Johann Bernhard, Schuhmacher, * Münster-St. Mauritz 11.11.1803, † Werse (Gemeinde Münster-St. Mauritz) 24.1.1877;
∞ Münster-St. Mauritz 23.6.1835

27. **Knüfken**, Anna Christina, * Kemper 2., ~ Münster-St. Mauritz 3.2.1813 (Tp: Anna Christina Lodde, Franz Heinrich Knüfker), † Münster (Franziskus-Hospital) 23.03.1892

---

3 Zu seinen Vorfahren vgl. https://ofb.genealogy.net/famreport.php?ofb=dreierwalde&ID=I1881&lang=de

28. **Gottemeyer**, Johann Bernhard, Tagelöhner, ~ Albersloh 1.12.1796 (Tp: Joan Bernard Haselon, Klara Ashiege), † Albersloh 31.1.1871,
∞ II. Albersloh 3.8.1841 Anna Hölscher
∞ I. Albersloh 1.5.1827

29. **Bocklerbäumer**, Anna Maria Gertrud, ~ Albersloh 12.5.1797 (Tp: Anna Gertrudt Vos, Philip S(chulte) Fer...ls), † Albersloh 20.11.1840, Der Hof Böcklerbäumer in Albersloh, Bsch. Alst, war dem Kloster Mauritz eigenbehörig.

30. **Claves**, Jobst (Joseph) Heinrich, Kötter, * Osterbauerschaft 20., ~Ascheberg 21.8.1803 (Tp: Joest Henrich Töns gen. Klaves, Anna Maria Knapmoller
∞ Drensteinfurt 3.5.1828 (Tz: Bern. Henr. Kuhlman, Bernard Claves)

31. **Kuhlmann**, Maria Anna, ~ Drensteinfurt 29.7.1800 (Tp: Marie Gertr. Kampman, Joes Kuhlman), † Ascheberg 8.12.1864

5. Ahnenreihe

32. **Brüning**, Hermann Anton, ~ Metelen 20.9.1751 (Tp: Georg Henrich Hüsers, Joanna Maria Gösinck), ...
∞ Metelen 31.8.1779 (Tz: Bernd Henrich Süssinck, Joan Henrich Termüllen)

33. **Trinheitmer (Trendeipers, Trindeitmar)**, Maria, ... (aus Ochtrup?)

34. **Witte gen. Langebröker**, Johann Gerhard, * Wettringen 3.5.1746, † Wettringen 25.03.1820 (Joes Gerardt Witte gen. Deilen);
∞ Wettringen 13.4.1777

35. **Langebröcker**, Anna Catharina Adelheid, * Wettringen 22.4.1759, † Wettringen 9.11.1816

36. **Schulte Pröbsting gen. Wesseling**, Johann Gerhard Bernhard, ~ Ochtrup 8.1.1760, † Ochtrup 21.12.1835, wohnte Ochtrup, Osterbauerschaft 27, hinterlässt Witwe und majorenne Kinder:
∞ Ochtrup 24.2.1784

37. **Wesseling**, Maria Elisabeth, ~ Ochtrup 18.10.1763 (Tp: Elisabetha Wesseling, Herman Oestendorff(, † Ochtrup 9.1.1840, wohnte in Ochtrup, Osterbauerschaft 27, Witwe, hinterlässt 5 majorenne Kinder

38. **Deitering**, Johann Bernhard, Kötter, ~ Ochtrup 18.2.1781 (Tp: Joes Bernardus Brüning, Anna Margaretha Wessendorff), † Ochtrup 16.7.1865, wohnte in Ochtrup, Osterbauerschaft 93;
∞ Ochtrup 25.5.1802 (Tz: Johannes Bernardus Deitering, Johannes Henricus Rukamp)

39. **Feldkamp**, Margareta Elisabeth, ~ Ochtrup 19.11.1770 (Tp: Anna Margaretha Wenninck, Herman Feltkamp), † Ochtrup 12.05.1851, wohnte in Ochtrup, Osterbauerschaft 93

40. **Bülter**, Georg (Jürgen), Kötter in Dreierwalde, ...
∞ Dreierwalde 3.2.1771
41. **Huesers**, Anna Maria, † Dreierwalde 10.3.1831

42. **Bickmann**, Bernd, Heuerling auf der Schleiper, ...
∞ Rheine 9.11.1788
43. **Bücker**, Anna, * 14.03.1755, † Rheine 18.1.1845

44. **Kuhmann**, Johann Theodor, Kötter, ~ Ochtrup 9.10.1742 (Tp: Joannes Kuhman loco cujus suscepit Franciscus Antonius Deeken, Christina Stegeman), † Osterbauerschaft 30.6., □ Ochtrup 2.7.1822, Kötter auf dem dem Pastorat Ochtrup eigenen Kotten in der Osterbauerschaft, Nr. 46, hinterlässt Frau und Kinder;
∞ Ochtrup 17.01.1785 (Tz: Joes Gerhardus Tyman, Joes Gerhardus Isinghof)
45. **Issinghoff**, Anna Maria, ~ Ochtrup 24.1.1763 (Tp: Johanna Waning, Johan Eilers), † Osterbauerschaft 4., □ Ochtrup 7.2.1832, stirbt als Witwe, 70 Jahre alt

46. **Janning**, Gerhard Hermann, Markkötter, ~ Ochtrup 21.10.1754 (Tp: Gerardus Janninck, Adelheidis Buschman), † Ochtrup 9.6.1818
∞ Ochtrup 18.02.1794 (Tz: Hermannus Feldman, Henricus Joanning)
47. **Veltmann**, Maria Anna, * um 1773, † Ochtrup 23.11.1820, (Tz: Hermannus Feldman, Henricus Joanning), wohnt Ochtrup, Osterbauerschaft 90

48. **Abeck gen. Kleppel**, Johann Hermann (Bernhard), Kötter, * Münster-St. Mauritz 31.3., ~ ebd. 2.4.1754, † Kemper (Gemeinde Münster-St. Mauritz) 9., □ Münster-St. Mauritz 12. 2.1823;
∞ Münster-St. Mauritz 7.7.1789, Dispens von der Blutsverwandtschaft im 4. und 3. Grad
49. **Kleppel**, Anna Maria Elisabeth, * Münster-St. Mauritz 13., ~ ebd. 14.5.1766, † Kemper (Gemeinde Münster-St. Mauritz) 29.1., □ Münster-St. Mauritz 2.2.1832

50. **Busmann gen. Wesselkötter**, Johann Wilhelm Anton, Kötter, ~ Münster (Lamberti) 10.12.1776 (Tp: Wilhelm Anton Venscкotte et Anna Clara Beuinck), † Münster-St. Mauritz 15., □ ebd. 17.1.1810;
∞ Münster-St. Mauritz 12.4.1796

51. **Heithoff gen. Wesselkötter**, Anna Maria Gertrud, * Münster-St. Mauritz 22., ~ ebd. 23.12.1765 (Tp: Anna Maria Gertrudis Kinnebrock et Joannes Wilhelmus Heithoff), ...
∞ I. Münster-St. Mauritz 23.9.1794 Johann Henrich Schwerman gen. Wesselkötter

52. **Möllers**, Bernhard Christoph, † Münster-St. Mauritz vor 1835;
∞ Münster-St. Mauritz 21.10.1800
53. **Degener**, Maria, † Münster-St. Mauritz vor 1835

54. **Knüfken**, Gerhard Heinrich, Gärtner, wird bei der Hochzeit 1811 als Witwer bezeichnet und der Vorname mit „Johann" angegeben!
∞ Münster-St. Mauritz 30.4.1811
55. **Lodde**, Elisabeth, ...

56. **Gottemeyer** (Kotemeyer), Caspar, * Harsewinkel(?) um 1740, † Albersloh 1.2.1836;
∞ Albersloh 24.10.1786 (Tz: Philip Harman, Hin. Kotemeyer)
57. **Peters**, Anna Maria, ~ Albersloh 27.9.1763 (Tp: Anna Maria Alffers gen. Grüter, Gerd Henrich Wiggerman), † Albersloh 6.7.1832

58. **Wehrlinck gen. Bocklerbäumer**, Bernhard Heinrich, Zeller, ~ Roxel 26.03.1738 (Tz: Albertus Waterbeck et Catharina Beldmans), † Albersloh 14.3.1814:
∞ I. Roxel 13.05.1778 Magdalena Husamb
∞ II. Albersloh 10.8.1779
59. **Vos**, Antonetta, ~ Albersloh 27.1.1752 (Tp: Maria Richtmodis Althoff, Joan Everhard Velthues), † Albersloh 1.6.1828

60. **Claves**, Johann Bernhard, Kötter des Schulten Steinhorst in der Osterbauerschaft im Ksp. Ascheberg, ~ Ascheberg 18.11.1770 (Tp: Joan Bernard Pläster gen. Claves, Anna Elisabeth Kayser), † Osterbauerschaft 21., □ Ascheberg 24.4.1825, hinterlässt Frau und 5 minorenne Kinder, stirbt an „Kolicken";
∞ Ascheberg 3.11.1802 (Tz: Ferdinand Klaves, Joan Herman Knapmöller)
61. **Knapmöller**, Anna Elisabeth, * Lütke Bauerschaft 14., ~ Ascheberg 15.9.1777 (Tp: Anna Elisab. Knapmöller, Ludgerus Horstman), † Osterbauerschaft 26., □ Ascheberg 29.3.1838, hinterlässt 5 majorenne Kinder, stirbt an Brustfieber

62. **Kuhlmann** (gen. Planksteker), Bernhard Heinrich, Kötter und Zimmermann, * um 1760, † Drensteinfurt 12.10.1810;

∞ Drensteinfurt 17.1.1792 (Tz: Joes Fallenberg et Everhard Kuhlman)

63. **Fallenberg**, Anna Maria, ~ Drensteinfurt 3.4.1756 (Tp: Maria Brüggeman, Joannes Wiesman), † Drensteinfurt 24.2.1834

6. Ahnenreihe

64. **Brüninck**, (Johann) Henrich Engelbert, Weber in Metelen, 1749: 32 Jahre alt, ~ Metelen 20.10.1714, ...

∞ Metelen 10.5.1746

65. **Gösinck**, Anna Elisabeth, ~ Metelen 5.1.1723 (Tp: Herman Gaußinck, Anna Margareta Böse), 1749: 24 Jahre alt, ...

68. **Witte gen. Deilen**, Gerdt, * um 1700, † Wettringen 7.12.1772;

∞ Wettringen 2.2.1729 (Tz: Berndt Witte, Jurgen Deilen)

69. **Deilen**, Adelheid, * Wettringen 3.2.1709, † Wettringen 12.12.1788

70. **Schürmann gen. Langebröcker**, Johann, * Welbergen;

∞ Wettringen 19.2.1754

71. **Langebröcker**, Anna Catharina, ...

72. **Schulte Pröbsting**, Bernhard, ~ Ochtrup 2.1.1715, ...

∞ Ochtrup 23.11.1744

73. **Holtmann**, Maria, * um 1723, ...

74. **Wesseling**, Gerhard Bernd, wird 1750 als 15-jähriger Sohn des Johannes Wesseling und der Elisabeth Ransman genannt,[4] ...

∞ Ochtrup 23.11.1762 (Tz: Gerhard Oestendorff, Joann Herm. Ransman)

75. **Ostendorff**, Anna Maria, † Ochtrup 12.1.1769

76. **Deitering**, Anton, □ Ochtrup 12.10.1787 oder 5.6.1802;

∞ Ochtrup 16.4.1771 (Tz: Gerhard Joachim Mollman, Bernd Theodor Deitering)

77. **Holtmann**, Anna Maria Adelheid, ~ Ochtrup 18.9.1748 (Tp: Maria Schulte Albers, Joannes Albertus Elffringhoff), ...

78. **Feldkamp**, Johann Heinrich, ...

∞ Ochtrup 21.1.1766

79. **Ostkotte**, Catharina, † Ochtrup 22.04.1811, hinterlässt 6 Kinder

---

4 Rees, Max: Der „Status Animarum“ von Ochtrup 1750, in: Beiträge zur westfälischen Familienforschung 57/58 (1999/2000), S. 36-144, hier S. 73 (B048).

88. **Kuhmann**, Johannes, ...
∞ Ochtrup 28.8.1742 (Tz: Joannes Stegeman, sponsae parens, et Joannes Arnoldus Schmitt, mit Dispens vom beiderseitigen 3. Grad der Blutsverwandtschaft)

89. **Stegemann**, Maria, ...

90. **Holtmannspötter**, Johann Bernhard, ~ Ochtrup 27.3.1725 (Tp: Joan Ten Varger, Gesina Gerling)
∞ Ochtrup 17.5.1757 (Tz: Gerardus Joachimus Möllman et Joannes Hermannus Holtmanspötter)

91. **Issinghoff**, Anna Adelheid, ~ Ochtrup 20.11.1736 (Tp: Gesina Isinghoff, Joan Heiwers)

92. **Janning**, (Johann) Bernhard Albert, ~ Ochtrup 10.1.1723 (Tp: Bernardt Lueckenberndt, Adelheid Pötters)
∞ Ochtrup 14.11.1748 (Tz: Gerardus Joachimus Möllman et Gerardus Joanning)

93. **Buschmann**, Anna Maria, ~ Ochtrup 3.10.1723 (Tp: Andreas Schlatman, Phenenna Busman)

96. **Abinck**, Johannes, ...
∞ Münster-St. Mauritz 15.4.1742

97. **Kortmann**, Margareta, ...

98. **Kleppel**, Hermann, ...
∞ Münster-St. Mauritz 1.11.1757

99. **Beckötter**, Anna Catharina, * Münster-St. Mauritz 18.7.1734, † St. Mauritz, Münster 6.12.1808

100. **Busmann**, Johann Wilhelm, ...
∞ Amelsbüren 3.5.1763 (Tz: Joan Bern. Wickerman, Joan Henr. Bussman)

101. **Venschotte**, Anna Clara, gen. Amelsbüren 1749: 8 Jahre alt, ...

102. **Heithoff gen. Wesselkötter**, Johann Henrich, Kötter, ~ Münster-St. Mauritz 16.1.1731 (Tp: Joannes Cruse et Margaretha Schulte), † Münster-St. Mauritz 17., □ ebd. 20.6.1807;
∞ Münster-St. Mauritz 16.10.1757

103 **Kinnebrock**, Anna Catharina, ~ Münster-St. Mauritz 25.11.1734 (Tp: Albert Wernell et Anna Ahlers dicta Niermeyer), † Münster-St. Mauritz 31.7. □ ebd. 3.8.1804

114. **Peters**, Bernd, ...
115. **Elender**, Anna, ...

116. **Beldmann gen. Werling**, Johann Bernhard (gen. Heinrich), * Bösensell um 1702, laut Status Animarum 1749 ist er 47 Jahre alt, der Hof Beltmann in Bösensell gehörte 1668 den Schencking zu Wiek, um 1800 Executorium v.d.Tinnen
∞ Roxel 4.7.1733 (Tz: Albertus Werling et Henricus Beltmans)
117. **Wehrlinck**, Maria Elisabeth, ~ Roxel 11.9.1714 (Tp: Henrich Weerlingh et Catharina Westarp sive Kürckmansche)

118. **Serries gen. Vos**, Melchior, ~ Roxel 21.1.1703 (Tp: Melchior Meckman et Gertrudis Isfordt), ☐ Albersloh 21.12.1770,
∞ I. Albersloh 13.11.1724 Anna Voss
∞ II. Münster (Lamberti) 14.6.1735
119. **Althoff**, Anna Gertrud, ☐ Albersloh 29.05.1765

120. **Töns gen. Claves**, Jobst Heinrich, Kötter, * um 1743, † Osterbauerschaft 17., ☐ Ascheberg 19.4.1813, hinterlässt 5 Kinder;
∞ II. Ascheberg 8.5.1792 (Tz: Gerard Henr. Töns, Joan Melchior Billerman) Anna Billermann
∞ I. Ascheberg 24.2.1770 (Tz: Gerhard Henric. Töns, Fridericus Claves)
121. **Claves**, Maria Elisabeth, ~ Ascheberg 16.2.1748 (Tp: Maria Elisabeth Plästers gen. Claves, Dirck Bickman), ☐ Ascheberg 1.2.1792, gestorben am Fieber, 40 Jahre alt

122. **im Lohe (Lohmann)**, Gerhard Heinrich, Kötter, Müller (Knapmöller) auf dem Haus Nordkirchen eigenen Kotten in der Lütke Bauerschaft im Ksp. Ascheberg;
∞ Ascheberg 1.8.1775 (Tz: Gerard Henrich Parte, Joan Bernardt Hageman)
123. **Knapmöller**, Anna Maria Katharina, ~ Ascheberg 18.9.1746 (Tp: Catharina Höckenfeld, Joan Joseph Höckenfeld), † Lütke Bauerschaft 2., ☐ Ascheberg 5.11.1828, hinterlässt 3 Kinder, stirbt an Altersschwäche

126. **Vallenberg**, Theodor, * um 1724, ..
∞ Drensteinfurt 7.9.1751
127. **Wieschman**, Anna, * um 1722, ...

7. Ahnenreihe

128. **Brüninck**, Engelbert,
∞ Metelen 11.11.1696 (Tz: Bernard Süssen, Stephan Weyering)
129. **Bürse**, Elisabeth, ...

130. **Gausinck** (Gaußens), Bernard, ...
∞ Metelen 26.6.1708 (Tz: Berndt Bründers, Bernd Westendorff)
131. **Ribbers**, Ermen (Ermke), ...

138. **Deilen**, Heinrich, * Wettringen 31.10.1677;
139. **Diesen**, Margareta, * Schöppingen um 1687, † Wettringen 30.1.1756

142. **Haermann gen. Langebröcker**, Heinrich, † Wettringen 18.6.1762;
∞ um 1730
143. **Eilers**, Christina Adelheid, † Wettringen 22.7.1789

144. **Schulte Pröbsting**, Gerhard, ...
145. **Niehues**, Catharina, ...

148. **Wesseling**, Johannes, * um 1700, gen. im Status Animarum 1750 in Ochtrup 50 Jahre alt,[5] ...
∞ um 1733
149. **Ransmann**, Elisabeth, * um 1713, Ochtrup 1750: 37 Jahre alt

154. **Holtmann**, Heinrich, * um 1690, Ochtrup 1750: 60 Jahre alt;[6]
∞ Ochtrup 24.11.1728
155. **Elffringhoff**, Margareta, * um 1700, Ochtrup 1750: 50 Jahre alt

178. **Stegemann**, Johannes, ...

180. **Holtmannspötter**, Heinrich, * um 1700, Ochtrup 1750: 50 Jahre alt;[7]
∞ Ochtrup 31.5.1723 (Tz: Casparus et Lambertus Pötters)
181. **Ten Varger (Varges)**, Johanna, * um 1702, Ochtrup 1750: 48 Jahre alt

182. **Issinghoff**, Heinrich, * um 1710, (er?: □ Ochtrup 26.5.1773), Ochtrup 1750: 40 Jahre alt;[8]
∞ Ochtrup 23.11.1734 (Tz: Everardus Heifers et Joannes Bernardus Schmitt)

---

5 Rees, Status, S. 73 (B048).
6 Rees, Status, S. 119 (B319).
7 Rees, Status, S. 77 (B071).
8 Rees, Status, S. 77 (B071).

183. **Heiwers**, Anna, * um 1709, Ochtrup 1750: 41 Jahre alt

184. **Lückenbernd gen. Janning**, Theodor, ~ Ochtrup 28.6.1682;
∞ Ochtrup 9.10.1717
185. **Janninckman**, Anna, ...

186. **Buschmann**, Bernhard, Ochtrup 1750: 60 Jahre alt;[9]
∞ Ochtrup 28.4.1717 (Tz: Bernd Schlatman, Wilhelm Brandes)
187. **Schlatmann**, Adelheid, gen. 1750,...

198. **Mennemann gen. Beckötter**, Bernhard Heinrich, ...
∞ Münster-St. Mauritz 3.10.1733
199. **Diecks gen. Beckötter**, Christina Elisabeth, ...

202. **Bredenbeck gen. Venschotte**, Johan Bernard, gen. Amelsbüren 1749: 60 Jahre alt, ...
203. **Mestrup**, Catharina, gen. Amelsbüren 1749: 30 Jahre alt, ...

204. **Heidthoff**, Bernhard, ...
205. **Alvers gen. Wesselkötter**, Margaretha, ...

206. **Kinnebrock**, Bernhard Henrich, ...
∞ Münster-St. Mauritz 1.7.1732
207. **Willing**, Anna Catharina, ...
∞ I. NN Clüter, ...

234. **Wehrlinck**, Hermann, ...
∞ Roxel 5.8.1709 (Tz: Hindrich Weerling et Johan Waterbeck)
235. **Waterbeck**, Maria, ~ Amelsbüren 27.2.1690 (Tp: Meinert Werlinck, Anna Maria Nyßman), laut Status Animarum 1749 ist sie 60 Jahre alt

236. **Serries gen. Stevinck**, Johannes, Pächter auf Haus Thombrock oder Stevinck, † vor 1735;
237. **Hilsing**, Catharina, ~ Nordwalde 31.1.1677 (Tp: NN Isfordt ex Altenberge unnd die Meersche Lovelinckloh ex Amelsbüren, □ Albersloh 20.10.1743, wohnt 1735 als Witwe bei ihrem Sohn Melchior Serries gen. Voß in Albersloh

242. **Hölscher gen. Claves**, Johann Bernhard, * um 1707, □ Ascheberg 22.1.1791, wird manchmal auch als Pläster gen. Claves bezeichnet;
∞ Ascheberg 23.10.1747 (Tz: Bernd Henrich Pläster

9 Rees, Status, S. 73 (B050).

243. **Bickmann**, Anna Maria, ...

246. **Große Höckenfeld**, Johann Hermann (manchmal auch Johann Heinrich genannt), * um 1724, □ Ascheberg 3.2.1799;
∞ Ascheberg 19.10.1744 (Tz: Berndt Henrich Hockensfeldt, Franziskus Büscher)
247. **Knapmöller**, Elisabeth (auch: Anna Catharina), ...

8. Ahnenreihe

276. **Deilen**, Gerdt, * Bilk, † Wettringen 8.9.1709;
∞ Wettringen um 1675
277. **Deilen**, Adelheid, * Bilk um 1651, † Wettringen 11.11.1722

278. **Diesen**, Gerdt, * Wettringen um 1664;
∞ Schöppingen 15.9.1686
279. **Hüsing**, Christina, * Schöppingen, ...

296. **Wesseling**, Bernard, gen. 1750 als 80-jähriger Witwer, ...

368. **Lückenbernd**, Hermann, ...
369. **Wenning**, Adelheid, ...

470. **Niesinck gen. Waterbeck**, Albert, ...
∞ I. Amelsbüren 30.6.1681 Catharina Waterbeck,
∞ II. Amelsbüren 17.9.1685
471. **Hannasch**, Maria, wahrscheinlich vom Hof Schulte Hannasch in Nienberge (KB ab 1691!), dem Kloster Überwasser in Münster eigenbehörig

474. **Hilsing**, Heinrich, ...
∞ Nordwalde 11.02.1675 (Tz: Heidenrich Hilsinck)
475. **Lövelinckloh**, Anna, ~ Amelsbüren 10.10.1655 (Tp: Johan thom Buschhof undt Anna Afhüppen)

9. Ahnenreihe

554. **Deilen**, Heinrich, wird bei den Taufen der Kinder Elisabeth (1654) und Hermann (1656) als Henrich Deilen Snider genannt, könnte also sowohl Schneider als auch Brettschneider (Deelensnider) gewesen sein. Die Familie wohnte bei Bauer Brebaum im Heuerhaus, ...

950. **Wichmann gen. Schulte Lövelinckloh**, Melchior, ~ Havixbeck 25.08.1622;
∞ Amelsbüren 3.5.1651

951. **Afhüppe**, Catharina, * Vohren, ~ Warendorf (Laurentius), Freibrief vom 8.6.1648 für 25 Rthlr (Freckenhorst, Abtei, I Nr. 125 b)

10. Ahnenreihe

1900. **Schulte Wichmann**, Theodor,...

1902. **Schulte Afhüppe**, Gerhard,[10] * um 1585
∞ nach 1612

1903. **Marquarding gen. Schulte Sudhoff**, Christina, * Amelsbüren um 1585,[11]
...

11. Ahnenreihe

3806. **Marquarding gen. Schulte Sudhoff**, Gerhard, * Borghorst, † Amelsbüren,
∞ 1573

3807. **Schulte Vehoff**, Anna, * Borghorst um 1545, † Amelsbüren
∞ I. um 1565 Jacob Schulte Sudhoff

12. Ahnenreihe

7612. **Schulte Marquarding**, Johann, * Borghorst um 1515

7613. **Große Osterholt**, Adelheid, * Borghorst um 1515

10 Als Vater der Catharina A., Ehefrau Schulte Loevelingloh, in der Datenbank „Münsterland" von Rotraud Ilisch genannt (https://gedbas.genealogy.net/person/show/1163619249).

11 Als Mutter der Catharina Afhüppe, Ehefrau Schulte Loevelingloh, in der Datenbank „Münsterland" von Rotraud Ilisch genand (https://gedbas.genealogy.net/person/show/1163619248); dort auch ihre weiteren Vorfahren (2023-09-09).

Genealogische Info-Grafiken mit der Software „AhnenImplex“ erstellen

von Heiko Hungerige

Ahnenforschung geht in die Breite: Wer seine Ahnen bis in die 12. oder 14. Generation erforscht hat, wird schnell feststellen, dass die von den gängigen Genealogie-Programmen ausgegebenen Ahnentafeln im Format deutlich breiter als hoch sind. Passende Rahmen dafür sind kaum zu finden und müssen in der Regel angefertigt werden. Und auch so manche Wohnzimmerwand ist einfach „zu kurz“, um der Ahnentafel einen würdigen Platz zu bieten.

Vorgestellt werden soll daher im Folgenden Möglichkeiten, mit Hilfe der seit Oktober 2022 frei und kostenlos verfügbaren genealogischen Software „Ahnenimplex“ sinnvolle und informative „Auszüge“ einer Ahnentafel zu erstellen oder auch eine vollständige Ahnentafel in „komprimierter“ Form zu erzeugen, sodass diese in einem üblichen DIN-Format ausgedruckt werden können.[1]

1. Die Legende vom Reiskorn und dem Schachbrett

Der kurdische Biograph und islamische Rechtsgelehrte Ibn Challikān (1211–1282) berichtet von folgender Legende: Sissa ibn Dahir, dem legendären Erfinder des Schachspiels, wird von dem indischen Herrscher Shihram (3./4. Jh. n. Chr.), ein Wunsch gewährt. Er wünscht sich, ganz bescheiden, Reiskörner: Das erste Korn soll der Herrscher auf das erste Feld eines Schachbretts legen, auf das zweite Feld dann zwei Körner, auf das dritte Feld vier, auf das vierte acht usw. Der Herrscher lacht über die Dummheit Sissas, doch schon nach wenigen Tagen vergeht ihm das Lachen, denn bis zum 64. Feld benötigt er 18.446.744.073.709.551.615 (oder in Worten: 18 Trillionen, 446 Billiarden, 744 Billionen, 73 Milliarden, 709 Millionen, 551 Tausend, 615) Reiskörner. So viel Reis ist auf der ganzen Welt nicht zu finden. Allein das Abzählen der Reiskörner würde fast 585 Milliarden Jahre daueren.

So verhält es sich auch mit unseren Ahnen: Mit jeder aufsteigenden Generation verdoppelt sich die Anzahl unserer Vorfahren: In der 12. Ahnengeneration, also ungefähr zur Zeit des Dreißigjährigen Krieges (1618–1648), sind es bereits knapp über 4.000 (sofern sie denn alle erforscht sind) – eine Herausforderung für jede grafische Darstellung.

1 Schwerpunkt dieses Artikels sind die grafischen Darstellungsmöglichkeiten, die „AhnenImplex“ bietet. Für die Berechnung und Ausgabe (als Excel-Datei) der statistischen und biologischen Kennwerte nach Rösch (1955) wird auf die angegebene Literatur verwiesen.

Hinzu kommt, dass in jeder Ahnentafel früher oder später zwangsläufig Ahnenimplex auftritt: „Auslöser“ für das Vorkommen von Mehrfachahnen (MFA) sind *immer* sog. „Ahnengeschwister“[2], also zwei oder mehr Geschwister, die direkte Vorfahren des/der Probanden/-in sind und deren Nachfahren in späteren Generationen wieder untereinander geheiratet haben. In den Ahnentafeln dieser Nachfahren treten die Eltern („primärer Implex“) und alle weiteren Vorfahren („sekundärer Implex“) dieser Ahnengeschwister notwendigerweise doppelt (oder sogar mehrfach) auf. Die Vorfahren dieser Ahnengeschwister besetzen also mehrere Ahnenpositionen in der Ahnentafel und haben dementsprechend auch mehrere Kekule-Nummern. Während in bürgerlichen Ahnentafeln (bis zu 12 bis 14 Generationen) einzelne Ahnen um die 10-mal vorkommen, finden sich in dynastischen Ahnentafeln (bis zu 40 Generationen) Vorfahren, die mehr als 10.000-mal auftreten.[3]

Die gängigen Genealogie-Programme bieten für die Darstellung von Ahnenimplex üblicherweise zwei Lösungen: Entweder wird nur die *erste* aufsteigende Ahnenlinie dargestellt und alle weiteren ausgeblendet, oder es werden *alle* Implex-Linien dargestellt, wodurch es aber zu mehreren identischen „Ahnenschläuchen“ in der grafischen Darstellung kommt (z. B. bei Family Tree Maker 2017 DE und 2019 US). Zufriedenstellend ist keine dieser Lösungen. Denn die eigentliche Struktur der verwandtschaftlichen Beziehungen als „Ahnennetz“ wird dadurch nicht erfasst.[4]

2. Die Genealogiesoftware „AhnenImplex“

Abhilfe schafft hier das nicht einfach zu bedienende, aber sehr leistungsstarke Genealogie-Programm „AhnenImplex“ von Martin Jülich. Dieses auf Anregung von Arndt Richter entwickelte und bisher ausschließlich privat genutzte Programm eignet sich v. a. für die statistische und grafische Analyse von Ahnentafeln mit Implex auf der Grundlage der „Quantitativen Genealogie“ von Siegfried Rösch (1899–1984).[5] Es kann seit Oktober 2022 kostenlos auf der Website des *Roland zu Dortmund e.V.* heruntergeladen werden; ein umfangreiches, von Weert Meyer erstelltes Handbuch steht ebenfalls im pdf-Format zur Verfügung.[6]

Die Grundstruktur des hier gezeigten ersten Beispiels einer „komprimierten“ Ahnentafel im DIN-Format wurde mit „AhnenImplex“ erstellt (Abb. 1) und anschließend mit Paint und Word für Windows nachbearbeitet (Abb. 2).

---

2 Vgl. Richter, 1997.
3 Vgl. Hungerige, 2020a.
4 Vgl. Richter, 2009; Rutherford, 2018; Hungerige, 2020b.
5 Vgl. Rösch, 1955.
6 Download unter https://tng.rolandgen.de/browsemedia.php?mediatypeID=documents. Vgl. dazu auch die Hinweise am Ende dieses Artikels sowie Meyer, 2022a, 2022b, 2022c.

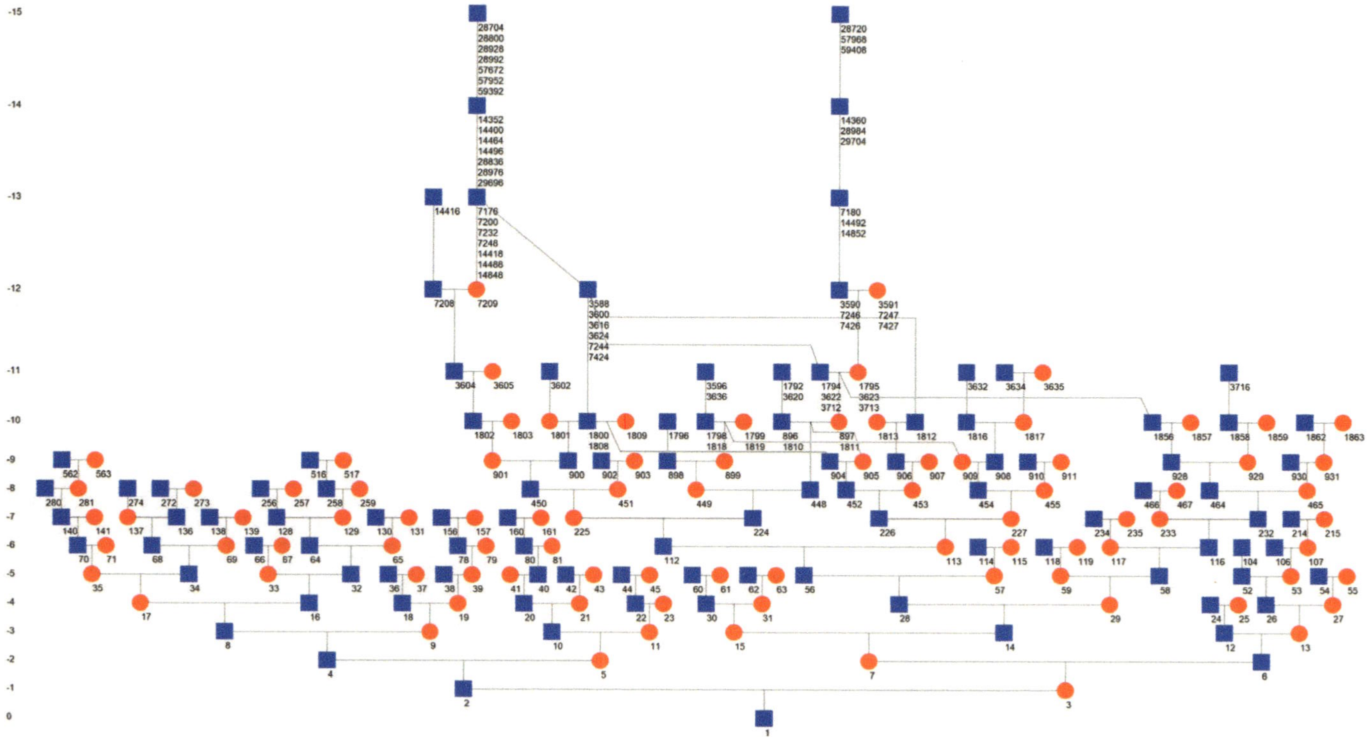

Abb. 1: Ahnentafel des Autors, erstellt mit „AhnenImplex“. Als Beschriftung wurden nur die Ahnennummern (AN) nach Kekule ausgewählt. Zur besseren Veranschaulichung sind Männer (blau) und Frauen (rot) farblich markiert (optional).

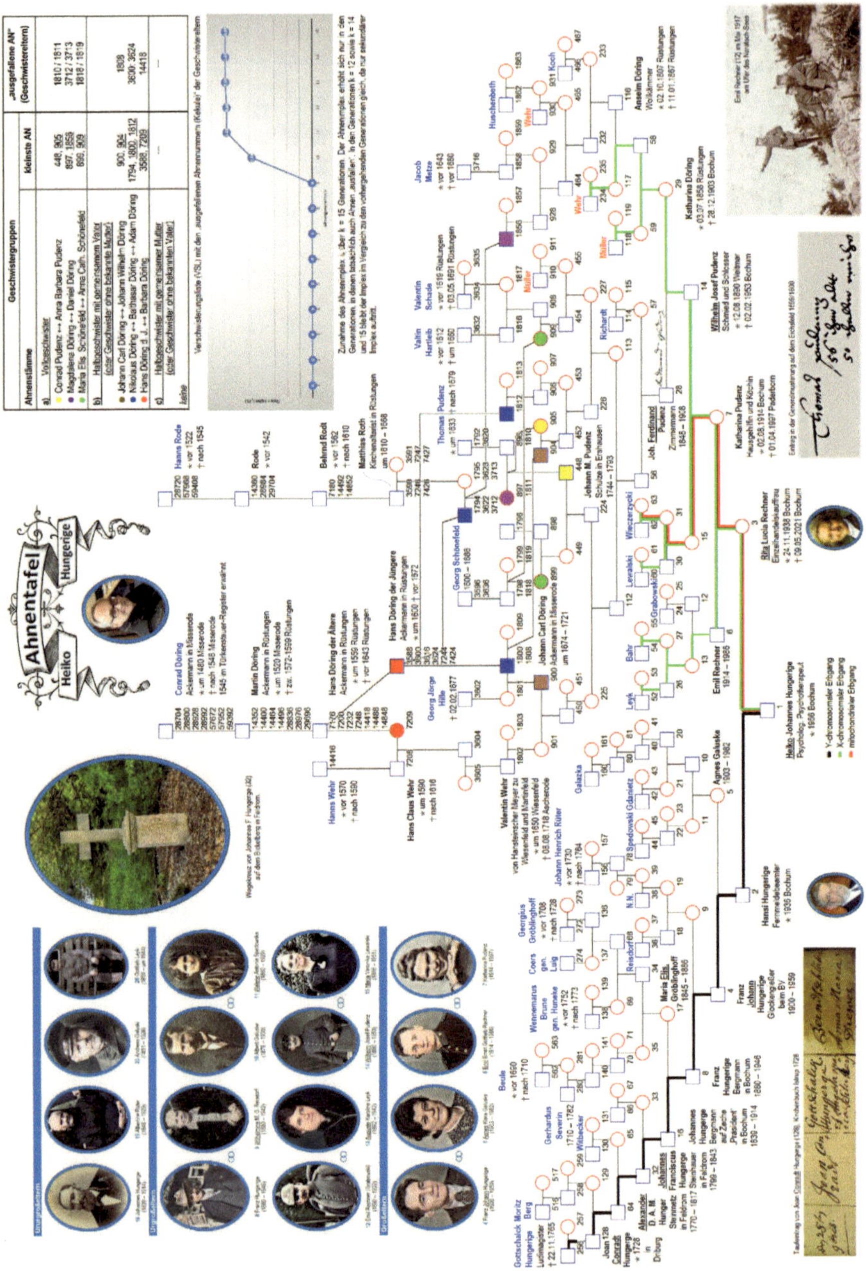

Abb. 2: Mit Paint und Word nachbearbeite Ahnentafel des Autors.
(Beschreibung im Text.)

„AhnenImplex“ bietet zahlreiche grafische Ausgabemöglichkeiten, darunter verschiedene Darstellungsformen von Kreis-, Ahnen- und Nachfahrentafeln, die nahezu beliebig mit Namen, Lebensdaten, Kekule-Nummern oder statistischen Kennzahlen (Ahnenhäufigkeit, summarischer biologischer Verwandtschaftsgrad, Verwandtschafts- und Inzuchtkoeffizient usw.) ergänzt werden können. Um das „Ahnennetz“ in möglichst kompakter Form darstellen zu können, wurden lediglich die Kekule-Nummern für die Ausgabe gewählt, da Namen und Lebensdaten zu *allen* Personen die Abbildung zu sehr in die Breite gezogen hätten. Aus demselben Grund wurde auch auf die übliche „Laufrichtung“ der Kekule-Nummern (aufsteigend und von links nach rechts) verzichtet. Mit diesen Vorgaben optimiert das Programm dann selbstständig eine möglichst kompakte Darstellungsform.

Da „AhnenImplex“ Grafiken im png-, bmp-, pdf-, htm-, html- und svg-Format liefert, können diese Dateien problemlos mit Grafikprogrammen nachbearbeitet werden (in diesem Fall zunächst mit dem Windows-Bordmittel „Paint“). So wurden in einem nächsten Schritt alle „Ahnengeschwister“ farblich markiert, um die verwandtschaftliche Vernetzung innerhalb der Ahnentafel besser zu veranschaulichen.

Alle weiteren Bearbeitungsschritte erfolgten dann mit Word für Windows: Ausgewählte Ahnen wurden mit Namen und Lebensdaten beschriftet, sog. „Spitzenahnen“[7] sind blau markiert. Rechts oben wurde eine sog. „Verschwisterungsliste“ eingefügt, die die Ahnengeschwister mit den jeweils kleinsten Ahnennummern nach Kekule und die jeweiligen durch Implex „ausgefallenen Ahnennummern“ der Geschwistereltern zeigt.[8] Darunter ist in der Grafik die Zunahme des Ahnenimplex‘ über k = 15 Generationen zu sehen. Auf den ersten Blick ist zu erkennen, dass sich der Ahnenimplex nur in den Generationen erhöht, in denen tatsächlich auch Ahnen „ausfallen“ *(primärer Implex).* In den Generationen k = 12 sowie k = 14 und 15 bleibt der Implex im Vergleich zu den vorhergehenden Generationen gleich, da nur *sekundärer Implex* auftritt.

Links oben wurde eine Grafik mit einigen der ältesten noch vorhandenen Familienporträts eingefügt: Die vier Großeltern, die acht Urgroßeltern und immerhin noch vier der insgesamt 16 Ururgroßeltern. Die Datei wurde zunächst mit Word erstellt, in ein jpeg-Format konvertiert und anschließend in das Word-Dokument importiert.

Zusätzlich wurden in der Ahnentafel der Y-chromosomale Erbgang (also die rein väterliche Linie; schwarz), der mitochondriale Erbgang (die rein mütterliche Linie; rot) sowie die theoretisch möglichen Erbgänge des X-Chromosoms (grün) farblich hervorgehoben.[9]

Ist die Ahnentafel fertig gestellt, kann sie in jedem Copy-Shop im DIN-A0- oder DIN-A1-Format ausgedruckt werden. Einen passenden Rahmen dazu zu finden, wird dann kein Problem mehr sein.

---

7 Vgl. dazu die Beiträge in diesem Band.

8 Vgl. Richter, 1987; ausführlich dazu Richter, 1997, und Hungerige, 2020a.

9 Vgl. dazu z.B. Richter 1979; 2006.

Die nachfolgenden Beispiele (Abb. 3-7) sollen die vielfältigen Darstellungsmöglichkeiten von „AhnenImplex“ veranschaulichen.

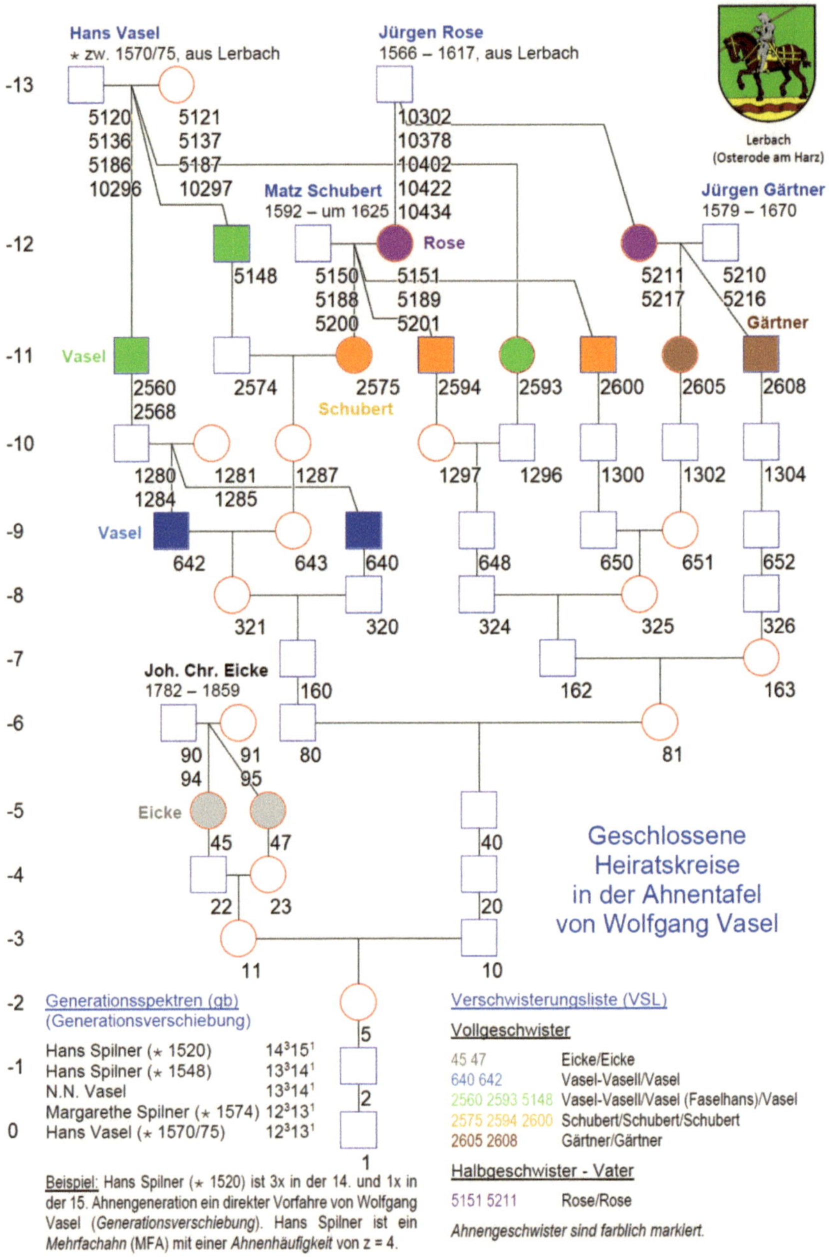

Abb. 3: „Geschlossene Heiratskreise“ in der Ahnentafel von Wolfgang Vasel; mit Paint und Word nachbearbeitet.

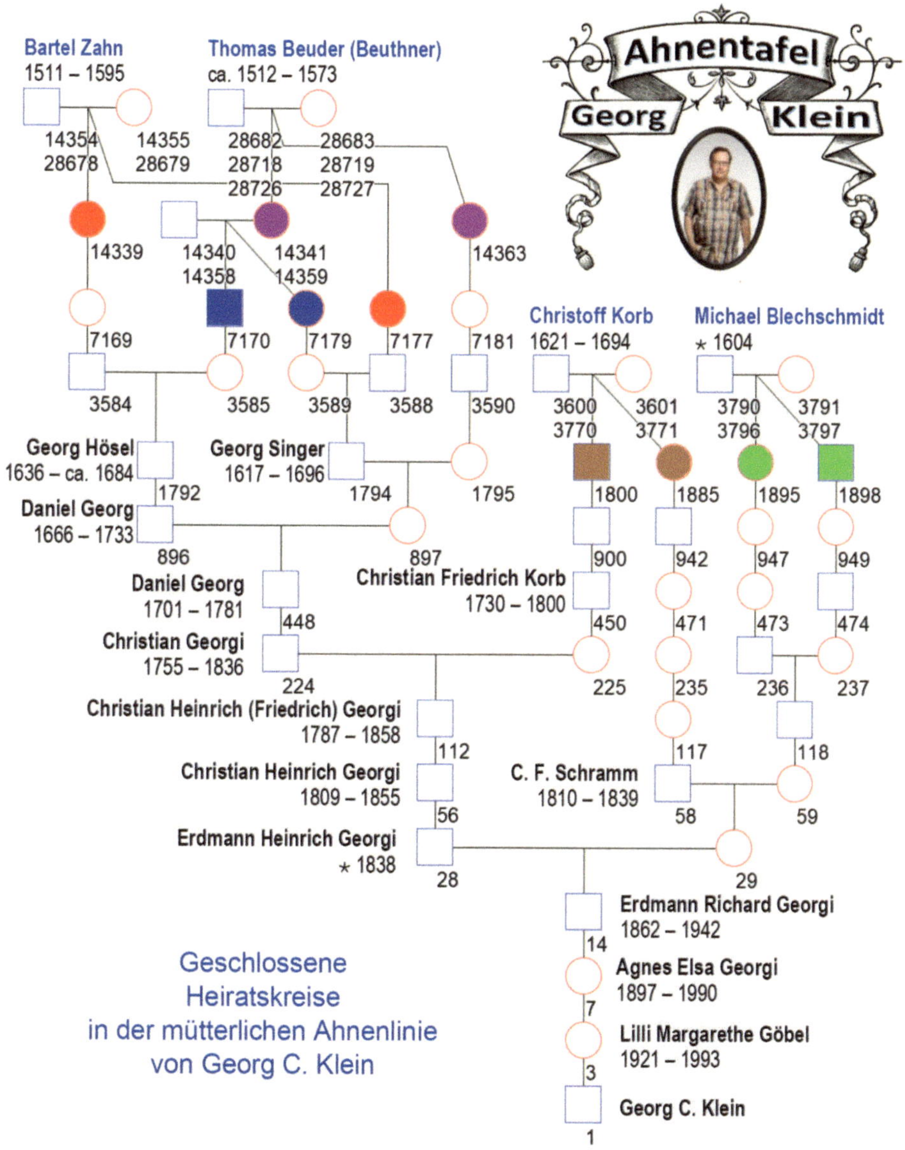

Abb. 4: „Geschlossene Heiratskreise“ in der mütterlichen Ahnenlinie von Georg C. Klein; mit Paint und Word nachbearbeitet. Ahnengeschwister sind farblich markiert.

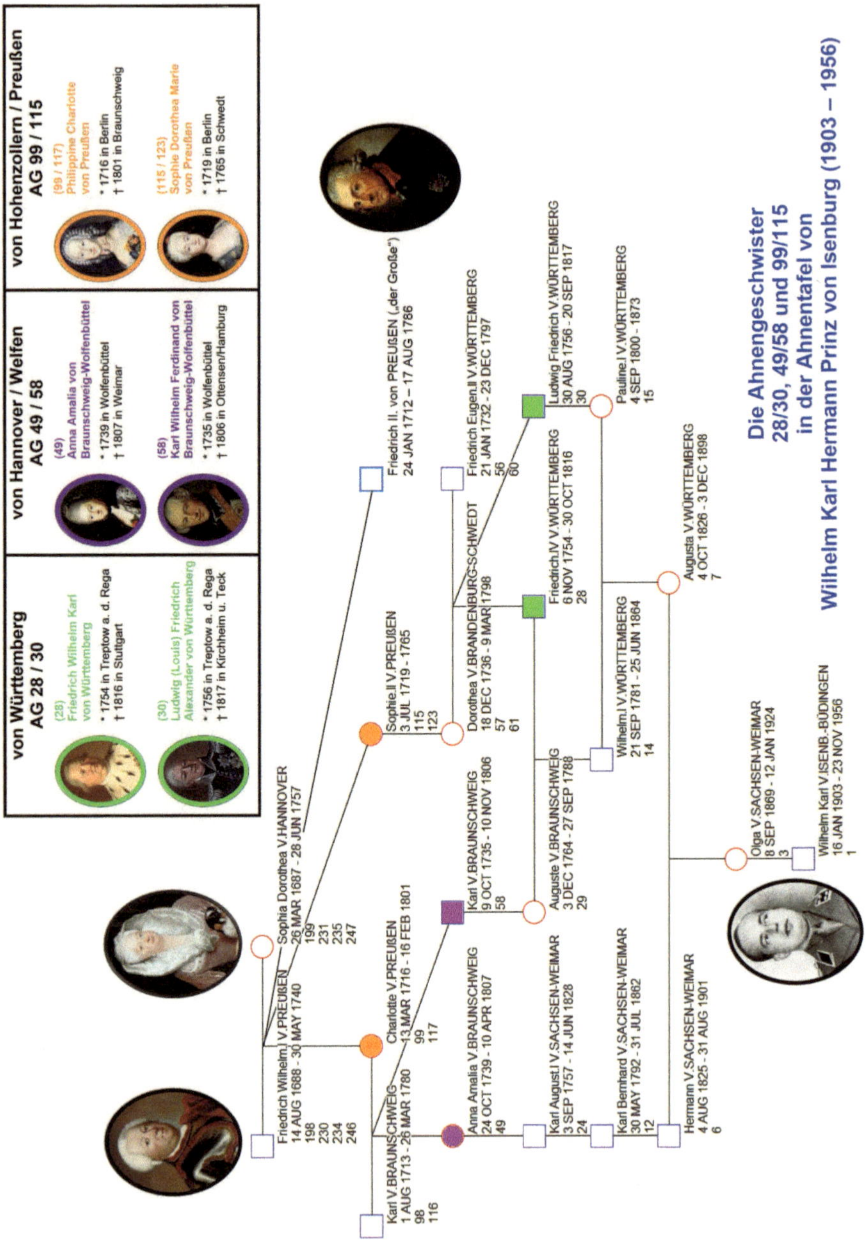

Abb. 5: Beispiel für ein Deszentorium: Friedrich Wilhelm I. von Preußen (1668–1740) als Mehrfachahn von Wilhelm Karl Hermann Prinz von Isenburg (1903–1956). Ahnengeschwister sind farblich markiert.

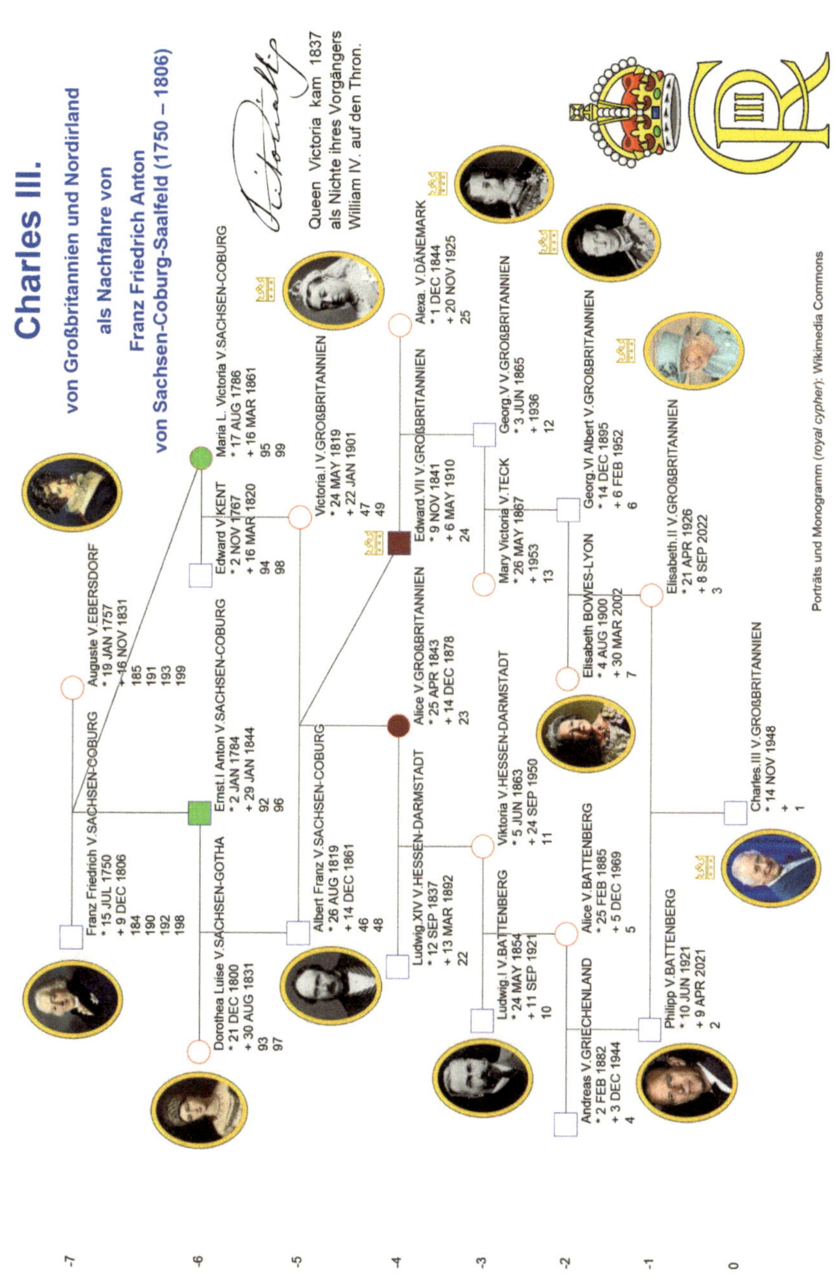

Abb. 6: Beispiel für ein Deszentorium: Charles III. als Nachfahre seines Mehrfachahns (z = 4) Franz Friedrich Anton von Sachsen-Coburg-Saalfeld (1750–1806), der sowohl der Großvater von Queen Victoria als auch der Großvater ihres Ehemanns Albert von Sachsen-Coburg war. Ahnengeschwister sind farblich markiert.

Charles III. von Großbritannien und Nordirland

als Nachfahre von

Ernst I. „dem Frommen“ von Sachsen-Gotha-Altenburg (1601 – 1675)

aus dem Weimarer Zweig der ernestinischen Wettiner
und Begründer des Hauses Sachsen-Gotha-Altenburg (1672)

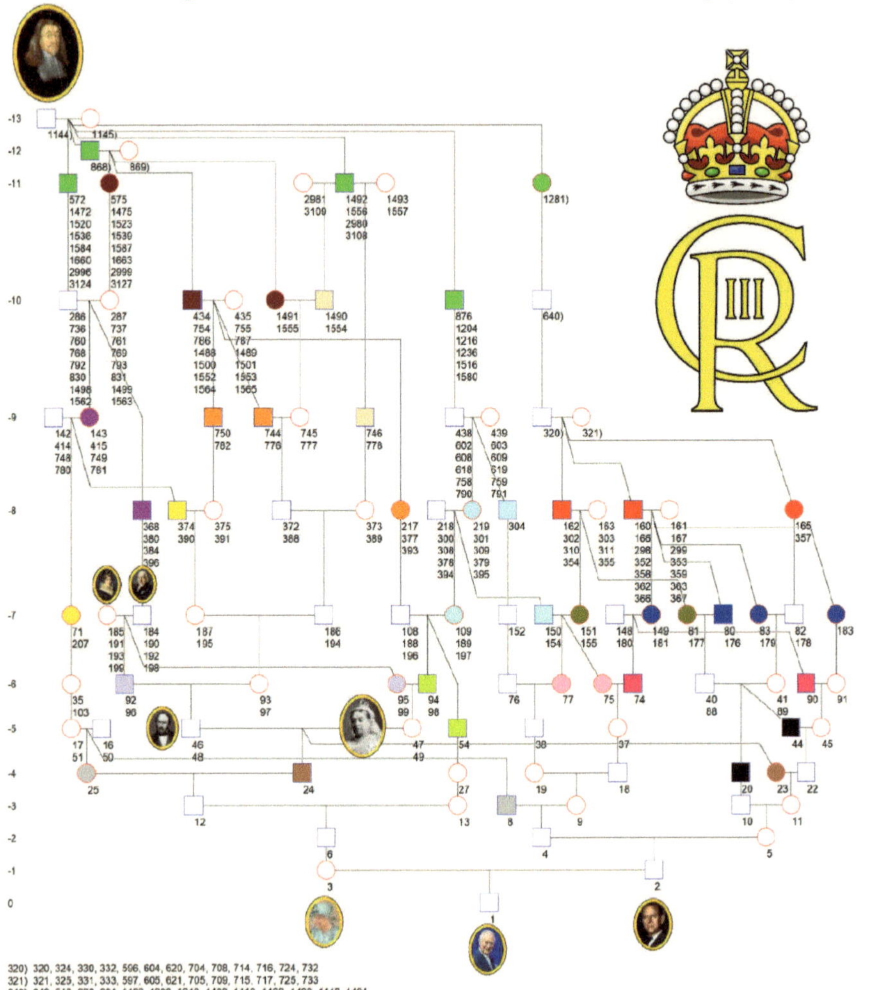

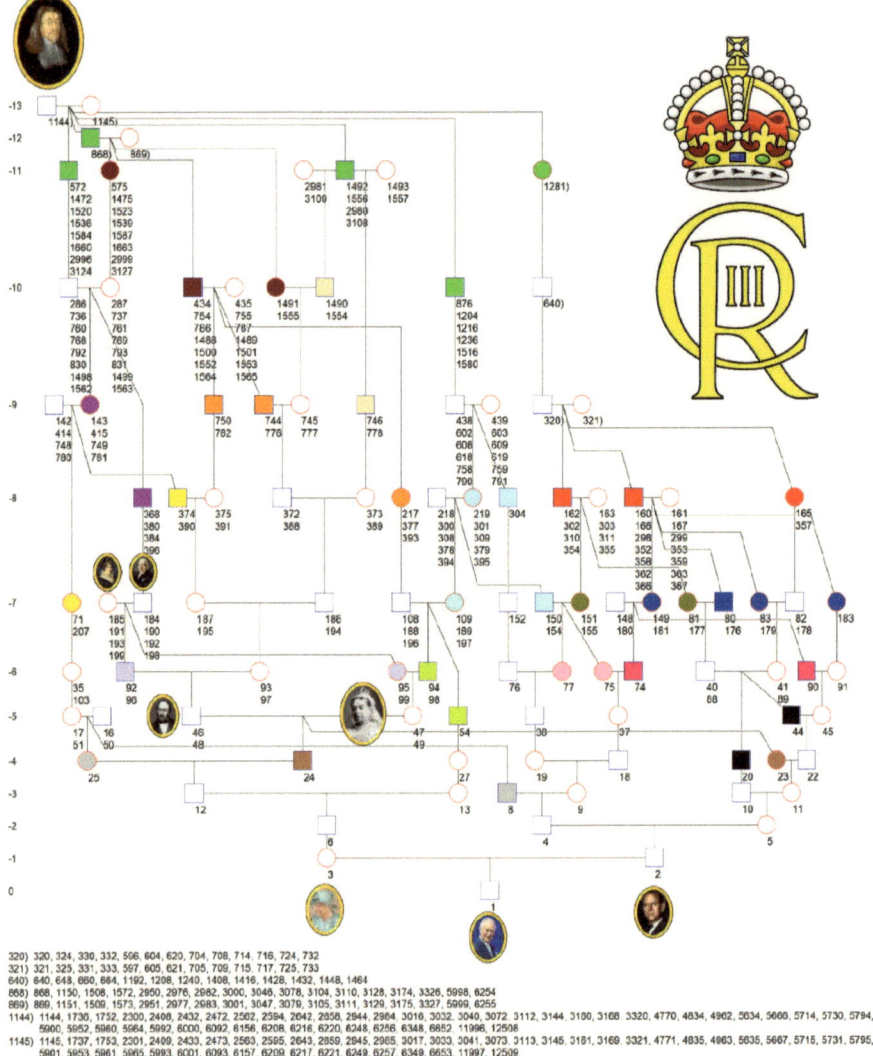

320) 320, 324, 330, 332, 596, 604, 620, 704, 708, 714, 716, 724, 732
321) 321, 325, 331, 333, 597, 605, 621, 705, 709, 715, 717, 725, 733
640) 640, 648, 660, 664, 1192, 1208, 1240, 1408, 1416, 1428, 1432, 1448, 1464
868) 868, 1150, 1508, 1572, 2950, 2976, 2982, 3000, 3046, 3078, 3104, 3110, 3128, 3174, 3326, 5998, 6254
869) 869, 1151, 1509, 1573, 2951, 2977, 2983, 3001, 3047, 3079, 3105, 3111, 3129, 3175, 3327, 5999, 6255
1144) 1144, 1736, 1752, 2300, 2408, 2432, 2472, 2562, 2594, 2642, 2658, 2944, 2984, 3016, 3032, 3040, 3072, 3112, 3144, 3160, 3168, 3320, 4770, 4834, 4962, 5634, 5666, 5714, 5730, 5794, 5900, 5952, 5960, 5964, 5992, 6000, 6092, 6156, 6208, 6216, 6220, 6248, 6256, 6348, 6652, 11996, 12508
1145) 1145, 1737, 1753, 2301, 2409, 2433, 2473, 2563, 2595, 2643, 2659, 2945, 2985, 3017, 3033, 3041, 3073, 3113, 3145, 3161, 3169, 3321, 4771, 4835, 4963, 5635, 5667, 5715, 5731, 5795, 5901, 5953, 5961, 5965, 5993, 6001, 6093, 6157, 6209, 6217, 6221, 6249, 6257, 6349, 6653, 11997, 12509
1281) 1281, 1297, 1321, 1329, 2385, 2417, 2481, 2817, 2833, 2857, 2865, 2897, 2929

Bilder: Wikimedia Commons

Abb. 7: Beispiel für ein Deszentorium: Charles III. . als Nachfahre seines Mehrfachahns Ernst I. dem Frommen. Ahnengeschwister sind farblich markiert. Bei sehr häufig auftretenden Mehrfachahnen führt „AhnenImplex“ die weiteren Kekule-Nummern unterhalb der Grafik auf.

3. Schlussbemerkung

„AhnenImplex“ ist ein komplexes Programm, das eine gründliche und intensive Einarbeitung erfordert und ohne ausreichende Kenntnisse der Quantitativen Genealogie in Teilabschnitten des Programms nicht intuitiv bedienbar ist. Eine genaue Lektüre des Handbuchs und ggfls. auch der unten angegebenen Literatur wird daher empfohlen. Die Berechnungs- und grafischen Darstellungsmöglichkeiten von „AhnenImplex“ sind jedoch einzigartig und werden derzeit von keinem anderen Genealogieprogramm geboten.

Bei der Verwendung des Programms ist bitte darauf zu achten:

1. Fragen zum Programm bitte NICHT an den Programmentwickler oder den *Roland zu Dortmund e.V.*, sondern ausschließlich an Weert Meyer, den Autor des Handbuchs (Weert@gmx.de)!
2. Da es sich bei „AhnenImplex“ um eine ausführbare exe-Datei handelt, warnt Windows vor dem Download. Der Download kann jedoch bedenkenlos durchgeführt werden, das Programm wurde vor dem Upload auf Viren überprüft.
3. Haftungsausschluss: Trotzdem erfolgen Download und Verwendung des Programms auf eigenes Risiko, für evtl. Schäden wird keine Haftung übernommen.
4. Das Programm darf ausschließlich zu privaten und nicht zu kommerziellen Zwecken verwendet werden.

4. Weiterführende Literatur und Links

Sofern die hier angegebenen Artikel auf der GeneTalogie-Website von Arndt Richter (http://www.genetalogie.de) oder in der „Roland-Datenbank“ des *Roland zu Dortmund e.V.* (https://tng.rolandgen.de/browsemedia.php?mediatypeID=documents) als pdf-Dokumente zum Download zur Verfügung stehen, ist dies entsprechend vermerkt.

HUNGERIGE, Heiko (2020a). Geschlossene Heiratskreise (Verwandtenehen) in der Ahnentafel von Katharina Pudenz (1914–1997) aus Bochum durch ihre Mehrfachahnen Conrad Döring (* um 1480), Hanns Rode (* vor 1522), Georg Schönefeld (* 1600) und Thomas Pudenz (* um 1633) aus dem Eichsfeld. In: *Roland – Zeitschrift der genealogisch-heraldischen Arbeitsgemeinschaft Roland zu Dortmund e.V.*, Bd. 27/28 (2018/19), S. 5-59.

HUNGERIGE, Heiko (2020b). Verwandtenehen: Die Ahnentafel als Ahnennetz. In: *Computergenealogie – Magazin für Familienforschung, 35. Jg., H. 1*, S. 16-19.

HUNGERIGE, Heiko (2021). Roland-Blogbeitrag vom 20.06.2022: *Eine ‚komprimierte‘ Ahnentafel als Wandschmuck.* (https://roland-zu-dortmund.weebly.com/aktuelles)

Meyer, Weert (2022a). *Handbuch „AhnenImplex“ – Das Grafik- und Berechnungsprogramm „AhnenImplex“ auf der Grundlage der „Quantitativen Genealogie“ von Siegfried Rösch (1899–1984). Programmiert von Martin Jülich.* (Typoskript, 140 S.). (Online: Roland-Datenbank).

Meyer, Weert (2022b). *Genealogie im EDV-Zeitalter - ein Plädoyer für AhnenImplex.* (Typoskript, 12 S.). (Online: Roland-Datenbank).

Meyer, Weert (2022c). *Verwandtschaft messbar machen – ein Kompendium der Quantitativen Genealogie.* (Typoskript, 15 S.). (Online: Roland-Datenbank).

Richter, Arndt (1979). Erbmäßig bevorzugte Vorfahrenlinien bei zweigeschlechtigen Lebewesen. Die Spaltungs-Proportionen in der Aszendenz bei geschlechtsgebundener Vererbung, erläutert am Beispiel des Menschen. Professor Dr. Siegfried Rösch zum 80. Geburtstag. In: *Archiv für Sippenforschung, 45, H. 74*, S. 96–109. (Online: GeneTalogie und Roland-Datenbank).

Richter, Arndt (1987). Verwandtschafts- und Implexberechnungen: Statistische Ergänzungen zur Ahnenschaft von Gregor Mendel. In: *Computergenealogie – Magazin für Familienforschung, 3. Jg., H. 7*, S. 186–191. (Online: GeneTalogie).

Richter, Arndt (1997). *Die Geisteskrankheit der bayerischen Könige Ludwig II. und Otto. Eine interdisziplinäre Ahnenstudie mittels Genealogie, Genetik und Statistik mit einer EDV-Programmbeschreibung von Weert Meyer.* Neustadt an der Aisch: Degener & Co.

Richter, Arndt (2006). *Mütterliche Großväter im Lichte meiner These: Von der besonderen Mittlerrolle X-chromosomaler Gene bei der Ausprägung geistiger Eigenschaften.* (Online: GeneTalogie).

Richter, Arndt (2009). *Festgefügtes im Strome der Zeit. Genealogische Bekenntnisse.* (Typoskript, 666 S.). (Online: GeneTalogie).

Rösch, Siegfried (1955). *Grundzüge einer quantitativen Genealogie. (Teil A des Buches über Goethes Verwandtschaft) (= Praktikum für Familienforscher, Sammlung gemeinverständlicher Abhandlungen über Art und Ziel und Zweck der Familienkunde, H. 31).* Neustadt an der Aisch: Degener & Co. (Sonderdruck aus „Goethes Verwandtschaft“). (Online im GenWiki).

Rösch, Siegfried (1955/1957). *Grundlegende Schriften zur Quantitativen Genealogie.* (Enthält „Grundzüge einer quantitativen Genealogie” (1955, hier aufgenommen als „Teil A“ des Buches über „Goethes Verwandtschaft“, 1956, im pdf-Dokument ab S. 3), „Über Begriff und Theorie der Gesamtverwandtschaft“ (1954, im pdf-Dokument ab S. 76) und „Über den Verwandtschaftsgrad“ (1957, im pdf-Dokument ab S. 82).). (Online: Roland-Datenbank).

Rösch, Siegfried (1977). *Caroli Magni Progenies, Pars 1.* (Genealogie und Landesgeschichte, Publikationen der Zentralstelle für Personen- und Familiengeschichte, Institut für Genealogie, Bd. 30). Neustadt an der Aisch: Degener & Co.

Rutherford, Adam (2018). *Eine kurze Geschichte von jedem, der jemals gelebt hat. Was unsere Gene über uns verraten.* Reinbek bei Hamburg: Rowohlt Polaris.

60 Jahre „Goldmann-Archiv“ (1962-2022), 120 Jahre Goldmann-Forschung (1902-2022) – Richard Goldmann zum 80. Geburtstag

von Dirk Vollmer

Rechtzeitig zum 80. Geburtstag von Richard Goldmann im Juni 2022 war die Corona-Epedemie in Deutschland soweit zurückgegangen, dass wieder Feiern in einem ansprechenden Rahmen stattfinden konnten. Das Hotel Wittekinds Hof in Dortmund und ein dem Anlass angemessenes Wetter bildeten dann auch den festlichen Rahmen, der hier durch weitere Daten aus Richard Goldmanns reichem Forscherleben ergänzt werden soll. Dirk Vollmer hat dazu den 2013 im *Archiv für Familiengeschichtsforschung* erschienenen Beitrag zu „50 Jahre ‚Goldmann-Archiv‘ (1962-2012)“[1] überarbeitet.[2]

Richard Goldmann[3] betreibt seit seinem 17. Lebensjahr ernsthaft Familienforschung, davor nur sporadisch. Als er 1962 sein Studium (u.a. Geschichte) in München aufnahm, schrieb er alle im dortigen Telefonbuch genannten Namenvettern mit der Bitte um Auskünfte über ihre Vorfahren an. So etwas klappte damals noch. Mit einigen der Familien ist er noch heute in Verbindung, und sie wurden z. T. dann Mitglieder seines erst viel später gegründeten „Geschlechterverbandes Goldmann“ (GVG). So wurde von Richard Goldmann das Goldmann-Archiv (GA) 1962 gegründet und von ihm bis heute fortgeführt.[4] Es werden jegliche Goldmann-, Chrysander- und Guld(e/n)mann-Vorkommen aufgenommen. Die einzelnen Geschlechter (besser „Stämme“) müssen demnach nicht mit uns verwandt sein, um aufgenommen zu werden. Wir sind also mehr als ein reines Familienarchiv bzw. mehr als ein bloßer Familienverein, sondern ein sogenannter Geschlechterverband. Wir erbitten die Goldmann-Daten unserer Mitglieder sowie sonstiger Interessenten und vergleichen sie dann mit unseren umfangreichen Unterlagen (zurzeit ca. 100 Stehordner, deren

1 Goldmann, Richard: 50 Jahre „Goldmann-Archiv“ (1962-2012), 110 Jahre Goldmann-Forschung (1902-2012), in: Archiv für Familiengeschichtsforschung, Bd. 17 (2013), S. 35f.

2 Am Schluss sind von C. Loefke weitere Daten zu Richard Goldmanns „Roland“-Aktivitäten hinzugefügt.

3 Richard Goldmann (RG), * 1942, Oberstudienrat i.R., Dortmund.

4 Seit 2008 unter Mitarbeit von Dirk Vollmer, *1970, Einkaufsassistent, Wegberg.

hohe Zahl sich allerdings nicht zuletzt durch die separate Registrierung jedes Nennungsortes erklärt). Wenn wir die Angaben ergänzen können, teilen wir das entsprechend den Einsendern mit – sogar bei wachsendem Forschungsstand gegebenenfalls noch nach Jahren.

Richard Goldmann gibt zudem seit 1969 die Goldmann-Nachrichten (= GN)[5] heraus. In dieser Zeitschrift berichtet er u.a. über Forschungsergebnisse und die ursprünglich jährlich, ab 1990 zweijährlich stattfindenden Goldmann-Treffen des von ihm 1973 in Dortmund gegründeten Geschlechterverbandes Goldmann.[6]

Zwischen 1962 und 1992 hat Richard Goldmann nach und nach über 1.600 Namensvettern angeschrieben, deren Adressen er meist den amtlichen Fernsprechbüchern entnommen (z.T. mit Hilfe von Forscherkollegen und Mitgliedern des Geschlechterverbandes Goldmann) bzw. durch seine Suchanzeigen in genealogischen Fachzeitschriften erfahren hatte. Ab 1969, mit Gründung der GN, wurde diese Tätigkeit intensiviert, blieb allerdings im Wesentlichen – teilungsbedingt – auf Westdeutschland und Westberlin beschränkt. Wachsende

---

5 Er begründete die Zeitschrift ausgerechnet mitten in seinem 1. Staatsexamen. Außerdem war er – auch schon vorher – nicht nur mit der Goldmann-Forschung befasst. Seit der Rückkehr von seinem Auslandsjahr 1962/63 an der Universität Leeds/England zur Fortsetzung seines Studiums in Münster/Westfalen wurde er bald als studentische Hilfskraft von Englisch-Professor Bernhard Fabian angeworben, für den er u.a. bibliographische Arbeiten zu erledigen hatte. Dieses Methodikwissen nutzte Richard Goldmann auch für seine eigenen genealogischen Forschungen, insbesondere für die Erforschung seiner mütterlichen Elster-Vorfahren, die ursprünglich aus Schlesien stammten. Ein Quellenzugang war angesichts der damaligen politischen Lage im Kalten Krieg nicht möglich. Anfragen aus Westdeutschland wurden nicht bearbeitet, ebenso blieben sogar seine „listigen" Anfragen aus England (mit britischer Adresse) unbeantwortet. Nun erfuhr er durch sorgfältiges Bibliographieren von der Existenz eines Elster-Sippenverbandes (= ESV) mit eigenen Publikationen in der Vorkriegszeit. Und ausgerechnet seine schlesischen Vorfahren waren dabei auch gut erforscht und veröffentlicht worden. Goldmann war begeistert von diesem unverhofften Durchbruch und ermittelte die aktuellen Adressen des vormaligen Vorstandes, suchte den ehemaligen Schriftführer Julius Elster in Stade auf und konnte ihn schließlich von der Richtigkeit einer Wiederbegründung des ESV überzeugen, die dann beide als Elster-Familienverband (= EFV) 1966 beschlossen, mit Julius Elster als Vorsitzendem und Richard Goldmann als Schriftführer; letzterer tippte und hektographierte dann die 1967 neuaufgelegten „Mitteilungen des EFV". Außerdem gaben beide zusammen 1968 die überfällige, erweiterte Neuauflage der segensreichen „Gesammelten Stammfolgen der Elster-Sippen" von 1937 (mit 19 Elster-Stämmen) heraus. Für Pfingsten 1970 luf Richard Goldmann zum 1. Elster-Treffen nach dem Kriege (dem 4. Der Gesamtzählung) nach Dortmund ein und sprang damit für einen Elster-„Vetter" in Hildesheim ein, der im letzten Augenblick „kalte Füße" bekommen hatte. Seitdem treffen sich die Elster-Mitglieder alljährlich zu Pfingsten im deutschen Sprachraum (2013 in Salzburg, allerdings 2006 sogar in Warschau auf Einladung der polnischen Ehefrau eines Mitgliedes), Richard Goldmann hat sich schließlich nach zehn Jahren seines tatkräftigen Anschubs aus dem längst aufgestockten Elster-Vorstand zurückgezogen (zumal er inzwischen auch noch 1. Schriftführer des „Roland zu Dortmund e.V." geworden war), um sich verstärkt seinen Goldmännern widmen können.

6 Richard Goldmann hat sich auch intensiv mit den Regeln der Wappenkunde beschäftigt als Nachbarwissenschaft der Genealogie. Rechtzeitig zu seiner Eheschließung 1972 konnte er für seinen Stamm ein erfreulich einfaches – obwohl versteckt ein redendes – Wappen schaffen (eingetragen 1972 bei DWR/Berlin). Später (1983) hat er auch für seine schlesischen Elstern ein Wappen entwickelt, das durch Abstimmung unter den Angehörigen angenommen wurde.

berufliche und anderweitige Belastungen ließen ihm ab 1992 nicht mehr genügend Zeit für diese Arbeiten, auch sank am Ende die Erfolgs- (d.h. Antwort-)quote stark (zunächst lange ca. 20%, fast sensationell, zumal kein Rückporto beilag), insbesondere nach Erfindung des Wortes „Datenschutz“, was dann auch zum Ende der Pflichteinträge im Telefonbuch führte, womit diese Quelle als Adressbuchersatz an Wert verlor. Immerhin sind über die Jahre zahlreiche Namensträger (und Töchternachkommen) sowie einige Goldmann-[7] und Heimatforscher[8], die mit dem Goldmann-Archiv zusammenarbeiten, dem Geschlechterverband Goldmann beigetreten. Übrigens hat es bereits vor dem 2. Weltkrieg eine breite Goldmann-Forschung eines Forschers gegeben (wie Richard Goldmann um 1970 und danach gelegentlich von vereinzelten Adressaten [ca. sieben] hörte), der allerdings leider fast keine dauerhaften Spuren hinterlassen hat. Erst 1978 hielt Richard Goldmann endlich ein undatiertes, hektographiertes Schreiben des Stadtbaurats i.R. Dipl.-Ing. Johann (Hans) Georg Goldmann[9] aus Mainz in Händen, das dieser laut Inhalt 500 Namensträgern aus Adressbüchern zuschicken wollte und ein (uns nicht vorliegender, aber leicht vorstellbarer) Fragebogen zu den Vorfahren sowie ein Rückumschlag beigefügt waren. Es war offenbar etwa 1933/34 verfasst worden. Schon 1972 hatte Richard Goldmann eine Tochter (Althea Langbein, * 1901 in Mainz) in Berlin ermittelt, von der er wenigstens eine von ihrem Vater erstellte und im Lichtdruck vervielfältige Stammtafel der Familie erhalten konnte, die ursprünglich aus Tilsit/Ostpreußen stammt und um 1735 (Schätzung RG) nach Potsdam übersiedelte (Stamm Opr 1 im GA). Mehr hat die Kriegs- und insbesondere Nachkriegswirren nicht überdauert (obwohl er in Mainz nicht ausgebombt wurde), da es – vielleicht durch den Krieg – zu keiner Publikation und zu keiner Vereinsgründung mit eigener Zeitschrift gekommen ist. Niemand konnte damals ahnen, welche Furie der Zerstörung bald durch Osteuropa, anderswo und dann Deutschland rasen würde. Diesen Schritt zur Sicherung der Forschungsergebnisse hat erst RG mit den Vernichtungserfahrungen des Zweiten Weltkriegs im Hinterkopf sieben Jahre (= GN) bzw. elf (= GVG) nach Gründung seines GA unternommen (aber nicht aus diesen Gründen). Allerdings sind Richard Goldmann immerhin wohl

---

7 So z. B. Dipl. Bibl. Franz Joseph Goldmann (†)/Köln (Stamm B2), Paul Goldmann (†)/Hagen (B3), Werner Goldmann (†)/Bad Sooden-Allendorf (B4 < C2), Vefa Goldmann (†)/Essen (E4), Heinrich Goldmann (†)/Freiburg i.Br. (E5), Klaus-Peter Goldmann/Wolfsburg (E15, sowie Erforscher zahlreicher weiterer schlesischer G.-Stämme). Die GN veröffentlichten (und sicherten somit) Arbeiten von weiteren Namensvettern oder Forschern, die bereits vor Gründung der GN verstorben sind bzw. (leider) nicht dem GVG beitraten.
Die Goldmann-Stämme gliedern sich folgendermaßen: A = Pommern; B = Eichsfeld; C = Hessen; D = Rheinland & Mosel; E = Schlesien; F = Franken – Bayern; G = Niedersachsen; H = Sachsen & Thüringen; NL = Niederlande; NM = Neumark; Ö = Österreich; Opr = Ostpreußen; Pos = Posen/ Westpreußen; Sk = Skandinavien; Su = Sudetenland/Böhmen & Mähren; Un = Ungarn.

8 Insbesondere unsere Ehrenmitglieder Eichsfeldforscher Dr. med. Paul Döring (†) (erforschte B2 sowie etwas B9) und der Hessenforscher Ernst Schmidt (†)/Biebertal-Rodheim (bei Gießen) (erforschte C1 unter Verwendung von Vorarbeiten anderer Forscher).

9 Stadtbaurat i.R. Johann G. Goldmann, *Brieg 24.5.1873, † Bad Kreuznach 6.9.1948, □ ebd.

fünf der von Stadtbaurat i.R. Johann Goldmann in seinem o.a. Anschreiben kurz aufgeführten sieben Goldmann-Linien durch seine eigene Sammeltätigkeit in aller Breite bekannt sowie inzwischen ca. 70 weitere Stämme[10] – die meisten aus Schlesien und dem Eichsfeld stammen (jedoch mit sehr unterschiedlichem Umfang). Sicherlich könnten eine ganze Reihe der Stämme bei weiterer Forschung zusammengeführt werden, so dass wir dann auf vielleicht 40 verschiedene Goldmann-Geschlechter kommen werden. Dabei mögen DNS-Untersuchungen helfen, die 2009 bereits die Zusammenführung der beiden pommerschen Stämme A1 und A2 erbrachten, allerdings die genealogischen Forschungen nur ergänzen, nicht ersetzen können. Sogar schon vor dem Ersten Weltkrieg hat der Spediteur und engagierte Heimatforscher Karl Gustav Eduard Goldmann[11] aus Neutomischel/Posen intensiv nach Namensträgern geforscht (wie seine Suchanzeigen seit 1902 in der Zeitschrift des damaligen neuen überregionalen, ersten bürgerlich-genealogischen Vereins „Roland“ (Sitz Dresden) belegen), allerdings anscheinend vornehmlich für seine eigene Familie, die 1695 wohl aus Sagan/Niederschlesien (davor seinen Suchanfragen zufolge möglicherweise aus Böhmen oder aus Hessen) stammt. Kopien dieser Unterlagen im Besitz des Enkels konnte RG endlich 1983 dem GA einverleiben (Stamm E30 unserer Registratur). Sie waren Joh. G. Goldmann in Mainz offenbar unbekannt (sind jedenfalls in seinem Rundschreiben von ca. 1933/34 nicht genannt).

Richard Goldmann (Stamm A1) selbst veröffentlicht seine Funde und ganze Stämme wie schon oben gesagt in den 1969 von ihm begründeten Goldmann-Nachrichten und hat 1973 einen sie tragenden Namensträgerverein GVG (s.o.) gegründet, dessen Mitglieder sich jährlich – wegen seines Zeitmangels seit 1990 zweijährlich – an wechselnden Orten treffen. Seit 2008 nimmt Einkaufsassistent Dirk Vollmer (DV) (Stamm B3) Goldmann-Funde in seine Computer-Dateien auf, was Zugriff und Zusammenführung sehr erleichtert. Sein Fernziel ist es, alle Unterlagen des GA per Computer zu erfassen. Am 9.6.2012 wurde er zum 2. Vorsitzenden des GVG gewählt, womit endlich eine mehrjährige Vakanz gefüllt werden konnte und die Übergabe an die nächste Generation vorbereitet wird – was ja leider in vielen Familien- und anderen Vereinen heutzutage nicht mehr gelingt. Vorgänger in seinem Amt waren der bekannte ehemalige Leiter der Kölner Zentralbibliothek Dipl. Bibl. Franz Joseph Goldmann (1920-1994, Stamm B2, 2. Vorsitzender 1973-1994), dann Hanni Goldmann (*1937, Stamm C11, 2. Vorsitzende 1998-2006).

Neben dieser umfangreichen Goldmann-Geschlechterforschung hat sich Richard Goldmann seit 1963 auch im erst zwei Jahre zuvor gegründeten „Roland zu Dortmund e.V.“ engagiert eingebracht. Hier war er am 11. Januar 1972 als

10 Darunter leider bislang nur sehr wenige jüdische Stämme, von denen es aber sicherlich viel mehr gibt, als uns bisher bekannt worden ist. Es gibt auf jüdischer Seite oft eine – gewiss allzu verständliche – Zurückhaltung, persönliche Daten preiszugeben.

11 Karl G. Ed. Goldmann, * Neutomischel/Posen 25.4.1863, † ebd. (seit 1919/1920 polnisch: Nowy Tomyśl) 28.3.1937.

1. Schriftführer in den Vorstand gewählt worden. Dieses Amt hat er 10 Jahre lang ausgefüllt. Auch danach war er im Auftrag des „Roland“ aktiv. So vertrat er diesen bei einigen Jahreshauptversammlungen der DAGV (Deutsche Arbeitsgemeinschaft Genealogischer Vereine) während der jährlich an wechselnden Orten stattfinden Deutschen Genealogentage, die er regelmäßig besuchte. Zudem hielt er Vorträge zur Goldmann-Forschung, Heraldik und DNS-Genealogie. Noch immer kommt er gerne zu den geselligen Veranstaltungen des Roland und teilt sein genealogisches und heraldisches Wissen.

Für das Doppeljubiläum (80. Geburtstag 2022 und 60 Jahre Roland-Mitglied 2023) wünscht der Roland seinem verdienten langjährigen Mitglied alles Gute und „ad multos annos!“

Beleidigung wegen falscher Anrede!

von Alfred Smieszchala

Die streng abgegrenzten Gesellschaftsschichten und die überzogenen Etikette-Regeln im wilhelminischen Obrigkeitsstaat erschwerten auch den Schriftverkehr der Staatbürger mit den Obrigkeiten Bürgermeister und Landrat!

Der Warendorfer Zeitungsverleger Joseph Klostermann[1], ein Kritiker gegen den Dünkel und die Bevormundung, hat in seiner Warendorfer „Westfälischen Rundschau“ (in gehobenen Kreisen als Warendorfer Revolverblatt verspottet und gefürchtet) am 10. April 1898 folgende Notiz veröffentlicht:

Posen. Der Gutsbesitzer Kunitz aus Strelno[2] wurde von der hiesigen Strafkammer wegen Beleidigung des Landrats Hassenpflug zu Strelno zu 100 Mark Geldstrafe resp. 10 Tage Haft verurteilt. Die Beleidigung wurde durch zwei an den Landrat gerichtete Beschwerdebriefe als erwiesen erachtet und in der Aufschrift und in der Anrede gefunden. Die Aufschrift lautete: „An den königlichen Landrat“, die Anrede lautete „Wohlgeboren“ satt „Hochwohlgeboren“. Auf die Aussage des Angeklagten, er habe nicht gewußt, daß dem Landrat das Prädikat „Hochwohlgeboren“ zukomme, antwortete der Vorsitzende, da der Angeklagte das Einjährigen-Zeugnis besitze, müsse er dies gewußt haben. (Das hat gerade noch gefehlt!)

Josef Klostermann wusste was er veröffentlichte, er selbst hat auch des Öfteren wegen Beleidigung von Geistlichen und Lokalpolitikern vor den Schranken des Gerichts gestanden und wurde zu größeren und kleineren Geldstrafen und Haft verurteilt und hat dann die gegen ihn ergangene Urteile in seinem *„Revolver-Blatt“* veröffentlicht.

---

1 Bernhard Joseph Klostermann, * Ahlen 15. Juli 1853, † Amelsbüren 3. Dezember 1923.

2 Strelno (Strzelno): Preußischer Verwaltungssitz des Landkreises Strelno, zwischen 1886 und 1919 im Regierungsbezirk Bromberg im Deutschen Reich. 1919 an Polen abgetreten.

Bericht von der Jahreshauptversammlung am 13. September 2022

von Christian Loefke

Die Vorsitzende Angela Sigges begrüßte um 19:10 Uhr die anwesenden 20 Mitglieder und zwei Gäste zur form- und fristgerecht einberufenen Jahreshauptversammlung im Centrum für Familiengeschichte und stellte die Beschlussfähigkeit fest.

Da keine Anträge zur Tagesordnung eingegangen waren, wurde sie in der an die Mitglieder versandten Form angenommen. **20 - 0 - 0** [Ja - Enthaltung - Nein]

Anschließend wurde der im Berichtszeitraum verstorbenen Mitglieder gedacht: Frau Hildegard **Söffge** († 4. Februar 2021), Herr Dr. Ruprecht **Ziemssen** († 21. Juli 2021), Herr Dieter **Mättig** († 19. August 2021) sowie dem nachträglich mitgeteilten Herr Georg **Schelhaas** († 2019).

Da 2021 der Deutsche Genealogentag (DGT) wegen der Corona-Pandemie ausfiel, wurde die Laudation und Verleihung der DAGV-Urkunde als „verdiente Genealogin“ an unser Ehrenmitglied Eva **Holtkamp** durch Susanne Nicola (CompGen) und Angela Sigges (Roland) als Vertreterinnen der beiden vorschlagenden Vereine hier nachgeholt:

„Den Laudatorinnen ist kaum jemand bekannt, der in Sachen Genealogie uneigennütziger und hilfsbereiter ist als Eva Holtkamp.

Einen Namen erworben hat sie sich vor allen Dingen durch ihr aktives Engagement beim Roland zu Dortmund, beim Verein für Computergenealogie sowie bei der Westfälischen Gesellschaft für Genealogie und Familienforschung.

Eva Holtkamp ist seit dem 21. Juli 1990 Mitglied beim Roland zu Dortmund – also in diesem Jahr genau 30 Jahre – hat die Mitgliedsnummer 91 und ist mittlerweile Ehrenmitglied des Vereins! Vom 13.02.2001 bis Februar 2015 übte sie das Amt der Schriftführerin aus.

Überhaupt ist ihr der persönliche Kontakt zu Familienforschern extrem wichtig und treibt sie in ihren Aktivitäten an. So nahm sie bei unterschiedlichen Ausstellungen des „Roland“ aktiv teil, z.B. im Schiffshebewerk, in der Altenakademie, im Schwerter Ruhrtalmuseum, um nur einige zu nennen. Besonders präsent ist vielen ihre regelmäßige Teilnahme beim Westfälischen Genealogentag in Altenberge.

Wenn sie nicht gerade andere Genealogen unterstützt, beschäftigte sie sich mit dem Erstellen von Kirchenbuchabschriften. Die von ihr bearbeiteten und erarbeiteten Kirchenbuchabschriften aus dem Großraum Dortmund, Waltrop, Methler, Datteln, Castrop, Lünen usw. befinden sich in der Roland-Bibliothek.

Wer die Kirchenbücher im Original kennt, hat eine Vorstellung wieviel Mühe und Fleiß hinter dieser Arbeit steckt.

Nicht nur daraus gibt sie jedem Forscher, hilfsbereit Auskunft, sei es auf Mail-Anfragen, sei es bei zahlreichen genealogischen Veranstaltungen, an denen sie regelmäßig teilgenommen und ihren Verein und ihr Forschungsgebiet vertreten hat. Auch finden wir ihre persönliche Vorstellung im Genwiki, wo all ihre Kontaktdaten, ihre Forschungen und Mitgliedschaften nachlesbar sind.

Nicht nur beim Roland zu Dortmund, auch im Verein für Computergenealogie finden sich zahlreiche Spuren von ihr.

Sie gehört mit Mitglieds-Nr. 0023 zu den „Urgesteinen" des Vereins und blickt mittlerweile auch hier auf eine über 30-jährige Mitgliedschaft zurück.

Seit vielen Jahren betreut und moderiert Eva hilfsbereit verschiedene Mailinglisten. Dies sind neben der vereinsinternen Rolandgen-Mailingliste gleich drei weitere offene Mailinglisten, wie die Ruhrgebiets-Liste, die Adel-List und die PAF-User-Liste. Dabei geht ihr Engagement weit über die übliche „Betreuung" oder „Administration" hinaus. Sie versteht es meisterhaft, „ihren" Listenlesern Informationen anzubieten, indem sie regelmäßig zum Listenthema passende Informationen sucht und in ihre Liste „teilt". Damit verleiht sie diesen Listen eine ganz besondere Lebendigkeit.

Über ihre eine eigene Homepage http://www.holtkamp-familienforschung.de/ verspricht sie gerne Anfragen zu beantworten, um ihre genealogischen Forschungsergebnisse einer breiten Öffentlichkeit zugänglich zu machen. So darf ich stellvertretend eine Danksagung vorlesen: „ausdrücklich persönlich möchte ich mich bedanken, sie ist die immer emsige und stets uneigennützige Helferin in der Not". Man darf Eva Holtkamp als eine übergreifende Institution in der deutschen Genealogie bezeichnen.

Deshalb schließen wir diese Laudatio mit den Eingangsworten:

Den Laudatorinnen ist kaum jemand bekannt, der in Sachen Genealogie uneigennütziger und hilfsbereiter ist als Eva Holtkamp.

Es folgte der Bericht der Vorsitzenden, die erneut konstatieren konnte, dass die Vereinstätigkeit auch im abgelaufenen Geschäftsjahr durch Corona geprägt war, jedoch waren die Online-Treffen auf ZOOM inzwischen gut eingespielt, so dass 11 Online-Vortragssitzungen stattfinden konnten, dazu kamen eine Jahreshauptversammlung in Präsenz, zwei Veranstaltungen in der Martin-Opitz-Bibliothek in Herne, zwei Spaziergänge im Westfalenpark und ein weihnachtliches „Roland-online-Café".

Ebenso online war in diesem Jahr die gut besuchte „Roland-Werkstatt" mit anschließendem „Roland-Café", das schon mal bis in die Morgenstunden geöffnet haben konnte.

Anders als der Corona-bedingt abgesagte Deutsche Genealogentag in Kleve fand der **9. Westfälische Genealogentag** am 20. und 21. März 2021 vollständig online statt. Der Roland präsentierte sich dort mit einem eigenen virtuellen Vortragsraum, in dem die folgenden Vorträge auf breite Resonanz stießen: „Roland-TNG-Datenbank" (Heiko Hungerige); „Projekt Gefallenen des 1. Weltkrieges" (Walter Nabrotzky); „Macht mehr AHNENforschung – ein Plädoyer" (Heiko Hungerige); „Das Stadtarchiv Dortmund" (Ute Pradler) und schließlich „Intelligenzblätter – eine selten genutzte genealogische Quelle" (Heiko Hungerige). Auch auf der virtuellen **International German Genealogy Conference 2021** vom 17.-24. Juli 2021, die von der International German Genealogy Partnership (IGGP) veranstaltet wurde, präsentierte sich der Roland sehr erfolgreich mit einem eigenen Stand (mehr Besucher hatte nur der Ahnenforscherstammtisch Unna).

Die Nutzung unserer Bibliothek in der Küpferstraße erfolgt weiterhin in Absprache mit Elke Mehlmann. Durch Übernahme und Aufarbeitung von Nachlässen familienkundlicher Forschungsarbeiten sowie die Anschaffung von Zeitschriften aus Tauschpartnerschaften wurde der Bestand erweitert. Es werden dringend Hilfen für die Bibliotheksarbeit gesucht!

Anfragen und Informationen kamen über die „offene" Rolandliste, moderiert von Eva Holtkamp, und über unsere Roland-Homepage und die Facebookseite, verwaltet von Georg Palmüller. Er wird dabei rege von unserem stellvertretendem Vorsitzenden Heiko Hungerige unterstützt, der regelmäßig den RZD-Blog aktualisiert und erweitert. Hier liest man Berichte zu den Roland-Veranstaltungen und die neuesten Nachrichten aus der genealogischen Welt. Auch alle Einladungen mit den Zugangslinks, Hinweise zu den Roland-Datenbanken und die „Genealogische Linkliste" des RzD, regelmäßig gepflegt von Heiko Hungerige, finden sich hier. Die Link-Liste erfreut sich mittlerweile einer großen Leserschaft. Der Veranstaltungskalender zeigt die geplanten Aktivitäten an, so dass man gut seine Termine planen kann. Unsere Veranstaltungen wurden auch regelmäßig in der Presse angekündigt.

An Projekten, die maßgeblich durch die Arbeit einiger Roland-Mitglieder gefördert werden, sind folgende zu nennen: Durch die Übernahme von Nachlässen konnten Forschungsergebnisse gesammelt, eingescannt und in unser TNG-Programm eingegeben werden. Die Arbeit an der Indexierung der Verlustlisten des 1.Weltkrieges führte Walter Nabrotzky von zuhause aus fort, während die Bearbeitung der Standesamtsunterlagen im Stadtarchiv immer wieder zum Erliegen kam und nur im Sommer zeitweilig von Werner Jungwirth und Dr. Hans Friedrich Jäckel fortgesetzt werden konnte.

Der ROLAND zu Dortmund hatte bei 10 Zugängen und 4 Abgängen sowie 4 Todesfällen am 31.12.2021 insg. 139 Mitglieder

Der Schatzmeister, Hans-Joachim Tenschert, legte eine Übersicht der Einnahmen und Ausgaben für den Zeitraum vom 01.01.2021 bis 31.12.2021 vor. Im Vergleich zum Vorjahr (2020) hat sich das Vereinsvermögen um 1.084,31 Euro erhöht, bedingt u.a. dadurch, dass nicht zwei Jahrbücher, sondern ein Doppelband erschienen ist, der noch dazu in zunehmendem Maß als E-Book ausgeliefert wurde. Zudem hat das Finanzamt die Gemeinnützigkeit des Roland bis 2026 anerkannt und eine zeitnahe Geldausgabe bei einem Umsatz von weniger als 45.000 € ist nicht mehr nötig.

Die Kassenprüfung erfolgte am 10.09.2021. Dabei wurde die Übereinstimmung der vorgenommenen Buchungen mit den vorliegenden Belegen festgestellt, so dass es keinerlei Anlass zu Beanstandungen gab.

Die Kassenprüfer schlugen die Entlastung der Schatzmeisterei vor. Daraufhin wurde beantragt, den gesamten Vorstand zu entlasten. Der Vorstand wurde entlastet mit **11 - 9 - 0** [Ja - Enthaltung - Nein]

Der Schriftleiter, Christian Loefke, kündigte für das laufende Jahr (2021) einen neuen Band des Jahrbuchs an, ebenso verwies er auf die Arbeiten an einem neuen Band der Schriftenreihe (Band 3: Alfred Hintz, Schwerter Geschichte(n)), der sich inhaltlich an den vorherigen Band anschließt. Der Schriftleiter bat – wie jedes Jahr –, dass doch weitere Beiträge aus den Reihen der Mitglieder erscheinen sollten. Er verwies auf die vielfältigen Möglichkeiten der Darstellung von Forschungsergebnissen im Roland.

Die Wahl der Kassenprüfer erfolgte einstimmig. Werner Jungwirth und Margret Kloda wurden für zwei Jahre gewählt.

Zum Schluss stellte Heiko Hungerige das „neue“ Roland-Projekt „Spitzenahnenlisten“ vor, das anders als die ursprüngliche Spitzenahnenliste, die mehr wie die DAGV-Forscherkontakte aufgebaut war, die tatsächlich bekannten Namen und Daten der Spitzenahnen und ihrer „Ahnenkinder“ enthalten soll.

Die Roland-Werkstatt soll jeweils am 2. Freitag des Monats online und am 4. Freitag in Präsenz stattfinden.

Für Weihnachten ist eine kleine Feier im Hotel Drees geplant.

Die Versammlung endete um 20:55 Uhr.

Die Arbeitssitzungen des letzten Jahres hatten folgende Themen:

01.2021	650.	**Frau Dr. Jaspers**: „Münster – Neues Jerusalem – Königreich der Täufer“
02.02.2021	651.	**Annegret Gräfe und Helene Debacq**: „Heredis – eine neue Software zur Ahnenforschung“ (engl.)
09.02.2021	652.	**Günter Ofner** (Wien): „Vorstellung Familia Austria – Österreichische Gesellschaft für Genealogie und Geschichte“
03.2021	653.	**Hans-Joachim Tenschert**: „Kurioses aus der Genealogie“

04.2021	654.	**Regina Meeuwßen und Nicole Hartmann**: „Facebook als wichtiges Hilfsmittel für die Ahnenforschung“
05.2021	655.	**Dr. Arkadiusz Danszczyk** (stellvertr. Direktor): „Vorstellung der Martin-Opitz-Bibliothek in Herne“ 05.07. 2021 und 26.08.2021: „Ad fontes! – zu den Quellen – Die historischen Quellen der Martin-Opitz-Bibliothek im Spiegel der historischen Grundwissenschaften“
06.2021	656.	**Clemens Draschba**: „Allensteiner Indexierungsprojekt – Suche nach digitalen Quellen und Standesamtsregistern in polnischen Staatsarchiven für die historischen Provinzen Ost- und Westpreußen, status quo für das Jahr 2021“
08.2021	657.	**Hannes Blomberg**: „Grabsteine als Quelle und Erinnerung für immer“
13.09.2021	658.	Jahreshauptversammlung im Center für Familiengeschichte
09.2021	659.	**Hans-Joachim Tenschert**: „Kurioses aus der Genealogie Folge 1“
10.2021	660.	**Hans-Joachim Tenschert**: „Kurioses aus der Genealogie Folge 2“
11.2021	661.	**Jürgen Sturma**: „Genealogie und Volkskunde – Trachten – eine erfolgreiche Symbiose“
12.2021	662.	„Weihnachtliches Roland – online – Café“ zum Plaudern

Bericht von der Jahreshauptversammlung am 20. Juni 2023

vom Christian Loefke

Die anwesenden 17 Mitglieder und 2 Gäste wurden um 19:00 Uhr zur form- und fristgerecht einberufenen Jahreshauptversammlung im Centrum für Familiengeschichte, Carl-von-Ossietzky-Str. 5, begrüßt und die Beschlussfähigkeit festgestellt. Die Vorsitzende Angela Sigges dankt unserem Ehrenmitglied Walter Nabrotzky für die Möglichkeit, wieder im Centrum für Familiengeschichte zu tagen.

Da keine schriftlichen Anträge vorlagen, wurde die Tagesordnung einstimmig angenommen. **17 - 0 - 0** [Ja - Enthaltung - Nein]

Anschließend wurde den im Berichtsjahr 2022 verstorbenen Mitgliedern, Herrn Wilhelm **Wiemann** († 6. August 2022) und Herrn Dirk **Frohning** († 13. Oktober 2022), gedacht.

Es folgte die Ehrung der Mitglieder, die auf eine lange Vereinszugehörigkeit zurückscheuen konnten. Dies waren im Berichtsjahr 2022 Axel Pohlmann mit 50, Friedrich Lehmkühler mit 45 und Otto Robert Enneper mit 40 Jahre Roland-Mitgliedschaft. Seit 1987 und damit seit 35 Jahren im Roland sind Werner Jungwirth, Arthur Teschler und Franz Heinrich Veuhoff. Auf 30 Jahre Mitgliedschaft kamen 2022 Klaus Dohl, Karin Gerdraud Desoi, Edith Hüttche und Friedel Pfeifer. Auch schon 25 Jahre dabei sind Wilhelm Groetelaer und Christian Barrenbrügge. Heiko Stiepelmann, Horst Eichmann, Hans Friedrich Jäckel, Peter Ebenfeld und Karl-Heinz Drumann sind seit 20 Jahren, Friedrich Jahn und Volker Dechert seit 15, Rudolf Andreas Bräuker und Ilona Kirchbrücher seit 10, Konstanze Abel-Effenberg, Gerhard Knop, Helma Geltenpoth, Alfred Frühoff, Sigrun Müller van Ishem, Heiko Hungerige, Hans Joachim Tenschert, Cesare Foltin und Margret Kloda seit 5 Jahren im Verein.

In ihrem Bericht des Vorstands konstatierte Angela Sigges ein weiteres Jahr unter dem Einfluss des Corona-Virus, so dass alle 8. Arbeitssitzungen online als ZOOM-Meeting stattfanden. Aber zwei Ausflüge (Wuppertal und Zeche Zollern) sowie die JHV im September und der Roland-Weihnachtsabend konnten doch wieder als persönliche Treffen organisiert werden. Für die ZOOM-Veranstaltungen stellten Georg Palmüller und Nancy Myers die Software zur Verfügung, während Angela Sigges in einer andauernden Herausforderung bei der Moderation stand.

Auch die Roland-Werkstatt wurde im Berichtszeitraum online betrieben, konnte aber ab August zusätzlich wieder in Präsenz stattfinden, so dass es seither eine Verdoppelung der Werkstatt-Angebote gibt: am 2. Freitag im Monat online und am 4. Freitag im Monat vor Ort im FamilySearch Center in Dortmund-Brünninghausen. Dort besteht die Möglichkeiten für die Dauer des Abends einen kostenlosen Archion-Zugang zu nutzen, ebenso besteht die Möglichkeit in den genealogischen Internetportalen Ancestry, MyHeritage und Geneanet zu recherchieren. Besonders beliebt ist die Suche in Forschungsquellen, die nur in den Centern zugänglich sind. Damit diese Suche an den Bildschirmen immer an den beliebten Freitagabenden stattfinden kann, haben einige freiwillige Roland-Mitglieder diesen Anwesenden-Dienst ab April 2022 übernommen. Ein herzlicher Dank dafür an Walter Nabrotzky, Gertrud Frohberger, Fred Murawski, Georg Palmüller, Hans Tenschert, Manfred Sigges und Wolfgang Wern.

Nach außen präsentierte sich der Roland auf dem **72. Deutschen Genealogentag** in Tapfheim bei Donauwörth, der vom 2. bis 4.9.2022 stattfand. Hier nahmen Nancy Myers, Margret Rohloff und Angela Sigges an den Treffen, Vorträgen und der Mitgliederversammlung des DGAV teil. Auf den Online-Treffen der **International German Genealogy Partnership** (IGGP) wurde der Roland besonders durch Nancy Myers und Nicole Hartmann vertreten. Auf einen gemeinsamen virtuellen Stand mit dem Ahnenforscher Stammtisch Unna und dem Historischen Verein Herne/Wanne-Eickel präsentierte sich der Roland bei der **Genealogica 2022**. Daneben stellt die Roland-Homepage ein wichtiges Mittel der Außenkommunikation dar. Hier werden alle Termine angekündigt und in Blog-Beiträgen über deren Verlauf informiert. Die **„Genealogische Link-Liste“** wird ebenso laufend erweitert wie die **Roland TNG-Datenbank**. Hier sind Georg Palmüller und Heiko Hungerige besonders aktiv.

Die Nutzung der ehrenamtlich betreuten Bibliothek, die in einem Nebengebäude des Stadtarchivs untergebracht ist, erfolgte nach Absprache. Hier gab es ein Update des Bibliotheksprogramms von Version 7 auf Version 9. Erneut wurde um Mithilfe in der Bibliothek geworben. Dazu machte Elke Mehlmann am Ende der Veranstaltung einige Vorschläge.

Die Arbeiten an der Indexierung der Standesamtlichen Unterlagen im Dortmunder Stadtarchiv durch die Roland-Mitglieder Werner Jungwirth und Hans Friedrich Jäckel haben unter den Corona-Maßnahmen gelitten, konnten aber zwischenzeitlich wieder aufgenommen werden. Auch die Indexierung der Verlustlisten des 1. Weltkrieges durch Walter Nabrotzky wurde fortgeführt. Dafür gebührt diesen Mitgliedern ein besonderer Dank.

Nun noch etwas ZOOM-Statistik: Wir begannen online im April 2020. Eine Zählung der Teilnehmer begann am 13. Oktober 2020. Vom 13. Oktober 2020 bis zum 12. Mai 2023 veranstaltete der Roland zu Dortmund insgesamt 58 Online-Veranstaltungen mit insgesamt 2.737 Teilnehmern = durchschnittlich 47,2 Teilnehmer pro Online-Veranstaltung. Davon waren 31 Online-Vorträge mit insgesamt 1.746 Teilnehmern = 56,3 Teilnehmer pro Online-Vortrag und 27 Online-Werkstätten mit insgesamt 991 Teilnehmern = 36,7 Teilnehmer pro Online-Werkstatt.

Der Schatzmeister, Hans Tenschert, legte eine Übersicht der Einnahmen und Ausgaben für den Zeitraum vom 01.01.2022 bis 31.12.2022 vor. Im Vergleich zum Vorjahr (2021) hat sich das Vereinsvermögen um 2.902,31 Euro erhöht.

Die Kassenprüfung durch Margret Kloda und Werner Jungwirth ergab die Übereinstimmung der vorgenommenen Buchungen mit den vorliegenden Belegen, so dass es keinerlei Anlass zu Beanstandungen gab. Die Kassenprüfer schlugen die Entlastung der Schatzmeisterei vor.

Elke Mehlmann beantragte daraufhin die Entlastung des Vorstandes. Es wurde bei eigener Enthaltung Entlastung erteilt: 8 - 9 - 0

Der für das Jahr 2022 geplant Band, wurde durch das Warten auf den Artikel zum Jubiläum von Richard Goldmann verzögert, so dass der Schriftleiter Christian Loefke auch wegen der zu erwartenden Druckverzögerung wegen Papiermangels sich entschloss, doch wieder einen Doppelband für 2022/23 zu erstellen. Der neue Band in der Schriftenreihe erschien im Dezember 2022: Alfred Hintz, Schwerter Geschichte(n).

Für die Neuwahl des Vorstandes wurde Manfred Sigges einstimmig zum Wahlleiter gewählt. Der Vorstand sich stellt einzeln zur Wiederwahl, es gibt keine Gegenkandidaten.

WAHLVORSCHLAG	Ja	Enthaltung	Nein	Ungültig
Angela Sigges (Vorsitz)	**16**	**1**	**0**	**0**
Heiko Hungerige (Stellvertreter)	**16**	**1**	**0**	**0**
Hans-Joachim Tenschert (Schatzmeister)	**16**	**1**	**0**	**0**
Gertrud Frohberger (Stellvertreterin)	**16**	**1**	**0**	**0**
Nancy Myers (Schriftführerin)	**16**	**1**	**0**	**0**
Renate Heß (Stellvertreterin)	**16**	**1**	**0**	**0**

Die Beisitzer (Inga Guttzeit, Christian Loefke, Elke Mehlmann, Rainer Minnerop und Georg Palmüller) wurden kumulativ wiedergewählt.

Alle Gewählten nahmen die Wahl an. Damit sind alle Vorstandsämter ordnungsgemäß besetzt.

Zum Schluss gab es unter „Verschiedenes“ noch ein paar Anregungen. Für die Mitarbeit in der Bibliothek schlug Elke Mehlmann ein paar zeitlich begrenzte Aktivitäten vor (neue Signatur-Schilder, Hilfe beim Umräumen, Eingabe von Zeitschriftenbeständen). Auch die Sterbeanzeigen sollen wieder bearbeitet werden. Nancy Myers will die Anzeigen scannen, so dass sie von zuhause aus bearbeitet werden können. Es melden sich Freiwillige. Schließlich wurden weitere Ausflüge / Spaziergänge (z.B. Unna, Cappenberg, Waltrop, Lünen, Dortmunder Innenstadtkirchen) in Aussicht gestellt.

Die Versammlung endete um 21:00 Uhr.

Die Arbeitssitzungen des letzten Jahres hatten folgende Themen:

11.01.2022	663.	**Dr. David Skrabania**: „Forschungsquellen in den ehemaligen deutschen Ostgebieten“
08.02.2022	664.	**Peter Schulz**: „Verkartungen mit Hilfe von GedTool“
08.03.2022	665.	**Hans-Joachim Tenschert**: „Kurioses aus der Genealogie“ (III)

05.04.2022	666.	**Dr. Hertha Schwarz: „**Sonst war alles für die Katz – notwendige wissenschaftliche Standards in der Familienforschung“
10.05.2022	667.	**Lothar Grafe**: „Peek & Cloppenburg – Zwei Kaufleute aus Südoldenburg gründeten in den Niederlanden eine Textilhauskette“
14.06.2022	668.	**Sabine Akabajov**: „Wenn Gräber erzählen könnten – jüdische Begräbnisse und Grabsteine“
23.08.2022	669.	Roland-Sommerfest im Garten des FamilySearch Centers
13.09.2022	670.	Jahreshauptversammlung
18.10.2022	671.	**Christopher Jung**: „Dortmund1826.de und die Möglichkeiten des Urkatasters in der Heimatforschung“
08.11.2022	672.	**Sabine Akabajov**: „Von Mechernich nach Israel auf Umwegen – die Geschichte des Deutschen Juden Ernst Liffmann“
13.12.2022	673.	Roland-Weihnachtsabend im Hotel Drees

Ortsregister

Ahlen 167
Albersloh 138, 139, 141, 143, 146, 148
Alkmaar 94
Allagen 18
Altenbeken 19
Altenberge 148, 168
Altenbochum 12–14
Altenhagen 122
Altenilpe 129
Altenoythe 87, 91
Altenrüthen 20
Altweißbach 10, 11
Amelsbüren 145, 148–150, 167
Amsterdam 87, 93
Ankum 89, 93
Anröchte 40
Ansbach 82
Antwerpen 94
Arnhem 92, 94
Ascheberg 139, 141, 143, 146, 148, 149
Ascherode 22
Avenwedde 82

Bad Kreuznach 165
Bad Sooden-Allendorf 165
Barkow 32–34
Batenhorst 35, 38, 40, 43, 67
Bayern 165
Belgien 94
Bergen-Belsen 115
Bergh 93
Berghausen 121, 123–127, 130–132
Berghof 11
Berkov 10
Berlin 22, 88, 91–93, 117, 165
Biebertal-Rodheim 165
Bielefeld 90
Bilk 149
Blexen 85
Bochum 12–14, 60
Bödefeld 126
Böhmen 165, 166
Böhmischdorf 29, 31–33
Bokel 58, 76
Borghorst 150
Bösensell 146
Bracht 124–127
Braunschweig 90
Breda 87
Breittenworbis 21
Bremen 85, 90
Bremen-Huchting 90
Bremen-Weserpark 90
Brieg 165
Broock 32–34
Broschütz 29
Buchelsdorf 33, 34
Budapest 90
Buke 19
Burgbrohl 14
Bussum 93
Butjadingen 85

Calle 131
Cappenberg 175
Castrop 169
Chemnitz 90
Cloppenburg 85, 86
Cobbenrode 125, 126, 128
Coesfeld 55, 74
Cžernowa 29
Czyżykowo 15

Damme 85
Danzig 12
Datteln 169
Dedesdorf 85
Delbrück 58
Delmenhorst 91
Den Haag 87, 89, 91, 93, 94
Deutsches Reich 167
Deutschland 87, 90, 109, 163, 165
Dieterode 25
Dingelstädt 21, 22, 24
Dirschau 13, 15, 17
Doberan 30
Dobrau 29
Domanze 10
Donauwörth 173
Döringsdorf 25
Dorlar 121, 126–130
Dörnhagen 55

Namenregister

im Lohe 146
Inkman 45, 50
(von) Isenburg 158
Isfordt 146, 148
Is(s)inghof(f) 140, 142, 145, 147
Iwelinghausen 69

Jäckel 170, 173, 174
Jacob 20, 21
Jahn 173
Jannin(ck/g) 138, 140, 142, 145
Janninckman 148
Janz 116, 119–122, 134
Jaspers 171
Jauernig 104
Joanning 142, 145
Juchacz 117
Jülge 29–31
Jülich 152
Jung 176
Jungwirth 170, 171, 173, 174
Jütte 128
Jütte gen. Gerwin 127

Kallenhardt 19
Kalthues 49, 53
Kamm(e)ler 47, 51–53, 55, 56, 58, 69
Kampman 141
Kampwirth 65
Kaps 102
Karzmarzik 29
Kaufhold 24
Kayser 143
Kekule 6, 9, 12, 29
Kerckweg(er) 46–48, 52, 53, 69
Keudelen 22
Ki(e)b(e)rich 55
Kinnebrock 143, 145, 148
Kirchbrücher 173
Kirian 66
Klamt 10, 11
Klaves 143
Klein 157
Kleine Hütig 43
Kleinsorge 116–118, 120–122, 124–126, 129–132, 134
Kleinsorge gen. Fömpe 123
Kleinsorge gen. Lutter zu Werpe 127
Kleinsorge gen. Wortmann 128
Kleppel 142, 145
Kleppel gen. Abeck 138
Kliem 10, 11
Klimek 31
Klöcking 30
Kloda 171, 173, 174
Klostermann 167
Knapm(o/ö)ller 141, 143, 146, 149
Knipping 64, 66
Kn(o/ö)b(b)el 43, 46, 48–50, 73, 74
Knop 173
Knüfken 138, 140, 143
Knüfker 140
Koch 19, 20, 49
Kochheinrich 49
Kock 39, 76
Kockhinrich 50
Köckmann 23
Kodinchaus 39
Kodinghaus 70
Köhne 123
Kollenberg 77
König 23, 31
Kortkemeier 66
Kortmann 145
Kosubek 31
Kotemeyer 143
Kramer 65
Krane 38
Kranenfuß 62
Krause 10, 11
Kreyenborg 85
Krümpelman 49, 73
Krümpelmann 58
Kuchtrup 53
Kuhlman(n) 54, 139, 141, 143, 144
Kuhman(n) 124, 142, 145
Kuhmann gen. Janning 140
Kuhn 9, 10
Kunckel 24
Kunert 98, 99, 102
Kunisch 30, 32, 34
Kunitz 167
Künnen(s) 43, 124
Küping 74
Kurzer 97, 98, 102, 104, 106
Kuszewska 15
Kütner gen. Graflage 55
Kybrig 55, 57

Lackman(n) 44, 45, 50, 51, 61
Lampe 89, 93
Langbein 165
Langebrö(c)ker 128, 139, 141, 144
Latzel 100
Lauber 121
Laure(c)ker(s) 70
Lebevatzki 16
Leder 100
Lehmkühler 173
Leimker gen. Sandfort 44
Lettenbau(e)r 82–84
Lewalski 14, 15
Ley(c)k 12, 14, 15, 17
Libolt 83, 84
Limberg 45, 50
Lindner 10, 11
Linke 100
Lins 20, 22
Linsel 41
Linthorst 70
Linzel 40
Lippoldt 82, 84
Lodde 140, 143
Loefke 163, 171, 174, 175
Loher 44
Lohmann 127, 128, 130, 131, 146
Lohr(r)ecker 39, 70
Lotz 123, 124
L(o/ö)velinckloh 148, 149
Lübben 85
Lübbing 85
Lücke 45, 61
Lückenbernd 149
Lückenbernd gen. Janning 148
Ludwig 104
Lueckenberndt 145
Lüerwald 55
Lueskemper 67
Lueskemper gen. Sandfort(h) 67
Lueskoch 66
Lühmeren 62, 64
Lühnig 62
Luig 19
(zu) L(u/ü)meren 40, 43, 46, 70
Lümermeyer 76
Lumern 71
L(u/ü)ninghaus(en) 42, 46, 70, 72
Lüninghauß 73
Luskemper 65, 66
Luskemper condicta Sandf(o/u)rt 66
Lusmeyer 42, 43, 47
Lußkämper genant Sandfort 66
Lußkemper 65, 66
Lußkemper gnt. Sandfort 65, 66
Lußmeierß 70
Lütke Rohde 43
Lutter 127

Maes 39, 40
Mair 84
Mannefeld 65
thor Marck 47, 48
Markmann 47
Marquarding gen. Schulte Sudhoff 150
Mättig 168
Meckman 146
Meeuwßen 172
Mehlmann 170, 174, 175
Meintrup 44
Meister 124, 125
Mejer zu Aussel 71
Mennemann gen. Beckötter 148
Men(t)ze 60
Merschmans 44
Meskede 20
Mestrup 148
Metz 23
Metze 24
Meyer 152, 161
Meyer Cordt 43, 45
Meyer Cordts condictus Moselage 71
Meyners gen. Kocks 52
Mikus 19
Minnerop 175
Mollenbrock 43, 64
Möllenbrock gen. Uckmann 70
M(o/ö)llers 73, 126, 138, 140, 143
M(o/ö)llman 144, 145
Moselage 40, 48, 71
Moselage gen. Meyer-Cordt 40, 70, 71
Möser 85
Müldner 33, 34
Müllenbro(i)ck 45, 51, 62
Müller 15, 17, 20, 21
Müller van Ishem 173
Mumperow 82
Mumperow gen. Röckinghausen 73

Murawski 173
Museke 19
Myers 173, 175

Naber 48
Nabrotzky 170, 172–174
Nagel gen. Kleinsorge 129
Nagel(l) 49, 53, 127, 130–132
Narman 51
Nau(e)rman 52, 59
Nelling 41, 49
Neugebauer 32, 33
Neuhaus 56
Neumann 11, 15
Nicola 168
Niehuss 43
Niemann 59, 86
Niesinck gen. Waterbeck 149
Niestler 34
Nolcken 41
Nölke 58
Nöllecke 124
Nölleke gen. Wiemheuer 123
Nolte 55
Nyßman 148

Ochtrup 144
Öehlker 48
Oestendorff 141, 144
Ofner 171
Oisterbroich 41
Oreim 48, 51, 55
Oreme(n) 57, 68
Orthaus 66
Orthmeyer 53, 54, 71
Orthus 53
Ortjohan 53, 54
Ortkamp 57
Ortkemper 49
Ortme(i/y)er 54, 55, 57–59, 71, 72, 74
Ortmeyer genant Sandfurth 71
Ostberg 62
Ostendorff 144
Osterbrock 44
Osterkamp 88
Ostkotte 140, 144
Otterpo(h)l 42, 48, 67
Ottotorwort 42, 44
Ovelgönner 113

Pagenkopf 119
Palmüller 170, 173–175
Parte 146
Passmann 60
Peek 85–88, 92, 93
Peetz 127
Peitz 124
Peitzmeier 59
Pelka 29, 31
Pellengahr 139
Pelz 104
Perdeick gen. Schröder 54
Peter 24
Petermann 54
Peters 143, 146
Pfeifer 173
Philips 91
Pickert 57
Pieper 126–128
Pilgrims 76
Piosek 30, 31
Plaß 51
Pläster 148
Pläster gen. Claves 143, 148
Plästers 146
von Plettenberg 132
Ploscher(s) 71–73
Pohlmann 138, 173
Poll 50
Pott 35, 72
P(o/ö)tter 41, 44, 49, 57, 69, 72–75, 138
Pötter gen. Winckelman 53
P(o/ö)tters 70, 77, 145, 147
Potters condicta Schmiedt 74
Prien 22
Pri(e)ßnitz 32, 33
Prinz 125
Puden(n)z 15, 20–22, 24
Pudens 20–24

Ra(h)lenkötter 48, 65
Räker 70
Ramfort 81, 82
Randt 29–33
Range 73
Ranke gen. Sandforts 69
Ransman(n) 144, 147
Rape 49, 50
Rasche gen. Beckhöfer 66

Rauter 84
Rechner 12
Re(c)ker 39, 50
Reckmeyer 45, 61
Reeligs 140
Regenspurger 84
Rehage 75
Re(h/i)horst 40, 42, 44, 70, 76
Reischel 102
Reisdorf 13, 14
Reithegger 59
Remerowski 17
Renhorst 42
Rentrup 48, 63, 76
Rentrup gen. Bröntrup 45, 61
Ribbers 147
Richard(t) 15, 17, 128
Richter 29, 152
Rickman gen. Baderinck 68
Rickmeyer gen. Deitert 69
Rieck 32
Rischer 104
Risse 18
Rodden 51
Rode 26, 41, 44, 46
Rodt 26
Roesner 10, 11
Rohloff 173
Rolff condicta Kerckman 66
Rösch 152
Rose 49
Roth 23, 25, 26
Rother 31
Rotter 32, 33
Rüdenklo 61
Ruhkamp 139, 140
Rukamp 141
Rump 55
Rumpsel 66
Rüt(h)er 13, 14, 16, 18

(von) Sachsen-Coburg 159
(von) Sachsen-Coburg-Saalfeld 159
Sandfor(d/t) 35, 36, 38–72, 74–77
Sandfort gen. Moselage gen. Meyer-Cordt 40, 70
Sandforth 52, 53, 62, 65, 75
Sandforth gen. Heising 74
Sandfurt(h) 35, 36, 38, 39, 46, 48, 52, 53, 56–58, 63–66, 71, 74
Sandhoff 77
Sandrock 22
Sandtfort(h) 44, 47, 49, 50, 70, 71
Sandtfurth 69
Sandtvord 50, 55
Sandvorth 50
Sanfers gen. Welps 69
San(t)fort(h) 40–54, 57, 61–63, 70, 72, 76
Santforth gen. Rolf 53
Santforth(s) 46, 50
Santfortt 41
Santrock 22
Santvorth 46
Sasse 55, 72, 74, 75
Schade 20–24
Schäfer 33
Graf von Schaffgotsch zu Wildschütz 99
Schantz 53
Schauerte 125–127
Schauerte gen. Goebel 124
von Schede 132, 133
Scheiper 64
Schelebrinck 48
Schelhaas 168
Schem 54, 72
Schemmens 43
Schencking 146
Scherney 123–125
Schick 93
Schiedek 104
Schlatman(n) 145, 148
Schlautman(n) 40, 71, 75
Schledde 58
Schlünder 18
Schlüppenbaum 49
Schlüter 17, 19, 53, 54
Schlüter gen. Goldkuhle 54
Schmechtelkamp 59
Schmi(e)dt 40–43, 57, 76, 83, 125, 165
Schmitt 117, 145, 147
Schnieder 68
Schnippenkötter 76
Schöfer 30
Scholz 11
Sch(o/ö)nefeld(t) 21–24
Schönings 41, 44
Schönwiese 104

Surman 52, 57, 64
Süssen 147
Süssinck 141

Tellen 138
Tenschert 28–30, 32, 33, 171–175
Ten Varger 145, 147
Termüllen 141
Teschler 173
Thöle 54, 55
Thorwordt gen. Kocks 49
Thumann 72
Thyttens 89, 94
v.d. Tinnen 146
Töns 146
Tönsbolte 58
Töns gen. (C/K)laves 141, 146
Träbing 22, 23
Trendeipers 141
Trindeitmar 141
Trinheitmer 139, 141
Turisus 43
Tyman 142

(U/Ü)(c)kman(n/s) 42–45, 47, 49, 70, 71, 75
Uhrmeister(s) 43, 47, 50, 52, 71–74
Ulber 10, 11
Underhorst 45, 61

Vallenberg 146
Varges 147
Vasel 156
Velthues 143
Veltman(n) 41, 140, 142
Vensc(h/k)otte 142, 145
Verhof(f) 48, 54, 69, 71, 74
Veuhoff 173
Vick 30
Victoria, Kg. von Großbritannien 159
Vogelheim gen. Gerwin 127
Vogelsang gen. Heising 69
Volckmarckij 76
Vol(l)mer 40, 41, 121, 163, 166
Vosm(a/e)r 48, 73
Vos(s) 19, 58, 141, 143, 146

Waldeyer 68
Walkenfort 46
Waning 142
Waterbeck 143, 148, 149
Wedeking 67
Weerling(h) 146, 148
Wehr 17, 19, 20, 21, 22, 24, 25
Wehrlinck 146, 148
Wehrlinck gen. Bocklerbäumer 143
Weinrich 19
Weiss 100
Welp 46, 50, 52, 56, 77
Wennin(ck/g) 142, 149
Werlin(ck/g) 146, 148
Wern 173
Wertinghoff 49
Wesemann 59
Wesseling 138, 140, 141, 144, 147, 149
Wesseling gen. Deitering 140
Wessel(s) 47, 65
Wessendorff 141
Westarp 146
Westbomcke 61
Westbumck 61, 62
Westendorff 147
Westerman(n(s) 40, 43, 77
Westermeier 66
Westhoff 44
Westhuß 63
Weyering 147
Wichmann gen. Schulte Lövelinckloh 150
Wickerman 145
Wideking 67
Wieczerzycki 14, 16
Wiekjohann 58
Wiekmerten 67
Wieman(n) 38, 73, 173
Wiemeyer 51
Wierzbiecka 15
Wieschman 146
Wiesman 144
Wietegger 56
Wietermanß 48
Wiexmerten 67
Wiggerman 143
Wildner 10, 11
Willing 148
Winckler 32
Windman(n) 72, 73
Winkelmann 41, 76
Winter 44, 45, 61, 62

Mitarbeiter des Bandes

Konstanze Abel-Effenberger
Dortmund

Roland Chrzanowski
58644 Iserlohn – rolandchrzanowski @ gmail.com

Lothar Grafe
49080 Osnabrück – lothar_grafe @ yahoo.de

Heiner Grimm
33378 Rheda-Wiedenbrück – Heiner-Grimm @ aol.com

Heiko Hungerige
44866 Bochum – FamilieHungerige @ public-files.de

Martin Janz
44227 Dortmund – i.janz @ outlook.com

Christian Loefke
48147 Münster – schriftleiter.rzd @ gmx.de

Elke Mehlmann
44225 Dortmund – elke.mehlmann @ web.de

Alfred Smieszchala
48149 Münster – Smieszchala @ web.de

Hans Jochaim Tenschert
44225 Dormund – h.tenschert @ gmx.de

Dirk Vollmer
41844 Wegberg – dirk.vollmer @ free-net.de